Lo hice a

"a Su manera"

Testimonio personal escrito por
ELIZABETH DAS

Lo hice a "a su manera"
Testimonio personal escrito por ELIZABETH DAS

ISBN 978-1-7329603-5-0 lo hice a su manera Libro de papel español

ISBN 978-1-7329603-6-7 lo hice a su manera Ebook Español

ISBN 978-1-961625-10-5 lo hice a su manera Libro de audio.

Library of Congress Control Number: 2023945204

"ESTE LIBRO está calificado como "A" en el mundo cristiano y religioso"

Contacto: nimmidas@gmail.com
           nimmidas1952@gmail.com

Canal de YouTube "Daily Spiritual Diet Elizabeth Das

https://waytoheavenministry.org
https://www.youtube.com/channel/UCjmSTgrzu2W9POveigKY7Xw
https://www.youtube.com/channel/UCCRplrqi8UENxHqFuBPHX1A/
videos

Este libro está disponible en cinco idiomas en rústico, libro electrónico y audio.

PRÓLOGO

"Porque mis pensamientos no son sus pensamientos ni sus caminos son mis caminos, dice el SEÑOR. Como son más altos los cielos que la tierra, así mis caminos son más altos que sus caminos, y mis pensamientos más altos que sus pensamientos." (Isaías 55:8-9)

Este libro es una composición de memorias y breves testimonios de la Sra. Elizabeth Das, quien se ha dedicado al ministerio de evangelizar y enseñar la Palabra del Señor. Buscando "Su camino" a través de la determinación y el poder de la oración, la Sra. Das le llevará a un viaje personal a través de sus propias experiencias de cambio de vida. Nacida y criada en la India, la Sra. Das adoraba regularmente en el altar familiar. No estaba satisfecha con la religión porque su corazón le decía que tenía que haber algo más en Dios. Visitaba con frecuencia las iglesias y se unía a organizaciones religiosas, pero nunca se sentía plenamente satisfecha.

Un día se propuso encontrar la verdad en un país lejano, lejos de su hogar natal, la India. Su viaje comienza en Ahmadabad, India, donde tenía un profundo deseo de encontrar al Único Dios Verdadero. Debido a las libertades en América en ese momento y lejos de las culturas y tradiciones religiosas de su tierra natal, en 1980 la Sra. Das viajó a América con el propósito de encontrar la verdad de este Dios Vivo. No es que no se pueda encontrar a Dios en ningún otro lugar que no sea América, porque Dios está todo presente y es omnipotente. Sin embargo, fue allí donde el Señor llevó a la Sra. Das, ya que este libro explicará el camino de su salvación y de su profundo amor por el amante de su alma.

"Pidan, y se les dará. Busquen y hallarán. Llamen, y se les abrirá. Porque todo el que pide recibe, el que busca halla, y al que llama se le abrirá. "(Mateo 7:7-8)

Conozco personalmente a la Sra. Das desde hace casi treinta años, desde que entró en una pequeña iglesia a la que yo asistía en el sur de California. El amor por su tierra natal y el pueblo de la India es un ministerio urgente para la Sra. Das, que tiene un profundo deseo de ganar almas de todas las culturas y orígenes para el Señor.

"El fruto del justo es árbol de vida y el que gana vidas es sabio. (Proverbios 11:30)

La Sra. Das trabaja activamente en la difusión de la Palabra de Dios desde su oficina en Wylie, Texas. Puedes visitar sus sitios web www.gujubible.org y https://waytoheavenministry.org donde puedes obtener estudios bíblicos traducidos del idioma inglés al gujarati. También puedes encontrar ubicaciones de iglesias en la India. Los pastores de estas iglesias comparten el mismo amor por la verdad que la Sra. Das. Ella se relaciona con ministros de la fe apostólica dentro de los Estados Unidos y en el extranjero con el propósito de adquirir oradores invitados para las Conferencias Anuales que se celebran en la India. El ministerio y el trabajo de la Sra. Das en la India son bien conocidos. Incluyen la realización de un Colegio Bíblico Apostólico pastoral en la India, un orfanato y guarderías. Desde América, la Sra. Das ha ayudado a establecer iglesias en la India, donde muchos han llegado a conocer al Señor Jesucristo. Es una mujer de gran fe, constante e infalible en la oración. Estos logros se han alcanzado mientras depende totalmente de Dios para todo y mientras vive con una discapacidad. Su escaso apoyo financiero es un testimonio de su fuerte voluntad y determinación que es mayor que sus medios. La Sra. Das dice con seguridad: "Dios siempre provee y cuida de mí". ¡Sí, de alguna manera Él lo hace y excede sus necesidades abundantemente!

Ocupada en hacer la obra del Señor desde el amanecer hasta el anochecer, la Sra. Das siempre está dispuesta a rezar conmigo o con cualquiera que necesite ayuda. Dios es siempre la respuesta. Ella se interpone en esa brecha, instantánea en la oración profunda, con autoridad e intercesión. Dios se ocupa de la Sra. Das porque tiene amor por la evangelización. Ella escucha Su voz y no va a ir en contra de "Sus Caminos". La obediencia es más grande que el sacrificio, la obediencia con la pasión de agradar a Dios.

Este es el momento señalado para escribir este libro. Dios es el "Gran Estratega". Sus caminos son perfectos y meticulosos. Las cosas y las situaciones no suceden antes de su tiempo señalado. Ora por la dirección para escuchar la mente y sentir el corazón de Dios a través del Espíritu Santo. Este libro continuará escribiéndose en el corazón de las vidas de los hombres y mujeres que ha influenciado a través de Sus caminos.

Rose Reyes,

The English name is I did it His Way.

The French name of the book is: Je l'ai fait à "sa manière"

The Spanish book name is 'Lo hice a "a Su manera"

Gujarati name is me te temni rite karyu.... મેં તે તેમની રીતે કર્યું

Hindi name is Maine uske tarike se kiya...मैंने उसके तरीके से किया

These books are also available in Audio and Ebook platforms.

Daily Spiritual Diet is a yearly Reading by Elizabeth Das Available in English, Gujarati, and Hindi. Ebook and paper book.

AGRADECIMIENTOS

Expreso mi más profundo agradecimiento: a mi familia y amigos, especialmente a mi madre Esther Das. Ella es el mayor ejemplo de dama cristiana que me ha ayudado a impulsar mi ministerio y siempre me apoya en cualquier dirección que tome.

Doy las gracias a mi amiga Rose por apoyarme y ayudarme a elaborar partes de este libro.

También quiero agradecer a mi compañera de oración, la hermana Veneda Ing, por ponerse a mi disposición en todo momento; pero sobre todo le agradezco sus fervientes oraciones. Les agradezco junto con muchos otros que dieron su tiempo para ayudarme a armar este libro.

Tabla de contenido

Capítulo No.   **N° de página**

Lo hice a "a su manera"

LOS CAMINOS DEL SEÑOR

•   *En cuanto a Dios, su camino es perfecto; la palabra de Yahveh es probada; es un escudo para todos los que confían en él. (Salmos 18:30)*

•   *Sin embargo, él conoce el camino en que ando; cuando él me haya probado saldré como oro. Mis pies han seguido fielmente sus huellas; he guardado su camino y no me he apartado. No me he apartado del mandamiento de sus labios; en mi seno he guardado los dichos de su boca. (Job 23:10-12)*

•   *Espera en el SEÑOR y guarda su camino. Él te exaltará para heredar la tierra; y cuando los impíos sean destruidos tú lo verás. (Salmos 37:34)*

•   *El Señor es justo en todos sus caminos, y santo en todas sus obras. (Salmo 145:17)*

•   *El Señor te establecerá como un pueblo santo para sí mismo, como te lo ha jurado, si guardas los mandamientos del Señor, tu Dios, y sigues sus caminos. (Deuteronomio 28:9)*

•   *Y muchos pueblos irán y dirán: Venid, y subamos al monte del SEÑOR, a la casa del Dios de Jacob; y él nos enseñará sus caminos, y nosotros andaremos por sus sendas; porque de Sión saldrá la ley, y de Jerusalén la palabra del SEÑOR. (Isaías 2:3)*

A los mansos los guiará en el juicio; y a los mansos les enseñará su camino. (Salmos 25:9)

Referencia del libro: SANTA BIBLIA Versión del rey Jacobo traducida al español

Capítulo 1

El Principio: En Busca Del Espíritu De La Verdad.

E n junio de 1980, llegué a los Estados Unidos de América con un fuerte deseo de encontrar la verdad sobre Dios, el creador de todas las cosas. No es que no pudiera encontrar a Dios en la India, porque Dios está en todas partes y llena el universo con su presencia y su gloria; pero esto no era suficiente para mí. Quería conocerlo personalmente, si era posible.

"Y oí como la voz de una gran multitud, y como la voz de muchas aguas, y como la voz de poderosos truenos, que decían: Aleluya; porque el Señor Dios omnipotente reina!". (Revelación 19:6)

Estaba en un viaje extraordinario cuando Dios me llevó a los Estados Unidos de América. Pensé que era el lugar que había elegido para ir, pero el tiempo me demostró que estaba equivocado. Llegué a comprender que Dios tenía más que ver con esta decisión de lo que yo creía. Fue "Su manera" de cambiar mis pensamientos y mi vida.

Estados Unidos es un país que ofrece libertad de religión, una fusión de personas multiculturales, con libertades y protección a quienes desean ejercer sus derechos religiosos sin temor a la persecución. Comencé a dar saltos sobre las aguas revueltas de este país cuando Dios comenzó a dirigirme.

Era como si Él pusiera piedras para guiarme. Estas "piedras" fueron las que sentaron los cimientos de un largo y tumultuoso viaje que conducía a la revelación, donde no habría vuelta atrás. La recompensa valdría la pena vivir por Sus caminos, en cada giro y prueba de mi fe.

> *"prosigo hacia la meta por el premio de la alta vocación de Dios en Cristo Jesús. Por lo tanto, todos los que sean perfectos, actúen de esta manera; y si en alguna cosa son de otra manera, Dios les revelará incluso esto. Sin embargo, en lo que ya hemos alcanzado, caminemos por la misma regla, tengamos la misma mente.". (Filipenses 3:14-16)*

Cuando llegué a California, no vi a muchos indios orientales durante ese tiempo. Me adapté a la vida en Estados Unidos y me centré en el motivo por el que estaba aquí. Buscaba al Dios vivo de la Biblia, el Dios de los apóstoles Juan, Pedro y Pablo y de otros que cargaron la cruz y siguieron a Jesús.

Me aventuré a encontrar al Dios del Nuevo Testamento que hizo muchos milagros maravillosos, señales y maravillas según la Santa Biblia, la Palabra del Dios vivo. ¿Podía ser tan presuntuosa como para pensar que realmente lo conocía? Tenía que haber algo más en Dios. Comencé a visitar muchas iglesias de varias denominaciones dentro del área de Los Ángeles, una metrópolis ubicada en el sur de California. Más tarde me mudé a una ciudad al este de Los Ángeles llamada West Covina y empecé a visitar iglesias en esa zona también. Vengo de un país muy religioso con probablemente más dioses conocidos por el hombre que cualquier otro país del mundo. Siempre creí en un solo Dios, el Creador. Mi corazón buscaba conocerlo de manera personal. Pensé que seguramente Él existe y podrá encontrarme por mi apasionado deseo de conocerlo personalmente. Busqué sin descanso y leí la Biblia constantemente, pero siempre faltaba algo. Obtuve un empleo en la Oficina Postal de los Estados Unidos en agosto de 1981, donde comencé a hacer preguntas a mis compañeros de trabajo sobre Dios. También empecé a escuchar la radio cristiana donde oía a diferentes predicadores discutir temas bíblicos y sin embargo nunca se ponían de acuerdo ni siquiera entre ellos. Pensé, seguramente este no podía ser un Dios de confusión. Tenía que haber una respuesta verdadera a este dilema religioso. Sabía que tenía que buscar en las Sagradas Escrituras y seguir rezando. Muchos compañeros de trabajo cristianos también me hablaron y compartieron su testimonio. Me sorprendió que supieran tanto de El Señor. No sabía entonces que Dios ya había fijado un tiempo para que yo recibiera la revelación de su maravillosa verdad.

Mi hermano estaba afligido por una posesión demoníaca y necesitaba un milagro. Me vi obligada a buscar cristianos creyentes en la Biblia que creyeran en los milagros y en la liberación de estas fuerzas demoníacas. Sin piedad, estos espíritus demoníacos estaban atormentando la mente de mi hermano. Mi familia estaba muy preocupada por él; no teníamos otra alternativa que llevarlo a un psiquiatra. Sabía que el diablo se complacía en atormentar y destruir a mi hermano. Esta era la guerra espiritual de la que habla la Biblia. Desesperados, llevamos a mi hermano al psiquiatra. Después de haberlo evaluado, nos preguntó si creíamos en Jesús. Le dijimos que sí, que creíamos en él. Entonces empezó a escribir las direcciones de dos iglesias con sus números de teléfono y me las entregó. Una vez en casa, coloqué ambos papeles con la información en mi tocador con la intención de llamar a ambos pastores. Recé para que Dios me guiara hacia la iglesia y el pastor correctos. He oído hablar de cosas muy negativas sobre las iglesias en Estados Unidos, así que esto me hizo ser muy cautelosa. El Señor utiliza a los profetas, maestros y predicadores para guiar a los que le aman a toda la verdad. El Señor se convirtió en mi Lámpara y Luz que iluminó mi oscuridad. Seguramente Dios también sacaría a mi hermano de sus tinieblas. Realmente creí que Dios me encontraría en lo que parecía un interminable mar de tinieblas; porque este era un tiempo muy oscuro y difícil para mi familia.

"Tu palabra es una lámpara para mis pies, y una luz para mi camino".
(Salmos 119:105)

"Oración y ayuno".

Puse las dos direcciones en mi vestidor. Llamé a ambos pastores y tuve una comunicación con ambos. Simultáneamente, estaba orando por la dirección del Señor para el pastor con el que podría continuar mi conversación. Durante este tiempo me di cuenta de que uno de los números del tocador había desaparecido. Con mucho cuidado he buscado por el numero pero no lo he encontrado. Ahora sólo había un número disponible para mí. Llamé a ese número y hablé con el pastor de la iglesia ubicada en, California a sólo 10 minutos de mi casa. Llevé a mi hermano a esta iglesia pensando que mi hermano sería liberado hoy pero no sucedió así. Mi hermano no fue completamente liberado ese día. Entonces el pastor nos ofreció un estudio bíblico. Aceptamos su oferta y también comenzamos a asistir a su iglesia sin intención de convertirnos en miembros, sino sólo en visitantes. No sabía que este sería el punto de inflexión de mi vida. En ese momento, yo estaba en contra de la manera pentecostal y su creencia de hablar en lenguas.

Los santos de la iglesia eran muy sinceros en sus creencias. Adoraban libremente y obedecían al pastor cuando llamaba al ayuno porque las fuerzas espirituales que controlaban a mi hermano sólo salían, como dice la Palabra de Dios, "mediante la oración y el ayuno". Una vez, los discípulos de Jesús no pudieron expulsar un demonio. Jesús les dijo que era por su incredulidad y les dijo que nada les sería imposible.

> *"Sin embargo, este tipo no sale sino con oración y ayuno".*
> *(Mateo 17:21)*

Todos ayunamos unos días seguidos en varias ocasiones, y pude ver que mi hermano estaba mejorando mucho. Seguimos teniendo estudios bíblicos en mi casa con el pastor, entendiendo todo lo que nos enseñaba; sin embargo, cuando comenzó a explicar el bautismo en agua, me molestó su interpretación. Nunca había oído hablar del bautismo en el nombre de "Jesús", aunque él nos mostró claramente las escrituras. Estaba escrito allí, pero yo no lo veía. Tal vez, mi entendimiento había sido cegado.

Después de que el pastor se fue, me dirigí a mi hermano George diciéndole: "¿Te has dado cuenta de que todos los predicadores que usan la misma Biblia tienen ideas diferentes? Realmente ya no creo lo que dicen estos predicadores". Mi hermano se volvió hacia mí diciendo: "¡Tiene razón!". Me molesté mucho con mi hermano y le pregunté: "¿Así que vas a creer las enseñanzas de este pastor? No lo creo". Él me miró de nuevo y dijo: "Está diciendo la verdad". Volví a responder: "¡Tú crees a todos los predicadores pero no a mí!". De nuevo mi hermano insistió: "Tiene razón". Esta vez pude ver que el rostro de mi hermano estaba muy serio. Luego tomé la Biblia y comencé a estudiar el Libro de los Hechos donde estaba la historia de la iglesia primitiva. Estudié y estudié; todavía no podía ver por qué, Dios tenía su camino. ¿Crees que Dios trata a cada persona de manera diferente? Aquí estaba buscando a Dios a través de todas las fuentes y medios de comunicación. Durante este tiempo escuché a Dios hablando a mi corazón, "Necesitas ser bautizada". Escuché Su mandato y escondí estas palabras en mi corazón sin que nadie más lo supiera.

Llegó el día en que el pastor se acercó a mí y me hizo una pregunta: "Entonces, ¿estás listo para ser bautizada?". Le miré con sorpresa al no haberme hecho nunca nadie esta pregunta. Me dijo que el Señor Jesús le había hablado de mi bautismo, así que le dije: "Sí, lo estoy". Me sorprendió que Dios le hablara al pastor sobre este asunto. Salí de la iglesia pensando: "Espero que Dios no le esté diciendo todo a este, ya que nuestros pensamientos no siempre son justos o incluso apropiados".

El bautismo para la remisión de los pecados.

Llegó el día de mi bautismo. Le pedí al pastor que se asegurara de bautizarme en el nombre del Padre, del Hijo y del Espíritu Santo. El pastor me dijo: "Sí, ese es el nombre de Jesús". Estaba preocupada y molesta; pensé que este hombre me enviaría al infierno si no me bautizaba en el nombre del Padre, del Hijo y del Espíritu Santo. Así que le repetí de nuevo que por favor se asegurara de invocar en el nombre del Padre, del Hijo y del Espíritu Santo, pero el pastor seguía repitiendo también. "Sí, su nombre es Jesús". Empecé a pensar que este pastor realmente no entendía lo que quería decir. Como Dios me había hablado de bautizarme, no podía desobedecerle. No entendí esto en ese momento, pero estaba obedeciendo a Dios sin teniendo la revelación completa de Su nombre, ni entendí completamente que la Salvación no es por ningún otro nombre sino en el Nombre de Jesús.

"Y en ningún otro hay salvación; porque no hay otro nombre bajo el cielo, dado a los hombres, en que podamos ser salvos". (Hechos 4:12)

*"Ustedes son mis testigos, dice el **SEÑOR**; mi siervo que yo escogí, para que me conozcan y me crean, a fin de que entiendan que <u>Yo Soy</u>. Antes de mí no fue formado ningún dios ni lo será después de mí. Yo, yo el SEÑOR; fuera de mí no hay **otro salvador**.". (Isaías 43:10-11)*

Antes, después y para siempre, sólo hubo, hay y habrá un solo Dios y Salvador. Aquí un hombre será como el papel de <u>siervo</u>, Jehová Dios dice **yo soy**

El cual, siendo en forma de Dios, no estimó el ser igual a Dios como cosa a que aferrarse, sino que se despojó a sí mismo, tomando forma de siervo, hecho semejante a los hombres; y estando en la condición de hombre, se humilló a sí mismo, haciéndose obediente hasta la muerte, y muerte de cruz. (Filipenses 2:6-8)

Jesús era el Dios, en cuerpo humano.

*Indiscutiblemente, grande es el misterio de la piedad: **Dios fue manifestado en la carne**, (1 Timoteo 3:16)*

¿Por qué este Dios, que era espíritu, se hizo carne? Como sabes, el espíritu no tiene carne y sangre. Si Él necesitara derramar sangre, entonces necesitaría un cuerpo humano.

La Biblia dice:

*Tengan cuidado por ustedes mismos y por todo el rebaño sobre el cual el Espíritu Santo les ha puesto como obispos, para pastorear **<u>la iglesia del Señor, la cual adquirió para sí mediante su propia sangre</u>**.
(Hechos 20:28)*

La mayoría de las iglesias no enseñan la unicidad de Dios y el poder del nombre de Jesús. Dios, un Espíritu en la carne como el hombre Cristo Jesús, dio la gran comisión a sus discípulos:

*Por tanto, vayan y hagan discípulos de todas las naciones, bautizándolos en el **nombre** (singular) del Padre, del Hijo y del Espíritu Santo,".
(Mateo 28:19)*

Los discípulos sabían claramente lo que quería decir Jesús, porque salían a bautizar en su Nombre, como está escrito en las Escrituras. Me sorprendió que pronunciaran "En el Nombre de **Jesús**" cada vez que realizaban un bautismo. Las Escrituras apoyan esto en el Libro de los Hechos.

Ese día fui bautizada en agua en plena inmersión en el nombre de Jesús, salí del agua sintiéndome tan ligera como si pudiera caminar sobre el agua. Una pesada montaña de pecado había sido removida. No sabía que estaba cargando esta pesadez sobre mí. ¡Qué experiencia tan maravillosa! Me di cuenta por primera vez en mi vida, que me había estado llamando a mí misma una "cristiana con pecados pequeños", porque nunca sentí que era una gran pecadora. Independientemente de lo que creyera, el pecado seguía siendo pecado. Estaba haciendo y pensando en el pecado. Ya no creía únicamente en la existencia de Dios, sino que experimentaba la alegría y el verdadero cristianismo al participar en lo que decía la Palabra de Dios.

Volví a la Biblia y empecé a buscar en la misma escritura. ¿Adivina qué? Abrió mi entendimiento y vi claramente por primera vez, que el bautismo es sólo en el NOMBRE DE JESÚS.

Entonces les abrió el entendimiento para que comprendieran las Escrituras (Lucas 24:45)

Empecé a ver las escrituras tan claramente y pensé en lo intrigante que es Satanás para acabar con el plan del Dios Altísimo, que vino en carne para derramar sangre. La sangre está escondida bajo el Nombre de **JESÚS**. Descubrí de inmediato que el ataque de Satanás era contra El Nombre.

*"Arrepiéntanse y sea bautizado cada uno de ustedes en **el nombre de Jesucristo** para perdón de sus pecados, y recibirán el don del Espíritu Santo". (Hechos 2:38)*

Estas palabras fueron las que el Apóstol Pedro pronunció el Día de Pentecostés en el comienzo de la iglesia primitiva en el Nuevo Testamento. Después de mi bautismo recibí el don del Espíritu Santo en la iglesia de uno de mis amigos en Los Ángeles.

Esto se manifestó al hablar en una lengua o lenguas desconocidas y de acuerdo con las Escrituras sobre el tema del bautismo del Espíritu Santo:

*"Mientras Pedro todavía hablaba estas palabras, el Espíritu Santo cayó sobre todos los que oían la palabra. Y los creyentes de la circuncisión que habían venido con Pedro quedaron asombrados, porque el don del Espíritu Santo fue derramado también sobre los gentiles; pues les oían **hablar en lenguas** y glorificar a Dios". (Hechos 10: 44-46)*

Comprendí claramente que los hombres habían cambiado la ceremonia del bautismo. Esta es la razón por la que tenemos tantas religiones hoy en día. Estos primeros creyentes fueron bautizados de acuerdo con las Escrituras que fueron escritas posteriormente. Pedro lo predicaba y los apóstoles lo realizaban.

*¿Acaso puede alguno negar el agua, para que no sean bautizados estos que han recibido el Espíritu Santo, igual que nosotros? Y les mandó que fueran **bautizados en el nombre del Señor**. Entonces le rogaron que se quedara por algunos días". (Hechos 10:47-48)*

Una vez más, la evidencia del bautismo en el nombre de Jesús.

*Pero cuando creyeron a Felipe mientras anunciaba el evangelio del reino de Dios y **el nombre de Jesucristo, se bautizaban hombres y mujeres**. (Porque aún no había descendido sobre ninguno de ellos el Espíritu Santo; **solamente habían sido bautizados en el nombre de Jesús**.) (Hechos8:12,16)*

Hechos 19

Mientras Apolos estaba en Corinto, aconteció que Pablo, después de recorrer las regiones interiores, bajó a Éfeso y encontró a ciertos discípulos. Entonces les dijo: ¿Recibieron el Espíritu Santo cuando creyeron? Ellos le contestaron: Ni siquiera hemos oído que haya Espíritu Santo. Entonces dijo: ¿En qué, pues, fueron bautizados? Ellos respondieron: En el bautismo de Juan. Y dijo Pablo: Juan bautizó con el bautismo de arrepentimiento, diciendo al pueblo que creyeran en el que había de venir después de él, es decir, en Jesús. Cuando oyeron esto, fueron **bautizados en el nombre del Señor Jesús**. *Y cuando Pablo les impuso las manos, **vino sobre ellos el Espíritu Santo**, y ellos hablaban en lenguas y profetizaban. (Hechos 19:1-6)*

*Hechos 19 fue una gran ayuda para mí, porque la Biblia dice que hay Un **solo bautismo**. (Efesios 4:5)*

Fui bautizada en la India y, debo decir aquí, que fui rociada (Rantizo en griego) y no bautizada. La verdadera doctrina fue establecida por los **apóstoles y los profetas**. Jesús vino a derramar la sangre y a dar ejemplo. (1Pedro 2:21)

*Hechos 2:42 Y perseveraban en la **doctrina de los apóstoles** y en la comunión, y en el partimiento del pan,*

*Y en Ef 2:20 Han **sido edificados sobre el fundamento de los apóstoles de los profetas**, siendo Jesucristo mismo la piedra angular principal;*

Gálatas 1:8, 9 Pero aun si nosotros mismos o un ángel del cielo les anunciara un evangelio diferente del que les hemos anunciado, que se maldiga. Como ya lo hemos dicho, ahora mismo vuelvo a decir: Si alguien les está anunciando un evangelio contrario al que recibieron, que se maldiga.

(Esto es profundo; nadie puede cambiar la doctrina ni siquiera los Apóstoles que ya estaban establecidos).

Estas escrituras me abrieron los ojos, ahora entendí Mateo 28:19.

La Iglesia es la Novia de Jesús, cuando somos bautizados en el nombre de Jesús entonces tomamos su Nombre. El Cantar de los Cantares es una alegoría de la iglesia y el novio, en la que la novia ha tomado el Nombre.

*Por el sabor de tus buenos ungüentos **tu nombre es como ungüento** derramado, por eso te aman las vírgenes. (Cantares 1:3)*

Ahora tenía el bautismo como se habla en la Biblia y el mismo Espíritu Santo. Esto no era algo imaginario; ¡era real! Pude sentirlo y escucharlo y

13

otros fueron testigos de la manifestación del nuevo nacimiento. Las palabras que pronuncié, no las sabía ni las podía entender. Fue impresionante.

*"Porque el que habla en una **lengua no** habla a los hombres sino a Dios; porque nadie le entiende, pues en espíritu habla misterio".*
(I Corintios 14:2)

*"Porque si yo oro en una lengua desconocida, mi espíritu ora; pero mi **entendimiento queda sin fruto.".** (I Corintios 14:14)*

Mi mamá testificó que un tiempo antes de que yo naciera, un misionero del sur de la India la bautizó en un río y al subir, quedó completamente curada. Sin saber cómo la bautizó este predicador, me preguntaba cómo se había curado. Años después mi padre me confirmó, que este pastor la bautizó en el Nombre de Jesús, como

la biblia dice.

La Biblia dice: Él es quien perdona todas tus iniquidades, el que sana todas tus dolencias," (Salmos 103:3)

Después de mi nuevo nacimiento, comencé a dar estudios bíblicos a amigos en el trabajo y a mi familia. Mi sobrino recibió el don del Espíritu Santo. Mi hermano, mi primo y mi tía fueron bautizados junto con muchos de los miembros de mi familia. No sabía que había mucho más en este viaje, que un deseo de conocer a Dios más íntimamente. No sabía que esta experiencia era posible. Dios habita dentro del creyente a través del Espíritu.

Revelación y comprensión.

Me dediqué a estudiar las Sagradas Escrituras y a leer la Biblia repetidamente, Dios siguió abriendo mi entendimiento.

"Entonces les abrió el entendimiento para que comprendieran las Escrituras". (Lucas 24:45)

Después de recibir el Espíritu Santo mi entendimiento se hizo más claro cuando comencé a aprender y ver muchas cosas que no había visto antes.

*"Pero a nosotros Dios nos las **reveló por su Espíritu**; porque el Espíritu todo lo escudriña, aun las cosas profundas de Dios". (1 Corintios 2:10)*

Aprendí que debemos tener la comprensión de Su voluntad para nosotros, la sabiduría para vivir según Su Palabra, conocer "**Sus Caminos**" y aceptar que la obediencia es un requisito y no una opción.

Un día le pregunté a Dios: "¿Cómo me estás utilizando?". Me dijo "En la oración"

Por eso, hermanos, procuren aun con mayor empeño hacer firme su llamamiento y elección, porque haciendo estas cosas no tropezarán jamás: (2 Pedro 1:10)

Aprendí que ir a la iglesia puede darle a uno una sensación de falsa seguridad. La religión no es la salvación. La religión en sí misma sólo puede hacer que te sientas bien con tu propia justicia. El conocimiento de las Escrituras por sí solo no trae la Salvación. Cada persona debe entender las Sagradas Escrituras a través del estudio, recibir revelación a través de la oración, y tener el deseo de conocer la verdad. El diablo también conoce las Escrituras y está condenado a una eternidad en el lago que arde con fuego. No te dejes engañar por lobos con piel de oveja que tienen una **forma de devoción**, pero **niegan** el **poder de Dios**. Nunca nadie me dijo que necesitaba el Espíritu Santo con la evidencia de hablar en lenguas, como se habla en la Biblia. Cuando los creyentes reciben el Espíritu Santo, sucede algo milagroso. Los discípulos fueron llenos del Espíritu Santo y del fuego.

*Pero recibirán **poder** cuando el Espíritu Santo haya venido sobre ustedes, y me serán testigos en Jerusalén, en toda Judea, en Samaria y hasta lo último de la tierra. (Hechos1:8)*

Estaban tan encendidos para difundir el evangelio, que muchos cristianos de aquella época, como algunos aún hoy, perdieron la vida por el evangelio de la verdad. Aprendí que esta es una fe profunda y una doctrina sólida, a diferencia de la doctrina que se enseña en algunas iglesias hoy en día.

Después de la resurrección Jesús dice en su palabra, que esta será la señal de que uno es SU DISCIPULO.

"... hablarán nuevas lenguas;" (Marcos 16:17)

Lengua en el idioma griego es glossa, en español, don sobrenatural del lenguaje dado por Dios. No se va a la escuela para aprender esta lengua. Por eso dice una **Nueva Lengua**.

Esta es una de las señales para reconocer al discípulo del Dios Altísimo ¿No es Dios tan maravilloso? Él hizo que sus discípulos fueran reconocidos de una manera muy especial.

El poder de la adoración.

Aprendí sobre el poder de la adoración y que realmente se puede sentir una presencia santa en la adoración. Cuando llegué a Estados Unidos en 1980, observé que los indios orientales se avergonzaban de adorar libremente a Dios. En el Antiguo Testamento, el rey David bailaba, saltaba, aplaudía y levantaba las manos en alto ante el Señor. La Gloria de Dios viene cuando el pueblo de Dios adora con la más alta alabanza y exaltación. El pueblo de Dios crea la atmósfera para que la presencia del Señor habite entre ellos. Nuestra adoración envía un aroma sabroso al Señor que Él no puede resistir. Él vendrá y habitará en las alabanzas de su pueblo. Después de la oración, tómate un tiempo para simplemente alabarlo y adorarlo con todo tu corazón sin pedirle cosas o favores. En la Biblia, Él es comparado con un Novio que viene por su novia (la iglesia). Él está buscando una novia apasionada que no se avergüence de ADORARLO.

Aprendí que podemos ofrecer una adoración que llegue al Salón del Trono si dejamos de lado nuestro orgullo. Gracias a Dios por los predicadores que predican la Palabra y no se guardan lo importante que es la adoración para Dios.

"Pero la hora viene, y ahora es, cuando los verdaderos adoradores adorarán al Padre en espíritu y en verdad; porque también el Padre busca a tales que lo adoren". (Juan 4:23)

Cuando la presencia de Dios desciende sobre sus hijos, los milagros comienzan a suceder: sanación, liberación, lenguas e interpretaciones, profecía, manifestaciones de los dones del espíritu. Oh, cuánto poder de

Dios podemos contener en un servicio de la iglesia si todos podemos reunirnos ofreciendo adoración y exaltación y la más alta de las alabanzas. Cuando ya no tengas palabras para orar, adora y ofrece el sacrificio de alabanza. El diablo odia que adores a su Creador, el Único Dios Verdadero. Cuando te sientas solo o el miedo te acose, ¡adora y conéctate con Dios!

Al principio este tipo de adoración y alabanza fue muy difícil para mí, pero después se hizo fácil. Comencé a escuchar su voz hablándome. Él quería que yo fuera obediente a su Espíritu. Mi trasfondo religioso me había impedido adorar a Dios libremente. Pronto estaba siendo bendecida en el Espíritu, la sanidad vino, y fui liberada de cosas que no había visto como pecado. Todo esto era nuevo para mí; cada vez que sentía la presencia de Dios en mi vida empezaba a cambiar interiormente. Estaba creciendo y experimentando un camino personal con Dios centrada en Cristo.

Espíritu de la Verdad.

El amor por la verdad es esencial porque la religión puede ser engañosa y peor que una adicción al alcohol o a las drogas.

> *"Dios es espíritu; y es necesario que los que le adoran, lo adoren en espíritu y en verdad."*. *(Juan 4:24)*

Las cadenas de la esclavitud a la religión se me cayeron cuando el Espíritu Santo me liberó. Cuando hablamos en lenguas o idiomas desconocidos en el Espíritu Santo, nuestro espíritu habla con Dios. El amor de Dios es abrumador y la experiencia es sobrenatural. No pude evitar pensar en todos esos años anteriores, cuando recibí doctrina bíblica que era contraria a la Palabra de Dios.

En mi relación con Dios, Él reveló más verdades a medida que crecía en Su Palabra y aprendía de "**Sus Caminos**". Fue como el gorrión que alimenta a sus crías con pequeñas porciones, ellas crecen más fuertes y consistentes cada día, hasta que han aprendido a remontar los cielos. Busca el Espíritu de la Verdad y Él te guiará para conocer todas las cosas. Un día, nosotros también remontaremos los cielos con el Señor.

"Y cuando venga el Espíritu de verdad, él los guiará a toda la verdad ".
(Juan 16:13a)

La Santa Unción:

A través de mucho dolor por la condición de mi hermano con espíritus malignos, encontramos esta maravillosa verdad. Abracé esta verdad y el Espíritu Santo me dio poder para superar los obstáculos que interferían con mi nueva vida en Cristo Jesús que me dio la santa unción para operar y ministrar enseñando a la gente. Aprendí que, a través de esta unción, Dios se movía a través del fervor y la expresión espiritual. Viene del Santo, siendo Dios mismo y no un rito religioso u ordenación formal que le da a uno este privilegio.

La unción:

Comencé a sentir la unción de Dios en mi vida y a dar testimonio a los que querían escuchar. Me encontré convirtiéndome en un maestro de la Palabra a través del poder de la unción de Dios. Hubo un tiempo en la India en el que quise ejercer la abogacía, pero el Señor me convirtió en un maestro de su Palabra.

"Y en cuanto a ustedes, la unción que han recibido de él permanece en ustedes, y no tienen necesidad de que alguien les enseñe. Pero, como la misma unción les enseña acerca de todas las cosas, y es verdadera y no falsa, así como les enseñó, permanezcan en él." (1 Juan 2:27)

"Pero ustedes tienen la unción de parte del Santo y conocen todas las cosas". (1 Juan 2:20)

Me puse a disposición de Dios y Él hizo el resto a través de su poder de unción. ¡Qué Dios tan asombroso! Él no te dejará sin poder para hacer Su obra. Comencé a orar más a medida que mi cuerpo se debilitaba debido a la enfermedad y la dolencia, pero el Espíritu de Dios en mí crecía más fuerte cada día a medida que ponía tiempo y esfuerzo en mi camino espiritual orando, ayunando y leyendo Su Palabra constantemente.

Cambio de vida:

Mirando hacia atrás por un momento, vi de dónde me había traído Dios y cómo mi vida había estado vacía de Sus caminos. Tenía una naturaleza carnal sin poder para cambiarla. Tenía otros espíritus pero no el Espíritu Santo. Aprendí que la oración cambia las cosas pero el verdadero milagro era que yo también había cambiado. Quería que mis caminos fueran más como los de Él, así que ayuné para cambiar mi naturaleza carnal. Mi vida había cambiado significativamente en este camino recorrido, pero apenas había comenzado al aumentar mi deseo apasionado por Dios. Otros, que me conocían bien, podían testificar que yo había cambiado.

La guerra espiritual:

Tuve cuidado de enseñar sólo la verdad y no la religión. Enseñé el bautismo en el Nombre de Jesucristo y el Espíritu Santo de Dios es una necesidad. Es el Consolador y su poder para vencer los obstáculos y las fuerzas del mal que vienen contra los creyentes.

Prepárate siempre, para luchar de rodillas por lo que quieres de Dios. El diablo quiere aplastarte a ti y a tu familia. Estamos en guerra con los poderes de las tinieblas. Debemos luchar por las almas para ser salvadas; y orar para que el corazón del pecador sea tocado por Dios para que se aparten de los poderes que los gobiernan.

"porque nuestra lucha no es contra sangre ni carne, sino contra principados, contra autoridades, contra los gobernantes de estas tinieblas, contra espíritus de maldad en los lugares celestiales."
(Efesios 6:12)

Un alma viva.

Todo el mundo tiene un alma viva; no es propia, pertenece a Dios. Un día, cuando muramos, el alma volverá a Dios o a Satanás. El hombre puede matar el cuerpo, pero sólo Dios puede matar el alma.

*"He aquí que todas las vidas me pertenecen; tanto la del padre como la del hijo son mías. El alma que peca, esa **morirá**". (Ezequiel 18:4)*

19

*"No teman a los que matan el cuerpo, pero no pueden matar al alma:
Más bien, teman a aquel que puede destruir tanto el alma como el cuerpo
en el infierno". (Mateo 10:28)*

Espíritu de amor.

Una vida significa mucho para Dios porque Él se preocupa y ama mucho a
cada uno de nosotros. Los creyentes que tienen este Evangelio de la Verdad
son responsables de contar a otros el amor de Jesús en el Espíritu de **Amor**.

*"Un mandamiento nuevo les doy: que se **amen** los unos a los otros.
Como los he **amado**, ámense también ustedes los unos a los otros. En esto
conocerán todos que son mis discípulos: si tienen **amor** los unos por los
otros." (Juan 13:34-35)*

El diablo vendrá contra nosotros cuando nos convirtamos en una amenaza
para él. Su trabajo es desanimarnos; sin embargo, tenemos la promesa de la
victoria sobre él.

*"Pero gracias a Dios, quien nos da la victoria por medio de nuestro Señor
Jesucristo.". (1 Corintios 15:57)*

Permítanme subrayar aquí que, lo que Satanás quería que fuera malo, Dios
lo convirtió en una bendición.

La Biblia dice:

*"Y sabemos que todas las cosas cooperan para el bien de los que aman a
Dios, de los que son llamados según su propósito". (Romanos 8:28)*

¡Alabado sea el Señor Jesucristo!

Capítulo 2

El Poderoso Médico

L a ciencia médica informa que hay un total de treinta y nueve categorías de enfermedades. Por ejemplo, hay muchos tipos de cáncer. También hay muchos tipos de fiebre, pero todos entran en la categoría de fiebre. De acuerdo con la antigua ley romana y la ley de Moisés, no se podía infligir más de 40 azotes, (latigazos), como castigo. Para no violar esta ley romana y judía, sólo administraron treinta y nueve azotes. ¿Es una coincidencia que Jesús recibiera treinta y nueve azotes en su espalda? Creo, como muchos, que hay una correlación entre este número y Jesús.

"Cuarenta azotes puede darle, sin excederse; no sea que, si se excede y lo golpea por encima de éstos con muchos azotes, tu hermano te parezca vil.". (Deuteronomio 25:3)

"Él mismo llevó nuestros pecados en su cuerpo sobre el madero a fin de que nosotros, habiendo muerto para los pecados, vivamos para la justicia. Por sus heridas ustedes han sido sanados.". (1 Pedro 2:24)

"Pero él fue magullado por nuestras iniquidades, molido por nuestros pecados. El castigo que nos trajo paz fue sobre él, y por sus heridas fuimos nosotros sanados". (Isaías 53:5)

A lo largo de este libro, leerás testimonios sobre el poder de sanación de Dios y el poder de liberación de las drogas, el alcohol y la posesión demoníaca. Comienzo con mis propias enfermedades personales donde Dios me mostró desde el principio, que nada es demasiado difícil o demasiado grande para él. Él es el Médico Poderoso. La severidad de mi condición física cambió de mala a peor a través de dolorosas enfermedades. Fue y es la Palabra de Dios y sus promesas las que me sostienen hoy.

Sinusitis crónica.

Tenía un problema de sinusitis tan grave que me impedía dormir. Durante el día llamaba y pedía a la gente que rezara por mí. Por el momento estaba bien, pero por la noche se reanudaba y no podía dormir. Esto continuó durante algunos años desde 1985. Un domingo fui a la iglesia y le pedí al pastor que rezara por mí. Puso su mano sobre mi cabeza y rezó por mí.

¿Está enfermo alguno de ustedes? Que llame a los ancianos de la iglesia y que oren por él, ungiéndole con aceite en el nombre del Señor:"
(Santiago 5:14)

Cuando el servicio de adoración comenzó, empecé a alabar y adorar a Dios mientras el espíritu venía sobre mí tan libremente. El Señor me dijo que bailara ante él. En el Espíritu empecé a danzar ante Él en obediencia cuando de repente mi nariz congestionada se aflojó y lo que estaba obstruyendo los conductos nasales salió. Instantáneamente comencé a respirar y esta condición no ha regresado. Yo había aceptado esta condición de sinusitis con mis propias palabras y pensamientos. Sin embargo, con el tiempo aprendí que siempre debemos hablar de nuestra fe y nunca confesar o pensar en la duda.

Amigdalitis.

Tenía amigdalitis crónica y no podía dormir debido al horrible dolor persistente. Sufrí esta condición, de 1986 a 1988. Después de ver a un médico, me remitieron a un hematólogo. Para realizar lo que era una amigdalectomía relativamente menor, sería una cirugía peligrosa y larga para mí debido a una enfermedad de la sangre que dificultaba la coagulación de mi sangre. En otras palabras ¡podría desangrarme hasta la muerte! Este conocimiento de la enfermedad en mi cuerpo me hizo tener miedo de hacer cualquier cosa. Incluso a conducir y salir. El médico dijo que no había forma de que pudiera soportar esta operación o tolerar el dolor. Recé por mi propia curación y también pedí a la iglesia que rezara por mí. Un día llegó a mi iglesia un predicador de visita. Saludó a la congregación y preguntó si alguien necesitaba ser sanado.

Insegura de recibir mi propia curación, me dirigí al frente de todos modos, confiando en Dios. Cuando volví a mi asiento, oí una voz que me decía.

"No te vas a curar".

Me enfadé con esta voz. ¿Cómo podía esta voz hablar audazmente de esta duda e incredulidad? Sabía que esto era un truco del diablo para detener mi curación. Respondí en oposición a esta voz,

"¡Conseguiré mi curación!"

Mi respuesta fue firme y fuerte porque sabía que venía del padre de todas las mentiras, el diablo. El Espíritu Santo nos da autoridad sobre el diablo y sus ángeles. No iba a permitir que me robara mi curación y mi paz. Es un mentiroso y no hay verdad en él. Me defendí con la Palabra y las promesas de Dios.

"Ustedes son de su padre el diablo, y quieren satisfacer los deseos de su padre. Él era homicida desde el principio y no se basaba en la verdad porque no hay verdad en él. Cuando habla mentira, de lo suyo propio habla porque es mentiroso y padre de mentira". (Juan 8:44)

¡Al instante mi dolor desapareció y fui sanada! A veces tenemos que ir al campo del enemigo para luchar por lo que queremos y recuperar lo que el enemigo, el diablo, quiere quitarnos. Cuando el dolor me abandonó, el diablo me dijo: "No estabas enferma". El enemigo intentaba convencerme mediante una "nube de duda" de que no había estado realmente enfermo. La razón de esta mentira del diablo era para no dar la Gloria a Dios. Con una respuesta firme a Satanás, dije: "Sí, estaba enferma". Instantáneamente Jesús puso el dolor en cada lado de mis amígdalas. Le contesté: "Señor Jesús, sé que estuve enferma y me curaste". ¡El dolor me dejó para siempre!

Nunca más volví a sufrir. Inmediatamente levanté las manos, alabé al Señor y le di la gloria a Dios. Jesús tomó las rayas en su espalda para que yo pudiera ser curada ese día. Su Palabra también dice que mis pecados también serían perdonados. Me levanté y testifiqué a la iglesia ese mismo día cómo el Señor me sanó. Tomé mi curación a la fuerza.

"Desde los días de Juan el Bautista hasta ahora, el reino de los cielos sufrió violencia, y los violentos lo tomaron por la fuerza.". (Mateo 11:12)

"Y la oración de fe dará salud al enfermo, y el Señor lo levantará. Y si ha cometido pecados le serán perdonados". (Santiago 5:15)

"Él es quien perdona todas tus iniquidades, el que sana todas tus enfermedades,". (Salmos 103:3)

Cuando nos levantamos y testificamos acerca de lo que el Señor ha hecho, no solo le damos a Dios la Gloria, sino que levanta la fe de otros que necesitan escucharlo. También es sangre fresca contra el diablo.

"Y ellos lo han superado por causa de la sangre del Cordero y de la palabra del testimonio de ellos, porque no amaron sus vidas hasta la muerte" (Revelación 12:11).

Dios hace milagros grandes y pequeños. Tú vences al diablo cuando le cuentas a otros lo que Dios ha hecho por ti. Tú haces correr al diablo cuando comienzas a adorar a Dios con todo tu corazón. Tienes las armas de la fe y el poder del Espíritu Santo disponibles para derrotar al padre de todas las mentiras. Debemos aprender a usarlas.

Defecto de visión.

Tuve un problema de visión en 1974, antes de venir a Estados Unidos. No podía diferenciar la distancia entre yo y otro objeto que tenía delante. Esto me provocaba fuertes dolores de cabeza y náuseas. El médico dijo que tenía una afección en la retina que podía corregirse con ejercicios; sin embargo, no me funcionó y mis dolores de cabeza continuaron.

Asistía a una iglesia en California que creía en el poder de la curación. Pedí a la iglesia que rezara por mí. Seguí escuchando testimonios de sanación que me ayudaron a creer en la sanación. Estoy tan agradecida de que las iglesias permitan los testimonios, que otros puedan escuchar los informes de alabanza de los milagros que Dios ha realizado en las vidas de la gente común hoy en día. Mi fe siempre fue levantada al escuchar el testimonio. Aprendí mucho a través de los testimonios.

Más tarde fui a ver a un oftalmólogo ya que Dios me pidió que viera al oculista. Este doctor examinó mis ojos y encontró el mismo problema, pero me pidió una segunda opinión. Una semana después pedí la oración ya que tenía un fuerte dolor de cabeza y un dolor insoportable en los ojos.

Fui a buscar una segunda opinión, que examinó mis ojos y dijo que no había nada malo en ellos. Estaba muy contenta.

Seis meses después, conducía hacia el trabajo y pensaba en lo que dijo el médico y empecé a confiar en que no había nada malo y que el otro médico que diagnosticó la imperfección en los ojos estaba equivocado. Me curé durante todos estos meses y me olvidé de lo enferma que estaba.

Dios comenzó a hablarme,"¿Recuerdas que tenías un dolor insoportable, dolor de cabeza y náuseas?"

Dije: "Sí". Entonces Dios dijo: "¿Recuerdas cuando estabas en la India y el médico te dijo que tenías una afección ocular y

te enseñaron ejercicios de coordinación ocular? ¿Recuerdas que durante los últimos seis meses no has venido a casa enferma debido a este problema?"

Respondí: "Sí".

Dios me dijo: "¡Sané tus ojos!"

Alabado sea Dios. Esto explica por qué el tercer médico no pudo encontrar nada malo en mis ojos. Dios me permitió pasar por esta experiencia para mostrarme que Él es capaz de entrar en lo más profundo de mis ojos y sanarlos. La Palabra de Dios dice: "Yo conozco el corazón, no a aquel que es dueño del corazón". Me puse a reflexionar cuidadosamente sobre estas palabras en mi mente. Puede que sea dueño de mi corazón, pero no conozco mi propio corazón ni sé lo que tengo en mi corazón. Por eso rezo, ayuno y leo la Palabra continuamente para que Dios sólo encuentre bondad, amor y fe en mi corazón. Debemos tener cuidado con lo que pensamos y lo que sale de nuestra boca. Meditar en la bondad porque Dios conoce nuestro pensamiento.

"Que las palabras de mi boca y la meditación de mi corazón sean agradables a tus ojos, Señor, mi fuerza y mi redentor". (Salmos 19:14)

"Engañoso es el corazón, más que todas las cosas, y sin remedio. ¿Quién lo conocerá? Yo, el SEÑOR, escudriño el corazón y examino la conciencia, para dar a cada hombre según su camino y según el fruto de sus obras." (Jeremías 17:9-10)

Rezo el Salmo 51 por mí:

"Crea en mí, oh Dios, un corazón puro y renueva un espíritu firme dentro de mí" (Salmos 51:10).

La ansiedad.

Estaba pasando por un período en el que experimenté algo que no podía poner en palabras. Recuerdo que le dije a Dios que no sabía por qué estaba sintiendo esto en mi mente. Recuerdo haber orado y pedir a Dios que no podía entender este sentimiento abrumador porque no estaba preocupada por nada en ese momento. Este sentimiento duró algún tiempo y me hizo sentir "fuera" mentalmente pero no físicamente, que es la mejor manera en que puedo describirlo. Más tarde en el trabajo, tenía este pequeño libro de inspiración en mi mano.

El Señor dijo: "Abre este libro y lee".

Encontré el tema de la "ansiedad". Dios dijo que lo que tienes es ansiedad. Yo no estaba familiarizada con esta palabra. Como no tenía una comprensión clara de esta palabra, Jesús dijo que buscara en el diccionario. Encontré los síntomas exactos que tenía. La definición era preocupación o solicitud respecto a alguna cosa o acontecimiento, futuro o incierto, que perturba la mente y la mantiene en un estado de dolorosa inquietud.

Le dije: "Sí, Señor, me siento exactamente así".

Trabajaba en el turno de noche y en mi día libre me iba a dormir temprano. Durante este tiempo solía levantarme temprano por la mañana para rezar y un día Dios me dijo que me fuera a dormir. Pensé: "¿Por qué diría Dios esto?". En esta etapa temprana de mi caminar con Dios, estaba aprendiendo a discernir y a escuchar su voz. De nuevo me dije, ¿por qué me dice Dios que me duerma? Creo que es el diablo.

Entonces recordé que algunas veces Dios nos dice cosas que pueden no tener ningún sentido, pero nos está dando un mensaje importante. En resumen, su mensaje era que no necesitamos ser más santos que tú.

"Porque mis pensamientos no son sus pensamientos ni sus caminos son mis caminos, dice el SEÑOR. Como son más altos los cielos que la tierra, así mis caminos son más altos que sus caminos, y mis pensamientos más altos que sus pensamientos.". (Isaías 55:8-9)

En otras palabras, la oración es el camino correcto pero durante ese tiempo, no lo era. Él ya envió a su ángel para que me ministrara y yo necesitaba estar en la cama. Hay un tiempo para descansar y un tiempo para que Dios rellene nuestras lámparas con aceite fresco a través de la oración que renueva el Espíritu Santo. En lo natural, necesitamos dormir y descansar para refrescar nuestros cuerpos y mente como Dios lo dispuso. Somos el Templo de Dios y necesitamos cuidar de nosotros mismos.

*¿Y a cuál de sus **ángeles** ha dicho jamás: Siéntate a mi diestra, hasta que ponga a tus enemigos por estrado de tus pies? ¿Acaso no son todos **espíritus servidores, enviados para ministrar a favor de los que han de heredar la salvación?** (Hebreos 1:13, 14)*

Cuando volví a dormirme, tuve un sueño sobre un hombre sin cabeza. El hombre sin cabeza me tocaba la cabeza. Más tarde, me desperté sintiéndome renovada y totalmente normal; sabiendo que Dios había enviado un Ángel Sanador para tocar mi cabeza y librarme de esta ansiedad. Estaba tan agradecida a Dios que se lo conté a todo el que quisiera escuchar. Experimenté los horribles síntomas debilitantes de la ansiedad que habían afectado a mi mente. Te despiertas cada día con ella, nunca te da paz porque tu mente no está totalmente descansada para relajarse. La ansiedad es también una herramienta del diablo para hacerte sentir abrumado por el miedo o el pánico. Viene en muchas formas y puede que ni siquiera sepas que la tienes. Lo mejor que puedes hacer es cambiar tu forma de reaccionar ante el estrés y preguntarte si le estás dando a tu cuerpo lo que necesita para renovarlo diariamente. Dios hará el resto cuando cuides de "Su Templo".

"Si alguien profana el templo de Dios, Dios lo destruirá a él; porque santo es el templo de Dios, el cual son ustedes". (1 Corintios 3:17)

Su voz.

Cuando tienes a Dios, estás lleno porque estás inmerso en su amor. Cuanto más lo conoces, más lo amas. Cuanto más le hablas, más aprendes a escuchar su voz... El Espíritu Santo te ayuda a discernir la voz de Dios Sólo tienes que escuchar esa pequeña y tranquila voz. Somos las ovejas de su prado que conocen su voz.

"Entonces Jesús les respondió: les he dicho, y no me han creído: las obras que hago en nombre de mi Padre, ellas dan testimonio de mí. Pero no creen, porque no son de mis ovejas, como les dije. Mis ovejas oyen mi voz, y yo las conozco, y me siguen: Y yo les doy vida eterna; y no perecerán jamás, ni nadie las arrebatará de mi mano. Mi Padre, que me las ha dado, es mayor que todos, y nadie puede arrebatarlas de la mano de mi Padre. Yo y mi Padre somos una sola cosa" (Juan 10:25-30)

Estamos los que nos llamamos sus "ovejas" y los que no creen. Sus ovejas oyen la voz de Dios. Los demonios religiosos son engañosos. Nos hacen sentir que tenemos a Dios. La Santa Biblia nos advierte sobre las falsas doctrinas.

" teniendo apariencia de piedad, pero negando su poder " (2 Timoteo3:5).

Dios dice: "Búscame con todo tu corazón y me encontrarás". No se trata de encontrar un estilo de vida que nos convenga. Sigue la verdad, no la tradición religiosa. Si tienes sed de la verdad de Dios, la encontrarás. Debes leer y amar la Palabra de Dios, esconderla en tu corazón y mostrarla en tu estilo de vida. La Palabra te cambia por dentro y por fuera.

Jesús vino a romper el poder de la tradición y el poder de la religión con el precio de su sangre. Dio su vida para que pudiéramos tener el perdón de los pecados y tener comunión directa con Dios. La Ley se cumplió en Jesús pero no lo confesaron como Señor y Salvador, el Mesías.

"No obstante, aun de entre los dirigentes muchos creyeron en él, pero por causa de los fariseos no lo confesaban para no ser expulsados de la sinagoga. Porque amaban más la alabanza de los hombres que la alabanza de Dios ". (Juan 12:42, 43)

La gripe:

Tenía una fiebre alta acompañada de dolores corporales. También tenía los ojos y la cara muy hinchados. Apenas podía hablar y llamé al anciano de mi iglesia para que orara por mi curación. Mis rasgos faciales volvieron a ser normales al instante y me curé. Doy gracias a Dios por los hombres de fe y por la seguridad que da a los que confían en Él.

"por cuanto nuestro evangelio no llegó a ustedes solo en palabras, sino también en poder y en el Espíritu Santo, y en plena convicción ". (1Tesalonicenses 1:5a)

Alergia ocular.

En el sur de California tenemos un grave problema de smog. Todavía estaba creciendo y aprendiendo a confiar en Dios. He estado sufriendo de alergias desde 1985, tenía una irritación en los ojos que empeoraba con la contaminación del aire. El picor, el enrojecimiento y el dolor constante eran insoportables; me daban ganas de sacarme los ojos de las órbitas ¡Qué manera tan terrible de sentirse! Pensaba que era imposible que Dios curara esto, aunque ya me había curado en el pasado. Me costaba creer en Dios para mi curación. Pensaba que como Dios ya conoce cada uno de mis pensamientos no puede sanar mis ojos por mi incredulidad, así que usé gotas para los ojos para aliviar la picazón. El Señor comenzó a hablarme para que dejara de usar las gotas. Pero la picazón era muy fuerte y no dejé de hacerlo. Repitió esto tres veces hasta que finalmente dejé las gotas para los ojos.

"Jesús los miró y les dijo: Para los hombres esto es imposible, pero para **Dios todo es posible.***". (Mateo 19:26)*

Unas horas más tarde, mientras estaba en el trabajo, el picor me abandonó. Estaba tan contenta que empecé a contarle a todo el mundo en el trabajo sobre mi curación. Nunca más tuve que preocuparme por mis ojos.

Sabemos tan poco sobre Dios y cómo piensa. Nunca podremos conocerlo porque sus caminos no son los nuestros. Nuestro conocimiento de Él es tan extremadamente pequeño. Por eso es tan crucial para los verdaderos creyentes caminar en el Espíritu. No podemos inclinarnos hacia nuestro propio entendimiento humano. Jesús fue amable, paciente y misericordioso conmigo ese día. Jesús me estaba enseñando una gran lección. Yo dudaba de la curación, pero ese día obedecí y Él me sanó. ¡Él nunca se ha dado por vencido conmigo y nunca se dará por vencido contigo!

Después de esta lección de obediencia, dejé de lado todo tipo de medicamentos. Creí en mi corazón para empezar a confiar en que Dios me sanaría de todas mis enfermedades y dolencias. He aprendido a creerle a medida que pasaba el tiempo y crecía en el Señor. Él sigue siendo mi médico hoy en día.

Lesión en el cuello:

Una tarde iba en coche a la iglesia cuando me atropelló otro vehículo y sufrí una lesión en el cuello que requirió una baja médica en el trabajo. Quería volver al trabajo, pero el médico se negó. Empecé a rezar: "Jesús estoy aburrida, por favor déjame ir". Jesús dijo: "Vuelve al trabajo y nadie podrá decir que te has lesionado".

"Porque yo te traeré sanidad y curaré tus heridas, dice el SEÑOR"
(Jeremías 30:17a)

Luego volví al médico y me dio el alta para volver al trabajo, ya que insistí. Empecé a sentir dolor de nuevo y me reprendieron por volver al trabajo demasiado pronto. Recordé lo que Jesús me dijo y prometió. Empecé a decirme que me aferrara a la promesa de Dios y comencé a mejorar poco a poco. Antes de darme cuenta, mi dolor se había ido. Esa tarde mi supervisor me pidió que trabajara más tiempo. Me reí en broma y le dije que no estaba lo suficientemente bien como para trabajar horas extras porque tenía dolor. Le confesé que tenía algo que no tenía. El dolor volvió inmediatamente y mi cara se puso muy pálida, por lo que mi supervisor me ordenó que me fuera a casa. Recordé que antes Dios había dicho que me pondría bien y estaba decidida a mantenerme en ello. Le dije a mi supervisor que no podía irme a casa por mi promesa a Dios. Otra supervisora era cristiana, así que le pedí que rezara por mí. Ella insistió en que volviera a casa. Comencé a reprender el dolor y hablé la palabra de fe. Llamé al diablo mentiroso con la autoridad del Espíritu Santo. Al instante mi dolor desapareció.

"Entonces les tocó los ojos diciendo: Conforme a la fe de ustedes les sea hecho". (Mateo 9:29)

Volví a mi supervisora y le conté lo sucedido. Ella estuvo de acuerdo en que el diablo es un mentiroso y el padre de todas las mentiras. Es importante no invocar nunca la enfermedad o el dolor. Dios me dio una lección muy importante sobre el hecho de bromear con la falsedad ese día.

"Pero sea su hablar, 'sí', 'sí', y 'no', 'no'. Porque lo que va más allá de esto, procede del mal". (Mateo 5:37)

Capítulo 3

Las Poderosas Armas De Dios: "La Oración Y El Ayuno"

U n domingo por la mañana, durante el servicio, estaba acostada en el último banco con un dolor insoportable y apenas podía caminar.

De repente, Dios me dijo que caminara hacia el frente y recibiera la oración. De alguna manera sabía en mi corazón y en el Espíritu que no iba a ser sanado, pero como escuché la voz de Dios, obedecí. Como leemos en

1 Samuel 15:22b. Obedecer es mejor que sacrificar.

Me dirigí lentamente hacia el frente y cuando comencé a caminar por el pasillo lateral, noté que la gente comenzó a ponerse de pie a medida que pasaba. Fui testigo de cómo el Espíritu de Dios caía sobre cada persona y me pregunté cuál era el propósito de Dios al enviarme al frente.

"Y sucederá que si escuchas diligentemente la voz del SEÑOR tu Dios, procurando poner por obra todos sus mandamientos que yo te mando hoy, también el SEÑOR tu Dios te enaltecerá sobre todas las naciones de la tierra. Cuando obedezcas la voz del SEÑOR tu Dios"
(Deuteronomio 28:1-2)

Yo estaba asistiendo a mi iglesia local cuando esto ocurrió, pero pensé en este día en particular durante algún tiempo después cuando fui a visitar una iglesia en la ciudad de Upland.

Una hermana de nuestra antigua iglesia estaba asistiendo a esta iglesia también. Ella vio mi anuncio en mi coche donde ofrecía clases particulares de matemáticas y quiso contratarme.

Un día, mientras le enseñaba en mi casa, me dijo: "Hermana, me acuerdo del día en que estuviste enferma en nuestra antigua iglesia y te acercaste al frente para recibir la oración. Nunca había experimentado la presencia de Dios así antes, aunque he sido bautizada en el Nombre de Jesús y he venido a la iglesia por dos años. El día que pasaste, sentí el Espíritu de Dios por primera vez y fue tan fuerte. ¿Recuerdas que toda la iglesia se levantó cuando el Espíritu cayó sobre ellos cuando pasaste?" Me acordaba bien de ese día porque todavía me preguntaba por qué Dios me enviaba al frente cuando apenas podía caminar. Sentí que Dios permitió que se cruzara de nuevo en mi camino por una razón. A través de ella, Dios respondió a mi pregunta sobre aquel día.

Me alegré de haber escuchado a Dios y de haber obedecido su voz.

"Porque andamos por fe, no por vista:" (2 Corintios 5:7)

Después de mi lesión en septiembre de 1999, ya no podía caminar, así que me quedé en la cama rezando y ayunando constantemente día y noche, ya que no dormí durante 48 horas. Rezaba día y noche pensando que prefería tener a Dios en mi mente antes que sentir el dolor. Hablaba constantemente con Dios. Somos vasos de honor o de deshonor. Cuando oramos, llenamos nuestra vasija con el aceite fresco de Dios al orar en el Espíritu Santo.

Debemos usar nuestro tiempo sabiamente y no permitir que las preocupaciones de la vida nos impidan tener una relación espiritualmente íntima con nuestro Creador. El arma más poderosa contra el diablo y su ejército es la oración y el ayuno.

"Pero ustedes, oh amados, edificándose sobre la santísima fe de ustedes y orando en el Espíritu Santo," (Judas Vs.20)

Se vence al mal cuando se reza y se tiene una vida de oración consistente. La consistencia es omnipotente. El ayuno aumentará el poder del Espíritu Santo y tendrás autoridad sobre los demonios. El Nombre de Jesús es tan poderoso cuando dices las palabras, "En el Nombre de Jesús". También recuerde La Preciosa "Sangre de Jesús" es tu arma. Pídele a Dios que te cubra con Su Sangre. La Palabra de Dios dice:

"y de parte de Jesucristo, el testigo fiel, el primogénito de entre los muertos y el soberano de los reyes de la tierra. Al que nos ama y nos lavó **de nuestros pecados con su propia sangre**". *(Revelación 1:5)*

"de modo que hasta sacaban los enfermos a las calles y los ponían en camillas y colchonetas, para que cuando Pedro pasara, por lo menos su **sombra** *cayera sobre alguno de ellos". (Hechos 5:15)*

Capítulo 4

Dios El Gran Estratega

¿Quién puede conocer la mente de Dios? En 1999, estaba trabajando en el turno de tarde en la oficina de correos cuando me agaché para recoger un artículo y sentí un fuerte dolor de espalda. Busqué a mi supervisora, pero no pude encontrarla ni a nadie. Me fui a casa pensando que el dolor se iría después de rezar antes de ir a dormir. Cuando me desperté a la mañana siguiente con el dolor allí, llamé al anciano de la iglesia que oró por mi curación. Mientras oraba, escuché al Señor diciéndome que llamara a mi empleador en la oficina de correos para notificarles mi lesión. Luego me indicó que notificara a mi superintendente una vez que regresara al trabajo. Cuando volví al trabajo, me citaron en la oficina para rellenar el informe de la lesión. Me negué a ver a su médico porque no creía en ir al médico. Confiaba en Dios. Lamentablemente, mi dolor de espalda sólo empeoró. Mi empleador necesitaba un certificado médico que demostrara que había sufrido una lesión, para justificar el trabajo ligero. Para entonces, había hecho varias peticiones para que me viera su médico, pero ahora no estaban tan dispuestos a enviarme. No fue hasta que vieron cierta mejoría al caminar que pensaron que me había recuperado. Ahora me enviaron a ver a su médico de accidentes de trabajo, que más tarde me remitió a un especialista en ortopedia. Éste confirmó que había sufrido una lesión permanente en la espalda.

Esto hizo que mi empleador se molestara mucho. Me alegré mucho de haber aceptado ver a su médico esta vez. No sabía lo que me deparaba el futuro, pero Dios sí. No sólo me dieron trabajo ligero en el trabajo, sino que ahora eran conscientes de que tenía una discapacidad grave. A medida que mi estado empeoraba, sólo se me permitían seis horas de trabajo, luego cuatro y después dos. Mi dolor se hizo tan insoportable que el trayecto al trabajo me dificultaba ir y venir.

Sabía que tenía que depender de Dios para sanarme. Oré y le pregunté a Dios cuál era su plan para mí. Él respondió: *"Te vas a casa"*. Pensé, seguramente me llamarán a la oficina y me enviarán a casa. Más tarde me llamaron a la oficina y me enviaron a casa tal y como el Señor había dicho. A medida que pasaba el tiempo, mi estado empeoraba y necesitaba apoyo para caminar. Un médico, que reconocía la gravedad de mi lesión, me recomendó que viera a un médico de compensación laboral que se encargara de mi caso.

Un viernes por la tarde, cuando abrí la puerta al salir de la oficina de correos, oí una voz de Dios que me decía: *"Nunca más volverás a este lugar"*. Las palabras me asombraron tanto que empecé a pensar que tal vez me paralizarían o incluso me despedirían. La voz era muy clara y poderosa. Sabía sin lugar a dudas que se cumpliría, y que no volvería a mirar a este lugar donde había trabajado durante 19 años. Cómo se resolverían las cosas financieramente para mí era incierto, sin embargo, Dios ve las cosas desde la distancia, ya que estaba poniendo otro paso dirigiendo el camino que debía seguir.

Dios estaba sentando lenta y hábilmente los cimientos de mi futuro como un maestro estratega para un momento en el que ya no trabajaría para nadie más, sino para Él. Después del fin de semana, encontré un nuevo médico ortopédico que me examinó. Me puso en incapacidad temporal durante casi un año. La oficina de correos me envió para que me evaluara uno de sus médicos y su opinión fue contraria a la de mi médico. Dijo que estaba bien y que podía levantar hasta 100 libras. No podía ni caminar, ni estar de pie, ni siquiera sentarme mucho tiempo, y mucho menos levantar un peso equivalente al de mi frágil cuerpo. Mi médico estaba muy molesto. No estaba de acuerdo con la evaluación del otro médico sobre mi salud y mis capacidades físicas. Gracias a Dios, mi médico lo impugnó en mi nombre y en contra del médico de mi empresa. Mi empleador remitió entonces el asunto a un tercer médico que actuaría como "árbitro" mediador. Este árbitro era un cirujano ortopédico que más tarde me diagnosticó una discapacidad. No era por la lesión en el trabajo, sino por mi enfermedad sanguínea. Así que ahora todo tomó un giro diferente. Nací con esta enfermedad. No sabía nada de la jubilación por invalidez. Recé sobre esta situación con rabia en mi corazón. Sé que su trabajo era hacer lo que era justo para el paciente y no para el empleador. Y en una visión vi a este médico totalmente loco.

Inmediatamente le pedí a Jesús que lo perdonara. El Señor comenzó a hablarme diciendo que el médico había hecho lo mejor para su beneficio. Le pedí al Señor que me lo mostrara porque no podía verlo así; sin embargo, mi respuesta llegaría más tarde. Mientras tanto, solicité prestaciones por incapacidad permanente porque ya no podía trabajar. No sabía si mi solicitud sería aprobada. Tanto mi empleador como mi médico sabían que no sólo tenía una lesión en la espalda, sino también tres tumores en la zona lumbar y un hemangioma en la columna vertebral. Tenía una enfermedad discal degenerativa y una enfermedad sanguínea. Mi cuerpo se estaba deteriorando rápidamente y de forma muy dolorosa.

Los dolorosos síntomas de mis enfermedades y lesiones me habían pasado factura. Me veía incapaz de caminar incluso con la ayuda de un soporte. Se desconocía la causa de las parálisis que afectaban a mis piernas, así que me enviaron a hacerme una resonancia magnética de la cabeza. El médico buscaba cualquier afección psicológica. ¿Quién puede conocer la mente de Dios y los pasos que estaba dando para mi futuro? Dios es el gran estratega porque poco sabía entonces que todo esto era por una razón. Sólo tenía que confiar en que Él cuidaría de mí. Los beneficios por incapacidad permanente sólo pueden ser aprobados para personas que tienen una condición médica personal que puede ser apoyada médicamente por un médico personal. Como mi nuevo médico no tenía ningún historial médico, se negó a proporcionar una evaluación médica completa sobre mi incapacidad para trabajar al Departamento de Discapacidad. También me encontré con el dilema de mis finanzas. Acudí a la única fuente que conocía para obtener respuestas. El Señor me dijo: *"Tienes muchos informes médicos, envíalos todos al médico"*.

No sólo le di al médico todos mis informes médicos, sino que ahora estaba dispuesto a rellenar mi solicitud de retiro por incapacidad permanente. Alabado sea Dios. Dios siempre está dispuesto a dar una respuesta si se lo pedimos seriamente. Es importante estar siempre quieto y escuchar su respuesta. A veces no llega de inmediato. Esperé en el "Gran Estratega" para arreglar mi vida de acuerdo a su voluntad.

Los siguientes meses fueron agónicos y desafiantes. No sólo soporté el dolor físico, sino que además ya no podía pasar la página de un libro. Como dependo de Dios para la curación, creía que estaba pasando por esto por una razón, pero que seguramente no moriría. Creyendo esto, simplemente agradecí a Dios cada día por cada momento que estaba viviendo y por cualquier condición en la que me encontrara. Me consumía en la oración y el ayuno para superar esos momentos de dolor agónico. Él era mi única fuente de fuerza y mi lugar de refugio en la oración.

Mi vida había dado un gran giro para peor. Ya no podía trabajar en este estado debilitante. Con mucha oración y súplica cada día, mi situación parecía empeorar, no mejorar. Sin embargo, sabía que Dios era la única respuesta. Sin duda, sabía que Él resolvería las cosas para mí. Él me había dado a conocer su existencia y su presencia, y sabía que me amaba. Eso era suficiente para aferrarme y esperar al "Maestro Estratega", que tenía un plan definido para mi vida.

Mi madre, de 85 años, vivía entonces conmigo. También era discapacitada y necesitaba asistencia y cuidados en su estado de cama. En el momento en que mi querida madre más me necesitaba, no pude atender sus necesidades básicas. En cambio, mi frágil madre tuvo que ver cómo se deterioraba la salud de su hija delante de ella. Dos mujeres, madre e hija, en lo que parecía una situación desesperada, pero ambas creíamos en el "Poderoso Dios de los Milagros". Un día mi madre me vio derrumbarme en el suelo. Gritó y gritó, sin poder hacer nada por mí. Esta escena fue tan insoportable y horrorosa para mi madre al verme en el suelo, pero el Señor, en su misericordia, me levantó del suelo. Mi hermano, mi hermana y mi familia, al enterarse de esto, se preocuparon mucho de que mi estado hubiera llegado a este extremo. Mi querido y anciano padre, que estaba siendo atendido en otro lugar, sólo lloraba y no decía mucho, le pedí al Señor que todo esto terminara por el bien de todos. No era sólo mi dolor personal y la prueba que debía soportar; ahora estaba afectando a mis seres queridos. Era el momento más oscuro de mi vida. La promesa de Dios desde el principio:

"Cuando camines, tus pasos no hallarán impedimento; y si corres, no tropezarás". (Proverbios 4:12)

Con gran alegría en mi corazón, pensé en la palabra y la promesa de Dios. No sólo sería capaz de dar un paso, sino que tendría la capacidad de correr un día. Dediqué más tiempo a la oración, ya que no podía hacer mucho más que rezar y buscar el rostro de Dios. Se convirtió en una obsesión día y noche. La Palabra de Dios se convirtió en mi "Ancla de Esperanza" en un mar vacilante. Dios provee nuestras necesidades, así que hizo el camino para que yo obtuviera una silla de ruedas motorizada que me hizo la vida un poco más fácil para moverme. Cuando me ponía de pie, era incapaz de mantener el equilibrio incluso con ayuda. Sólo había incomodidad y dolor en todo mi cuerpo y cualquier consuelo que tenía provenía del "Consolador", el Espíritu Santo. Cuando la gente de Dios oraba por mí, mi cuerpo experimentaba un alivio temporal del dolor, por lo que siempre buscaba la oración de los demás. Un día, me desplomé en el suelo y me llevaron al hospital. El médico del hospital trató de convencerme de que tomara medicamentos para el dolor. Insistió en ello porque vio que mi dolor era extremo durante muchos días. Finalmente cedí a sus instrucciones de tomar la medicación, pero iba en contra de lo que yo creía.

Para mí, Dios era mi sanador y mi médico. Sabía que Dios tenía la capacidad de sanarme en cualquier momento, como había hecho tantas otras veces antes, así que ¿por qué no iba a sanarme ahora? Creía firmemente que era responsabilidad de Dios ayudarme. Así pensaba y rezaba con fe y nadie podía cambiar mi forma de pensar al respecto. No podía verlo de otra manera, así que esperé al "Maestro Estratega". Mi proceso de pensamiento se fortalecía al apoyarme en Dios. Cuanto más rezaba, más crecía mi relación con Él. Era tan profunda y personal que no se puede explicar a alguien que no conozca los caminos espirituales de Dios o su propia existencia. Es un Dios impresionante. El día que salí del hospital, llamé a una amiga para que me recogiera. Ella puso su mano sobre mí para orar y experimenté un alivio temporal del dolor. Fue como tomar la medicina recetada por Dios. Durante este tiempo, Dios envió a una señora a rezar conmigo todas las mañanas a las 4.00 a.m. Ella ponía sus manos sobre mí y rezaba. Sólo experimenté un alivio temporal y ahora se me había dado una compañera de oración. Creía con todo mi corazón que Dios tenía todo bajo control.

Las cosas empeoraron a medida que mi cuerpo seguía deteriorándose. No recibía suficiente sangre ni oxígeno en las extremidades inferiores y superiores debido a los daños en los nervios. Para añadir a mi lista de síntomas, también me volví incontinente. Empecé a tener dificultades para pronunciar palabras debido a los espasmos en la boca. Tenía daños en el nervio ciático y la lista de síntomas seguía creciendo.

Mi curación no llegó rápidamente. Me preguntaba qué había pasado con su promesa del Proverbio 4:12. Pensé que tal vez había pecado. Así que pedí: "Señor Jesús, por favor, hazme saber qué he hecho mal para que pueda arrepentirme". Le pedí a Dios que hablara conmigo o con mi amigo, que me enviara una palabra. No estaba enfadada con Dios, sino que se lo pedía con un corazón humilde. Estaba desesperada por sanar.

Más tarde, ese mismo día, sonó mi teléfono y pensé: ¿podría ser ésta mi respuesta? Pero para mi decepción, la llamada era para otra persona. Me fui a la cama y me desperté a las 4 de la mañana para rezar. Mi compañera de oración la hermana Rena vino a rezar conmigo. La miré y me pregunté si Dios le había hablado a ella y si tenía mi respuesta, pero, para mi decepción, tampoco llegó ninguna respuesta.

Cuando se fue, me fui a mi habitación para acostarme y descansar. Mientras estaba allí tumbada, a las 9.00 horas oí que se abría la puerta de atrás; era Carmen, la encargada de la casa. Entró y me preguntó "¿cómo te sientes?". Dije: "Me siento fatal". Luego me di la vuelta y me dirigí a mi habitación. Carmen dijo: "Tengo una palabra para ti". Mientras rezaba en la iglesia hoy, Jesús vino a mí y dijo: "Hermana Elizabeth Das está pasando por una prueba, es su prueba larga y ardiente, y no ha hecho nada malo. Saldrá como oro y la quiero mucho". Sé que estaba en la sala del trono con Él la noche anterior cuando pedía una respuesta a mi pregunta.

He aquí que la mano del SEÑOR no se ha acortado para salvar, ni su oído se ha ensordecido para oír. (Isaías 59:1)

En ese momento de mi vida sentí que me iba a volver loca. Ya no podía leer, recordar ni concentrarme normalmente. Mi única opción y razón de vivir era adorar a Dios y rezar en exceso. Sólo dormía períodos cortos de aproximadamente tres a cuatro horas cada dos días. Cuando dormía, Dios era mi Shalom. ¡Gloria y alabanza y honor a Su Santo Nombre! Clamé al Señor en mis oraciones: "Dios, sé que puedo salir de esto instantáneamente porque tengo fe en que tú puedes y me sanarás". Comencé a pensar en mi prueba que tal vez no podría salir de ella sólo con mi fe. Las pruebas tienen un principio y un final.

tiempo de matar y tiempo de sanar; tiempo de destruir y tiempo de construir;(Eclesiastés 3:3)

Tenía que creer que una vez que todo esto terminara, tendría un poderoso testimonio de fe que permanecería para siempre. Un testimonio de fe que compartiría con muchos como testigo de las maravillosas obras de un Dios Todopoderoso. Todo valdría la pena, era lo que me repetía a mí misma. Tenía que creer en mi "Ancla de Esperanza" porque no había otro camino que el de Él. Y fue en **Su camino** que se me condujo a Aquel que estaba dotado del poderoso don de la curación, dado en Su nombre. La Palabra de Dios nunca cambia, así que Dios tampoco cambia. Él es el mismo ayer, hoy y siempre. Como creyentes nacidos de nuevo, debemos profesar nuestra fe en el amor y amar la Palabra de Dios.

"pues han nacido de nuevo, no de simiente corruptible sino de incorruptible, por medio de la palabra de Dios que vive y permanece por siempre". (1 Pedro 1:23)

Los hombres bíblicos de Dios también tuvieron sus pruebas. ¿Por qué sería diferente hoy en día que Dios no nos pruebe? No me estoy comparando con los hombres piadosos de la Santa Biblia porque estoy lejos de la comparación con los discípulos santos. Si Dios probó la fe de los hombres hace cientos de años, entonces también probará a los hombres y mujeres de hoy.

*"Bienaventurado el hombre que persevera bajo la prueba porque, cuando haya sido **probado**, recibirá la corona de vida que Dios ha prometido a los que lo aman". (Santiago 1:12)*

Pensé en el relato bíblico de Daniel. Se encontró en una situación en la que su fe fue puesta a prueba. Dios protegió a Daniel en el foso de los leones porque no quiso obedecer la ley del rey Darío. Sólo rezó a Dios y se negó a rezar al rey Darío. Luego estaba Job, un hombre devoto que amaba a Dios, que perdió todo lo que tenía y sufrió enfermedades en su cuerpo, pero Job no quiso maldecir a Dios. Hubo tantos otros hombres y mujeres mencionados en la Santa Biblia. No importa lo que pasaron, su prueba tuvo un principio y un final. El Señor estaba con ellos a través de todo porque confiaban en él. Me aferro a las lecciones de estos relatos bíblicos que se nos dan como ejemplo e inspiración. Dios es la respuesta a todo. Confía sólo en Él y mantente fiel a Su Palabra porque Su Palabra es fiel a ti.

Manteniendo la fe y la buena conciencia, la cual algunos desecharon y naufragaron en cuanto a la fe (1 Timoteo 1:19)

Cuando tu fe sea puesta a prueba, recuerda apoyarte en la Palabra de Dios. En cada ataque del enemigo, la batalla puede ser ganada a través del Poder de Su Palabra.

El SEÑOR es mi fortaleza y mi canción; él ha sido mi salvación. ¡Este es mi Dios! (Ex. 15:2)

El Dios de mi roca; en él confiaré; él es mi escudo, y el cuerno de mi salvación, mi torre alta, y mi refugio, mi salvador; tú me salvas de la violencia. (2Sam. 22:3)

El Señor es mi roca, mi fortaleza y mi libertador; mi Dios, mi fuerza, en quien confiaré; mi escudo, el cuerno de mi salvación y mi alta torre. (Salmo 18:2)

El SEÑOR es mi luz y mi salvación; ¿de quién temeré? El SEÑOR es la fortaleza de mi vida; ¿de quién me he de atemorizar? (Sal. 27:1)

en Dios he confiado. No temeré lo que me pueda hacer el hombre. (Salmo 56:11)

Dios es mi salvación y mi gloria; la roca de mi fortaleza y mi refugio está en Dios. (Salmo 62:7)

Capítulo 5

Hablando De Su Fe

Durante algún tiempo tuve una alergia al polvo que me hacía picar la cara. Creía que Dios me sanaría de esta condición. Un día un compañero de trabajo me miró diciendo que mi alergia era muy fuerte. Le dije que no tenía la alergia, explicándole que creía que Dios ya se estaba encargando de mi petición de sanación. Esta era mi creencia de "no nombrarlo", y "no reclamarlo". El Señor honró mi petición ese mismo día eliminando la condición y todos los síntomas. ¡A qué Dios maravilloso servimos! No tenemos que confesar con nuestra boca y dar nombres a nuestros síntomas. Cuando recibas una oración, cree que ya se ha ocupado de ella en el cielo y que un Ángel ha sido enviado para traerte tu curación. Habla de tu fe, no de tus enfermedades y dolencias. Me viene a la mente la historia bíblica de Jesús y el centurión en Cafarnaúm:

"Cuando Jesús entró en Capernaúm, vino a él un centurión y le rogó diciendo: Señor, mi sírvete está postrado en casa, paralítico, y sufre terribles dolores. Y le dijo: Yo iré y lo sanaré. Respondió el centurión y dijo: Señor, yo no soy digno de que entres bajo mi techo. Solamente di la palabra y mi criado será sanado. Porque yo también soy un hombre bajo autoridad y tengo soldados bajo mi mando. Si digo a este: "Ve", él va; si digo al otro: "Ven", él viene; y si digo a mi siervo: "Haz esto", él lo hace. Cuando Jesús oyó esto, se maravilló y dijo a los que lo seguían: De cierto les digo que no he hallado tanta fe en ninguno en Israel."

(Mateo 8:5-10)

El centurión se acercó humildemente al Señor creyendo en el poder de las palabras de Jesús. Las propias palabras del centurión revelaron a Jesús su fe en el poder de la "Palabra hablada" que sanaría a su siervo.

Podemos traer fe y esperanza a otros por lo que les decimos. Debemos permitir que el Espíritu Santo hable a través de nuestra boca cuando tengamos la oportunidad de testificar a otros.

Esta es Su manera de usarnos para tocar efectivamente las vidas de otros y plantar la semilla de la Salvación. En tiempos como estos, Dios nos dará las palabras para hablar, con unción, porque Él conoce nuestro corazón y nuestro deseo de alcanzar al pecador. Estoy tan agradecida por el Amor, la Misericordia y la Gracia de Dios que nos lleva al arrepentimiento. Él está dispuesto a perdonar nuestros pecados y conoce nuestras debilidades porque sabe que somos humanos.

"y me ha dicho: Bástate mi gracia, porque mi poder se perfecciona en la debilidad. Por tanto, de buena gana me gloriaré más bien en mis debilidades, para que habite en mí el poder de Cristo. Por eso me complazco en las debilidades, afrentas, necesidades, persecuciones y angustias por la causa de Cristo; porque cuando soy débil, entonces soy fuerte." (2 Corintios 12:9-10)

Jesús les dijo: Por causa de la poca fe de ustedes. Porque de cierto les digo que si tienen fe como un grano de mostaza, dirían a este monte: "Pásate de aquí, allá"; y se pasará. Nada les será imposible. (Mateo 17:20)

Esa tarde la alergia se había curado por completo ya que yo no acepté el paquete de satán.

Capítulo 6

El Poder Curativo De Dios Y Su Siervo

Quiero comenzar este capítulo contándoles primero un poco sobre el hermano James Min. El hermano James tenía un taller de reparación de zapatos en Diamond Bar, California, donde también daba testimonio a sus clientes sobre el poder de Dios. En un tiempo, él era un ateo, pero llegó a aceptar la creencia cristiana. Más tarde llegó a conocer la doctrina de la verdad de los Apóstoles y ahora es un fuerte creyente bautizado en el Nombre de Jesús y ha recibido el Espíritu Santo con la evidencia de hablar en otros idiomas o lenguas. En el año 2003, cuando conocí al hermano James, me contó su testimonio y cómo oró pidiendo a Dios que lo usara en los dones, para que otros creyeran y llegaran a conocer a Dios a través de los milagros.

Como cristianos, necesitamos operar en los dones y no tener miedo de pedirle a Dios que nos use. Estos dones son también para nosotros hoy. La iglesia primitiva del Nuevo Testamento era sensible al Espíritu de Dios y ministraba en los Dones del Espíritu.

Jesús dijo:

*"De cierto, de cierto les digo que el que cree en mí, él también hará las obras que yo hago. Y **mayores obras** que estas hará, porque yo voy al Padre.". (Juan 14:12)*

Ora para que el líder de tu iglesia te ayude a entender estos dones y te apoye en tu don. Pídele a Dios que te ayude a utilizarlos porque vienen directamente de Dios. No seas pretencioso si tu don es uno que opera abiertamente en la iglesia. Con algunos dones, Dios te usará como un recipiente para conseguir lo que Él quiere que se haga. Puedes tener varios dones y no saberlo. Algunos dones no te harán muy popular, pero tendrás que obedecer a Dios cuando Él hable. Todo depende del don. Ora por sabiduría para usar tu don bajo el poder de Su unción. Dios te eligió por una razón y Él no comete errores. Los dones son para la edificación de la iglesia.

Sólo hay una iglesia verdadera que le adora en espíritu y en verdad.

"Ahora bien, hay diversidad de dones, pero un mismo Espíritu. Y hay diversidad de administraciones, pero el Señor es el mismo. Y hay diversidad de operaciones, pero es el mismo Dios el que obra todo en todos. Pero la manifestación del Espíritu se da a cada uno para que aproveche. Porque a uno le es dada por el Espíritu la palabra de sabiduría; a otro, la palabra de conocimiento por el mismo Espíritu; a otro, la fe por el mismo Espíritu; a otro, los dones de sanidad por el mismo Espíritu; a otro, la realización de milagros; a otro, la profecía; a otro, el discernimiento de espíritus; a otro, los diversos géneros de lenguas; a otro, la interpretación de lenguas: Pero todas estas cosas las hace un mismo Espíritu, repartiendo a cada uno por separado como quiera". (1 Corintios 12:4-11)

El hermano James me dijo que oraba por estos dones para operar en el Espíritu Santo con señales de milagros de las obras maravillosas de Dios. Leía la Biblia día y noche continuamente. Se dio cuenta de que a través de la operación de los Dones del Espíritu, la semilla de la fe sería plantada en el corazón del incrédulo. Debemos ser un ejemplo de nuestra fe, como el mismo Jesús dijo, que los creyentes mismos realizarían estos milagros y mucho más.

"La fe es la constancia de las cosas que se esperan, la comprobación de los hechos que no se ven". (Hebreos 11:1)

"Pero sin fe es imposible agradar a Dios, porque es necesario que el que se acerca a Dios crea que él existe y que es galardonador de los que le

buscan". (Hebreos 11:6)

El hermano James tuvo una visión de que Dios le daría dones espirituales. Hoy en día él opera a través de los dones de Sanación y Liberación. Fue a través del ministerio del Hermano James que se fijó en el cielo la hora señalada para el día en que volvería a caminar, libre de toda asistencia. El hermano James no es un pastor o ministro de una iglesia. No tiene ninguna posición alta en una iglesia aunque le han ofrecido posiciones y dinero debido a los dones espirituales. Se siente humilde por el don que Dios le ha confiado. He visto como Dios lo usa para expulsar demonios de la gente en el Nombre de Jesús y la sanación llega a los enfermos. Los demonios están bajo la autoridad de Dios en el nombre de Jesús cuando el Hermano James los saca. Él hará preguntas a los demonios en el nombre de Jesús y ellos responderán al Hermano James. He visto esto personalmente muchas veces; especialmente cuando él pidió a los demonios que confesaran quién es el verdadero Dios. El demonio responderá: "Jesús". Pero para ellos es demasiado tarde para volverse a Jesús. Aprendí mucho sobre el mundo espiritual al pasar por esta prueba y apoyarme en Dios para sanar.

> *"Y les dijo: "Vayan por todo el mundo y prediquen el evangelio a toda criatura. El que cree y es bautizado será salvo; pero el que no cree será condenado. Estas señales seguirán a los que creen: En mi nombre echarán fuera demonios, hablarán nuevas lenguas, tomarán serpientes en las manos, y si llegan a beber cosa venenosa no les dañará. Sobre los enfermos pondrán sus manos, y sanarán" (Marcos 16:15-18)*

Por la gracia de Dios, el hermano James está dispuesto a dar testimonio de Jesús a cualquier persona en cualquier momento. Él opera en la curación y ministerio de liberación en las reuniones en casa o en las iglesias donde ha sido invitado. El hermano James cita la Biblia:

> *Sin embargo, hermanos, he escrito con mayor denuedo a ustedes en cierta forma, como poniéndolos en evidencia, a causa de la gracia que me ha sido dada por Dios, para que yo sea el ministro de Jesucristo a los gentiles, ministrando el evangelio de Dios, para que la ofrenda de los gentiles sea aceptable, siendo santificados por el Espíritu Santo. Tengo, pues, de qué gloriarme por medio de Jesucristo en las cosas que pertenecen a Dios. Porque no me atreveré a hablar de nada de lo*

que Cristo no ha hecho por mí, para hacer obedientes a los gentiles, de palabra y de hecho, por medio de poderosas señales y prodigios, por el poder del Espíritu de Dios; de modo que desde Jerusalén, y por los alrededores hasta Ilírico, he predicado plenamente el evangelio de Cristo.
(Romanos 15:15-19)

El día que lo conocí, el hermano James me hizo algunas preguntas sobre mi salud. Le conté todo y mis síntomas. También le mostré dónde tenía tres tumores. Los tumores están en la parte exterior de mi columna, y el otro estaba en la parte interior de la columna. El hermano James me revisó la columna vertebral y me explicó que mi columna vertebral no estaba en línea recta desde el centro. Revisó mis piernas comparándolas una al lado de la otra y me mostró que una pierna era casi tres pulgadas más corta que la otra. Una mano también era más corta que la otra. Rezó por mi columna vertebral y ésta volvió a su lugar original, donde podía pasar su dedo en línea recta paralela a mi columna. Rezó por mi pierna y ésta comenzó a moverse frente a mis ojos, luego dejó de crecer cuando se igualó con la otra pierna. Lo mismo ocurrió con mi mano. Creció uniformemente a la otra mano. El hermano James me pidió entonces que dejara mi soporte para caminar y me ordenó que me levantara y caminara en el Nombre de Jesús. Hice lo que me pidió y comencé a caminar milagrosamente. Al presenciar esto, mi amigo vino corriendo gritando: "¡Liz agárrate a mí, agárrate a tu soporte o te vas a caer!". Yo sabía que tenia la fuerza para caminar en ese mismo momento y di ese paso con fe. ¡Estaba tan exultante de alegría!

Tenía debilidad muscular en las piernas debido a la falta de ejercicio por no haber podido caminar durante tanto tiempo. Me llevó un tiempo recuperar la forma de mis músculos; incluso hoy no tengo toda la fuerza de mis músculos. Gracias a Dios, puedo caminar y conducir mi coche. Nadie puede decirme que Dios no hace milagros hoy. Nada es imposible para Dios. Con una alegría abrumadora, fui a visitar al médico que conocía mi discapacidad. En cuanto entré en la consulta, libre de cualquier ayuda, bastón o silla de ruedas, el personal médico quedó totalmente sorprendido. Las enfermeras se apresuraron a buscar al médico, que también estaba increíblemente sorprendido porque incluso tomó radiografías. Lo que vio fue que los tumores seguían allí, pero por alguna misteriosa razón, pude caminar a pesar de ello. Alabado sea Dios. Creo que estos tumores también desaparecerán pronto.

El día que Dios me sanó, empecé a decirle a todo el mundo que Dios es nuestro sanador y que su plan de salvación es para los que creen y lo siguen. ¡Gracias a Dios por el hermano James y por todos los beneficios de Dios!

La primera parte de la promesa se había cumplido.

> *"Cuando camines, tus pasos no hallarán impedimento; y si corres, no tropezarás.". (Proverbios 4:12)*

Muchas veces pensé que me caería, pero nunca lo hice

> *"Bendice a El Señor, alma mía, y no olvides todos sus beneficios: El que perdona todas tus iniquidades, el que sana todas tus enfermedades, el que redime tu vida de la destrucción, el que te corona de amor y de misericordia, el que sacia tu boca de bienes, para que tu juventud se renueve como la del águila.". (Salmos 103:2-5)*

Capítulo 7

No Ceder Al Diablo Ni A Las Cosas Del Diablo

Mi amiga Rose de California me llamó una mañana temprano. Me dijo que la noche anterior su marido Raúl se había ido a la cama mientras ella permanecía en la habitación de invitados escuchando un popular programa de radio nocturno sobre la ouija. Las luces estaban apagadas y la habitación estaba a oscuras. De repente, dijo que sintió una presencia en la habitación. Miró hacia la puerta y había un hombre de pie que se parecía a su marido. Esta figura se movió rápidamente como un rayo y la inmovilizó en la cama donde estaba. Esta "cosa" la levantó por los brazos hasta dejarla sentada frente a él. Ella pudo ver claramente que no había ojos en las cuencas, sino sólo una profunda negrura hueca. Los brazos que aún la sostenían eran de color grisáceo como la muerte y sus venas sobresalían de la piel. Se dio cuenta inmediatamente de que no se trataba de su marido, sino de un inmundo ángel caído.

Como sabes un demonio y un ángel caído tienen características completamente diferentes. Los ángeles caídos fueron expulsados del cielo con Lucifer, tienen trabajos completamente diferentes. Los ángeles caídos pueden mover cosas como los humanos, pero un demonio necesita un cuerpo humano de para operar su plan. Los demonios son los espíritus de las personas que han muerto sin Jesús; también tienen un poder limitado.

Y apareció otra señal en el cielo: he aquí un gran dragón rojo que tenía siete cabezas y diez cuernos, y en sus cabezas tenía siete diademas Su cola arrastraba la tercera parte de las estrellas del cielo y las arrojó sobre la tierra. El dragón se puso de pie delante de la mujer que estaba por dar a luz, a fin de devorar a su hijo en cuanto le hubiera dado a luz.
(Revelación 12:3,4)

Rosa seguía indefensa y no podía hablar en un estado de congelación. Dijo que intentó llamar a Raúl, pero que sólo pudo emitir breves sonidos de forcejeo, como si alguien le estuviera apretando las cuerdas vocales. Todavía podía oír al locutor de radio de fondo y sabía que no estaba dormida porque tenía los ojos completamente abiertos y se repetía a sí misma que no los cerrara. Anteriormente, recordaba haber cerrado los ojos brevemente antes de que ocurriera este incidente y haber tenido una visión o un sueño en el que se veían grandes marcas de garras que rasgaban el papel de la pared.

Conozco a Rose desde hace casi 30 años. Rose dejó la iglesia aproximadamente 10 años y ya no caminaba en el Señor. Siempre nos mantuvimos en contacto y continué orando por ella para que volviera a Dios. Rose me dijo que había estado hablando en lenguas muy poderosamente sin razón aparente mientras conducía a casa desde el trabajo al menos varias veces. Ella sintió que esto era muy inusual porque no estaba orando en absoluto. Se dio cuenta de que Dios estaba tratando con ella a través del Espíritu Santo. Su amor estaba llegando a ella, y ella sabía que Dios estaba en control porque Él elegía el momento de sus visitas. Rose dijo que cerró los ojos y su mente gritó: "¡JESÚS!". En un instante el ángel caído saltó de su cuerpo y se alejó sin tocar el suelo.

Permaneció inmóvil hasta que pudo volver a moverse. Despertó a Raúl, que le dijo que sólo era un mal sueño. La colocó en la cama a su lado y rápidamente se quedó dormida. Rosa comenzó a llorar y a pensar en el horror que acababa de ocurrir y se dio cuenta de que estaba en posición fetal. De repente empezó a hablar en lenguas mientras el poder sobrenatural del Espíritu Santo se apoderaba de ella y la llevaba de vuelta a esa habitación oscura. Ella cerró la puerta detrás de ella dándose cuenta exactamente de lo que necesitaba hacer. Comenzó a adorar a Dios en voz alta y a exaltar Su Nombre hasta que cayó al suelo sintiéndose agotada pero con una gran paz. Cuando abrió la puerta, para su asombro, Raúl estaba de pie en el salón con todas las luces encendidas. Se dirigió directamente a su cama y durmió con una paz impresionante. A la noche siguiente, mientras preparaba la cena, Raúl le preguntó a Rose si esa "cosa" de la noche anterior volvería. Sorprendida por su pregunta, Rose le preguntó por qué lo preguntaba, ya que ni siquiera creía que hubiera sucedido. Raúl le dijo a Rose que después de que ella entrara en la habitación a rezar, algo vino a por él. Por eso se levantó con todas las luces encendidas. Después de que ella rezó y se fue a dormir, fue atacado por algo horrible que lo mantuvo despierto hasta las 4:00 de la mañana siguiente. Utilizó la meditación de tarareo Om luchando desde las 11:00 pm hasta la mañana. Rose recordó que Raúl tenía una tabla de ouija en el armario del pasillo de la que se negaba a deshacerse cuando se mudó a la casa. Le dijo a Raúl que no sabía si volvería, pero que debía deshacerse de la ouija. Raúl se apresuró a tirarla al cubo de basura de fuera. Rose dijo que fue necesario ese horrible incidente para que se deshiciera de ella.

Cuando Rose me llamó, le dije que el ángel caído podía estar todavía dentro de la casa, así que teníamos que rezar juntas por teléfono. Rose consiguió el aceite de oliva para ungir la casa conmigo en el altavoz. Cuando dije la palabra "listo" le dije que empezaría a hablar en lenguas en el Espíritu Santo al instante. Cuando dije "listo", Rose empezó a hablar en lenguas instantáneamente y colgó el teléfono para ungir. Pude escuchar su voz desvaneciéndose mientras ella oraba por toda la casa, ungiendo puertas y ventanas en el Nombre de Jesús. Rose estaba ahora fuera de mi alcance auditivo cuando algo me dijo que le dijera que entrara en el garaje. En ese mismo momento, Rose dijo que estaba ungiendo habitaciones y que estaba en la puerta trasera que lleva al garaje. Ella sintió una presencia maligna detrás de la puerta cuando la ungió. Creyendo en la protección de Dios, Rose dijo que la abrió y entro en el garaje muy oscuro. El poder del Espíritu Santo se hizo más fuerte a medida que ella entraba y podía sentir que estaba allí. Caminó hacia otra puerta que daba a un patio donde se encontraba el basurero. Era el mismo cubo de basura donde Raúl había tirado la ouija el día anterior. Sin dudarlo, Rose dijo que vertió aceite de oliva sobre la ouija mientras rezaba en voz alta y con fervor en el Espíritu Santo, y luego cerró la tapa. Volvió a la sala de estar y pudo oír mi voz llamándola "ve al garaje porque está allí". Rose me dijo que ya se había ocupado de ello pero que todavía lo sentía en mi siguiente visita así que lo echamos fuera en el Nombre de Jesús. Esto había confirmado que el mal estaba en el garaje mientras orábamos.

Rose dijo que ahora todo tenía sentido para ella. Dios, en su tierna misericordia y amorosa bondad, estaba preparando a Rose para este mismo día, aunque ella no le sirviera. Según Rose, esta experiencia es la que la llevó de vuelta a Dios con un compromiso como nunca antes había sentido. Ella comenzó a ir a la Iglesia Faro Apostólico en Norwalk, pero ahora asiste a una Iglesia del ministerio Word Aflame en California. Ella estaba muy agradecida a Dios por su amor y protección. Dios la preparó para enfrentar al ángel caído de esa noche con la innegable armadura espiritual del Espíritu Santo. Para Rose lo que sucedió fue la manifestación sobrenatural del poder de Dios en el Nombre de Jesús. Fue Su amor para que Rose volviera a Sus caminos. Cree que Su mano no es demasiado corta para salvar o liberar, incluso en lo que se refiere a los que se oponen que eligen no creer en lo que no pueden ver o sentir. Nuestro Redentor pagó el precio por nosotros en la cruz con Su Sangre. Él nunca forzará a nadie a amarlo. La Palabra de Dios nos dice que debes venir como un niño pequeño y promete que si lo buscas con todo tu corazón, lo encontrarás. Los incrédulos y los escépticos no pueden cambiar lo que es y lo que está por venir. Tengan sed de la justicia de Dios y beban del Agua Viva de la Vida.

"¿Por qué, cuando vine, no había nadie? Cuando llamé, ¿no hubo nadie que respondiera? ¿Se ha acortado mi mano para que no pueda redimir, o no tengo poder para liberar? He aquí que por mi represión seco el mar, hago de los ríos un y sus peces apestan, porque no hay agua, y mueren de sed.". (Isaías 50:2)

"instruyendo con mansedumbre a los que se oponen, si por ventura Dios les da arrepentimiento para que reconozcan la verdad; y para que se recuperen del lazo del diablo, que son llevados cautivos por él a su voluntad ". (2 Timoteo 2:25-26)

Capítulo 8

Sueño Y Visión - La "Advertencia"

Una mañana tuve un sueño en el que ocurría un peligro inminente mientras conducía mi coche. En este sueño el neumático delantero reventaba con un fuerte sonido. Fue tan fuerte que me despertó. Fue tan real que el sueño se sintió como si estuviera despierta o en algún punto intermedio. Oré sobre esto durante la semana y decidí llevar mi coche a que le revisaran los neumáticos. Desafortunadamente, mis planes se interrumpieron y no me ocupé de ello. Esa misma semana unos amigos y yo fuimos a orar por una familia india que necesitaba oración. De camino a su casa, el neumático de mi coche se reventó en la autopista junto al cementerio. Al instante recordé el sueño tal y como lo vi. Aquí estábamos, en mi coche con una rueda pinchada y la familia insistiendo en que fuéramos a su casa. Después de reparar el neumático volvimos a buscar otro vehículo y continuamos viendo a la familia. La familia tenía una situación con su único hijo que estaba involucrado en un asunto legal y que se enfrentaría a la cárcel. Les preocupaba que también fuera deportado a su país natal. La madre del joven me llamó ese mismo día llorando y me explicó los cargos a los que se iba a enfrentar. Pensando en el peor de los casos, estaba segura de que lo declararían culpable y lo deportarían para no volver a ver a su hijo. Dijo que no podía trabajar porque lloraría constantemente delante de sus pacientes. Mientras lloraba, comencé a orar por la situación por teléfono con ella. Comencé a hablar en el Espíritu Santo en un idioma o lenguas desconocidas mientras el Espíritu de Dios se movía. Oré hasta que dijo que su corazón ya no estaba agobiado y se sintió reconfortado.

> *"Asimismo, el Espíritu ayuda a nuestras debilidades, porque no sabemos por qué debemos orar como es debido, pero el Espíritu mismo intercede por nosotros con gemidos indecibles Y el que escudriña los corazones sabe cuál es la mente del Espíritu, porque él intercede por los santos según la voluntad de Dios." (Romanos 8:26-27).*

La madre me preguntó si podía llamarme antes de ir a su juicio a la mañana siguiente. Le dije que sí, y que rezaría para que Dios interviniera. Le pedí que me llamara después del juicio, porque quería saber qué tipo de milagro había hecho Dios. Al día siguiente, la madre del joven me llamó con mucha alegría diciendo: "¿No creerás lo que ha pasado?". Le respondí: "¡Creeré porque ese es el tipo de Dios al que servimos! Continuó diciendo que no tenían ningún registro de mi hijo. La abogada dijo que el tribunal no había encontrado ningún nombre ni ningún cargo contra él, aunque ella y la abogada tenían pruebas de papeles en la mano.

Dios había respondido a nuestras oraciones. Su fe se elevó tanto que desde ese día aceptó a qué Dios poderoso servimos y cómo Dios se ocupa de las cosas si las llevamos ante él en oración con todo nuestro corazón. Se convirtió en testigo de los milagros de Dios y dio testimonio de lo que el Señor había hecho por ellos. En cuanto a la rueda pinchada, fue sólo un pequeño contratiempo que no debería haber ocurrido si me hubiera ocupado de ello de antemano. Sin embargo, el Señor hizo un camino para que alcanzáramos a esta familia debido a su persistencia en que fuéramos a orar con ellos. Siempre tenemos que estar listos para contraatacar aquellas fuerzas que nos impiden hacer la voluntad de Dios. Tenemos que ir contra todo plan del enemigo, nuestro adversario, el diablo, a través de la perseverancia especialmente cuando vemos esos obstáculos en el camino. Cuando llegamos a la casa de la familia, recuerdo que oramos y testificamos a toda la familia. Disfrutamos mucho de un tiempo maravilloso de predicación y enseñanza de la Palabra de Dios. Ese día, el gozo del Señor fue y sigue siendo nuestra fuerza. Él bendecirá a los que hacen su voluntad.

Capítulo 9

La Reunión De Oración De Toda La Noche

Una noche algunos amigos y yo decidimos rezar toda la noche. Acordamos entonces que oraríamos una vez al mes en nuestra "Reunión de Oración Nocturna". Tuvimos experiencias maravillosas durante estas reuniones de oración de toda la noche. Nuestro tiempo de oración unificado en casa se volvió tan poderoso que inmediatamente los que se unieron a nosotros sintieron la diferencia en sus propias oraciones. Ya no era una rutina religiosa sino que se oraba en el Espíritu Santo con manifestaciones de los Dones del Espíritu. Mientras orábamos, algunos comenzaron a experimentar lo que era estar luchando con el diablo. Las fuerzas venían contra nosotros mientras alcanzábamos un nivel más alto en nuestras oraciones que nos llevaban a través de campos de batalla espirituales. Estábamos en guerra con el diablo y empezamos a convocar días de ayuno. Habíamos alcanzado algo que era espiritualmente poderoso que nos obligaba a buscar a Dios aún más.

Durante una de esas reuniones de oración a las 3:30 a.m., mi amiga Karen se levantó para traer el aceite de la unción. Ella comenzó a poner aceite en sus manos y pies y luego comenzó a profetizar diciendo que tengo que ir a muchos lugares para llevar la Palabra de Dios y que Dios me usaría para su propósito. Al principio estaba muy molesta con Karen porque esto no era posible y no tenía ningún sentido. En ese momento de mi vida, no había ido a ningún lugar por casi 10 años porque no podía caminar. Los músculos de mis piernas seguían siendo débiles y tenía esos dolorosos tumores que estaban presionando contra mi columna vertebral. Reflexioné sobre las palabras de Karen, y entonces Dios me habló, diciendo: "Yo soy el Señor hablándote" a través de su boca, entonces comprendí que no era sólo el entusiasmo de Karen el que me hablaba. Me arrepentí y le pedí a Dios que me perdonara por mi pensamiento.

Unos días después recibí una llamada de alguien de Chicago, Illinois, que necesitaba ayuda espiritual, así que decidimos ir a Chicago la semana siguiente. Eso fue un gran milagro en sí mismo porque no había pensado en aventurarme en ese momento. Debido al mensaje profético, hice el viaje a Chicago por pura fe. Sin el mensaje profético, definitivamente no habría ido. Esa semana mi salud física empeoró y no podía salir de la cama. También escuché que había nevado considerablemente en Chicago. Me di cuenta de que mi fe estaba siendo puesta a prueba. Durante ese tiempo en mi vida, necesitaba una silla de ruedas para moverme. La familia en Chicago estaba experimentando fuerzas demoníacas que venían contra ellos. Recientemente se habían convertido a Dios y habían dejado de practicar la brujería. Muchos de los miembros de su familia también se habían convertido a nuestro Señor Jesucristo. El Señor los había sanado y liberado de estas fuerzas demoníacas que los mantenían atados al pecado. Me di cuenta de que Dios tendría que darme la resistencia para soportar tal viaje y rápidamente se hizo evidente que era la voluntad de Dios que yo fuera. Había experimentado dos sueños en los que Dios me decía que debía obedecer su voz. No desobedecí a Dios y aprendí a no cuestionarlo. Estaba aprendiendo rápidamente que Sus caminos no tenían que tener ningún sentido para mí. El día que llegamos a Chicago el clima era caluroso. También estaba libre de dolor. Caminamos por fe y no por vista, como dice la Escritura. Cuando las cosas nos parecen imposibles, debemos creer que "Todo es posible para Dios". Él se encargó de todo y me dio la energía para hacer su voluntad en Chicago. También tuvimos tiempo para visitar y ministrar a otras familias en sus hogares.

Al salir para casa comenzó la tormenta eléctrica, muchos vuelos fueron cancelados, pero gracias a Dios aunque nuestro vuelo se retrasó pudimos regresar a California. ¡Alabado sea Dios! El es verdaderamente mi "Roca y Escudo" mi protector de las tormentas espirituales y naturales. Este viaje fue un testimonio de fe y bendiciones para todos nosotros. Si no hubiera obedecido, no habría experimentado las bendiciones de la obra de las Manos de Dios. Dios nunca deja de sorprenderme con la forma en que nos habla hoy en día. El Dios Todopoderoso, sigue hablando a gente común y corriente como yo. Qué privilegio servir a nuestro Creador y ver sus poderosas obras, tocando las vidas de las personas que hoy creen y lo invocan. Fue necesario un mensaje profético y dos sueños antes de que Dios captara toda mi atención. Se me recuerda que no entendemos completamente los pensamientos de Dios y los planes que puede tener para alguien. En ese momento, debemos obedecer aunque no tenga ningún sentido o razón para nosotros. Con el tiempo aprendí a escuchar su voz y a discernir los espíritus. Él nunca te dirá que hagas algo que esté en contra de Su Palabra. La obediencia es mejor que el sacrificio.

"Entonces Samuel preguntó: ¿Se complace tanto el SEÑOR en los holocaustos y en los sacrificios como en que la palabra del SEÑOR sea obedecida? Ciertamente el obedecer es mejor que los sacrificios, y el prestar atención es mejor que el sebo de los carneros.". (1 Samuel 15:22)

"Porque mis pensamientos no son sus pensamientos ni sus caminos son mis caminos, dice el SEÑOR. Como son más altos los cielos que la tierra, así mis caminos son más altos que sus caminos, y mis pensamientos más altos que sus pensamientos." (Isaías 55: 8, 9)

Capítulo 10

El Mensaje Profético

E s una bendición tener amigos que comparten la misma creencia y amor por Dios. Tengo una amiga llamada Karen, que fue compañera de trabajo cuando yo trabajaba en la Oficina de Correos de los Estados Unidos. Karen conoció al Señor cuando le testifiqué. Más tarde aceptó la doctrina apostólica de la iglesia primitiva de la verdad. Karen es una persona amable con un gran corazón para dar a la obra misionera en Mumbai, India. Ella tiene un amor de corazón por el ministerio allí y donó su propio dinero para la construcción de una iglesia en Mumbai.

Un día cuando vivía en West Covina, Karen trajo a su amiga Angela a mi casa. Su amiga estaba muy emocionada y ardiendo por Dios. Me contó su testimonio sobre sus intentos de suicidio al cortarse varias veces y su pasado con la prostitución. Me encantó su dulce espíritu y le pregunté si no le importaba orar por mí. "*¿Aquí?* preguntó. "*Sí, aquí*", respondí. Cuando comenzó a orar por mí, el Espíritu de Profecía se apoderó de ella. Comenzó a decir la palabra del Señor: "*Dios te está diciendo que termines el libro que has comenzado. Va a ser una bendición para muchas personas. A través de este libro muchas personas se salvarán*". Estaba tan feliz porque ni Angela ni Karen tenían idea de que yo había empezado a escribir mis memorias hace años. La Sra. Saroj Das y una amiga me inspiraron a escribir este libro hace un año. Un día, una hermana en el Señor de una Iglesia local, se me acercó con un bolígrafo en la mano ordenándome: "*¡Escribe ahora!*".

Empecé a escribir hasta que tuve más problemas de salud y luego dejé de hacerlo porque era una tarea demasiado grande para mí. Ahora, el asunto del libro había resurgido. Nadie sabía de mi intento de escribir un libro. Mis experiencias serían recogidas y escritas, para que otros puedan recibir la inspiración. Tenía que obedecer, pero la forma en que todo sucedería seguía siendo un gran misterio para mí. No podía escribirlo físicamente por muchas razones, pero de nuevo, Dios tendría que encontrar la manera de hacerlo realidad. Tenía el deseo y la urgencia de hacerlo después de escuchar el mensaje; sin embargo, Dios tendría que hacer el resto. Mi viaje inicial fue encontrar al Dios vivo y Él me encontró a mí. Si no escribo sobre mis experiencias con Dios, estos relatos verdaderos se perderán para siempre. Las vidas de tantas personas han sido afectadas y maravillosamente tocadas, que este libro no podría contener cada incidente y milagro. Los milagros de Dios continuarán incluso cuando yo esté ausente de este cuerpo y presente con el Señor. La fe comienza en algún lugar. Tiene un comienzo y es ilimitada porque hay diferentes medidas de fe. Cuando la fe es plantada es regada por la Palabra de Dios y alimentada a través de los testimonios de otros. Pensé en la escritura que dice que si tenemos fe como una semilla de mostaza podemos mover montañas. ¿Cómo podría haber sabido que este viaje a Estados Unidos me llevaría a través de un laberinto de experiencias que cambiarían mi vida o que un día escribiría sobre cómo honrar Sus caminos? Un día le mencioné a mi amiga Rose sobre el mensaje de Dios y Su plan sobre este Libro. Rose escuchó y miró mis notas. Ella me conocía desde hacía años y ya sabía mucho sobre mi vida en América. La escritura tomó una forma propia que no podía ser imaginada por dos individuos inexpertos. El Señor hizo un camino y a través de muchas dificultades y ocurrencias muy "extrañas". El Señor había hablado y ahora su plan se ha cumplido.

Angi, la amiga de Karen, siguió profetizando. Me dijo: *"Dios va a hacer algo por ti a finales de este mes"*. Y muchas otras cosas que Dios me habló a través de sus mensajes proféticos. Comencé a recordar cómo pasé por tantas dificultades por esta verdad. El día que Dios me habló a través de esta joven, Dios contestó la pregunta de mi corazón. Yo debía hacer su voluntad y las palabras de aliento procedieron. Palabras que necesitaba escuchar. Ella profetizó que yo era una *"Vasija de Oro"*. Me sentí muy humilde por esto. Por fe, hacemos todo lo posible para caminar en armonía con Dios y con incertidumbre, si realmente lo estamos complaciendo. Ese día Él me bendijo haciéndome saber que lo estaba complaciendo. Mi corazón se llenó de gran alegría. A veces nos olvidamos de lo que pedimos pero cuando nuestra oración es respondida nos sorprendemos.

Debemos creer que Él no hace acepción de personas como dice la Biblia. No importa cual sea tu estatus o tu casta, porque con Dios, no hay casta o sistema de estatus en la vida. Dios nos ama a todos por igual y quiere que tengamos una relación personal con Él; no las tradiciones religiosas transmitidas por muchas generaciones que han servido a los ídolos y al hombre. Los ídolos no pueden ver y no pueden oír. La religión no puede cambiar tu vida o tu corazón. La religión solo te hace sentir bien temporalmente por su autogratificación. El verdadero Dios está esperando para abrazarte y recibirte. Jesús fue el Cordero de Dios sacrificado ante el mundo. Cuando murió en la cruz, resucitó y vive hoy y para siempre. Ahora podemos tener comunión directa con Dios a través de Jesucristo nuestro Señor y Salvador. Hay diferentes niveles en nuestro caminar con Dios. Debemos desear más de Él y seguir creciendo en amor, fe y confianza. Me sentí muy humilde por esta experiencia. Todo mi deseo y propósito es complacerle a Él. Hay niveles de crecimiento espiritual de madurez en Dios. Uno madura con el tiempo, pero todo depende del tiempo y el esfuerzo que uno ponga en su relación con Él. Al final del mes las circunstancias me llevaron a dejar la iglesia a la que había asistido durante 23 años. Dios cerró una puerta y abrió otra. El ha estado cerrando y abriendo puertas desde entonces como los escalones que mencioné al principio de este libro. Dios estaba cuidando de mí todo el tiempo. Asistí brevemente a una iglesia en West Covina y luego otra puerta se abrió de par en par.

Esa misma joven volvió a profetizar en enero de 2004 unos años después y me dijo que hiciera las maletas, *"te vas a mudar"*. Me sorprendió mucho porque mi madre era de edad muy mayor y mi estado aún no había mejorado. Le creí al Señor. Un año después sucedió, me mudé de California a Texas. Un lugar donde nunca había estado, ni conocía a nadie. Este fue el comienzo de otra aventura en el viaje de mi vida. Como soltera, estaba sometida a la Voz de Dios y tenía que obedecer. Dios nunca me quitó nada. Simplemente reemplazó cosas y lugares y siguió trayendo nuevas amistades y personas a mi vida. Gracias Señor, ¡mi vida hoy es tan bendecida!

Capítulo 11

Un Movimiento De Fe

En abril de 2005, me mudé al estado de Longhorn, Texas. Dios estaba usando a diferentes personas a través de mensajes proféticos. La mudanza fue confirmada y todo lo que tenía que hacer era dar ese salto de fe. Todo comenzó en el 2004 cuando el hermano James y Angela, una amiga en el Señor, estaban orando conmigo por teléfono. La hermana Ángela comenzó a profetizar diciéndome: "*Te vas a mudar a finales de este año*". De enero a agosto de ese año no pasó nada, y luego en septiembre, una tarde mi mamá me llamó a su dormitorio. Me dijo que la familia de mi hermana se iba a mudar a otro estado y que querían que me mudara con ellos. La decisión de dónde mudarse no estaba tomada, pero las opciones eran Texas, Arizona, o dejar América por completo y mudarse a Canadá. Entonces llamé a la hermana Angela y le conté lo que había pasado. Le dije que definitivamente no quería ir a Texas. Nunca se me había ocurrido ir allí, así que ni siquiera era una opción vivir allí. Para mi decepción, la hermana Ángela dijo que el estado era Texas. Por obediencia se decidió y esto es lo que hizo que finalmente nos mudáramos a *Texas*. Poco sabía yo en ese momento, que los peldaños de Dios ya habían sido puestos en esa dirección. Después de mi conversación con la hermana Angela, hice reservas de avión para estar en Texas en dos semanas. Sin saberlo, la familia de mi hermana ya había estado en Texas para ver la zona de Plano.

La hermana Ángela estaba rezando por mí y me dijo que no me preocupara, que Jesús me iba a recibir en el aeropuerto. El hermano y la hermana Blakey fueron tan amables y pacientes que me recordaron la profecía de la hermana Angela. Con mucho gusto me recogieron en el aeropuerto y me ayudó con todas mis necesidades de una manera tan cariñosa y atenta.

La hermana Angela continuó diciendo que la primera casa que viera me encantaría, pero no sería mi casa. A través de Internet empecé a llamar a las iglesias pentecostales unidas de esa zona y me puse en contacto con el pastor Conkle que es el pastor de la iglesia de la ciudad de Allen, Texas. Le expliqué al Pastor Conkle lo que estaba haciendo en Texas. Después me pidió que llamara a Nancy Conkle. No estaba seguro de por qué y pensé que tal vez era su esposa o secretaria. Resultó que Nancy Conkle es la matriarca de la familia, una madre nutricia de la familia y de la iglesia. La hermana Conckle había criado a sus propios seis hijos y había ayudado a criar a sus hermanos y hermanas, ¡que en total eran once! Después de hablar con la hermana Conkle, me di cuenta de por qué el pastor Conkle me hizo hablar con esta dama fuerte y cariñosa que me hizo sentir inmediatamente bienvenida. La hermana Conkle me puso en contacto con su otro hermano, James Blakey, que es agente inmobiliario y su esposa Alice Blakey. Viven en la pequeña ciudad de Wylie, Texas, a pocos minutos de Allen por las carreteras secundarias de las tierras llanas.

Después de familiarizarme con la zona, volé de vuelta a California para poner mi casa en el mercado. Mi casa se vendió en dos meses. Entonces volé de vuelta a Texas para empezar a buscar casa. Oré sobre la ciudad en la que Dios quería que viviera porque había muchas ciudades y pueblos pequeños. Dios dijo "Wylie". Es importante orar y pedirle a Dios su voluntad antes de tomar decisiones importantes porque siempre será la correcta.

"Porque es mejor, si la voluntad de Dios es así, que sufráis por hacer el bien, que por hacer el mal". (1 Pedro 3:17)

Más tarde les expliqué al Hermano y a la Hermana Blakey sobre los mensajes profetizados y que quería obedecer a Dios. Fueron muy cuidadosos en respetar mis deseos y escucharon todo lo que les dije que Dios me había dicho. También les dije que durante mi primer viaje a Texas,

Dios dijo: "No sabes lo que tengo para ti". Fueron tan pacientes conmigo que siempre estaré muy agradecido por su sensibilidad hacia las cosas de Dios. La familia Blakey jugó un papel importante en el cumplimiento de este mensaje profético y en mi nueva vida en Texas. Comenzamos a ver casas en Wylie durante tres días, y al tercer día tuve que regresar a California por la noche. Me llevaron a ver una casa modelo en un nuevo terreno y entonces la hermana Blakey dijo: "Esta es tu casa". Inmediatamente supe que realmente lo era. Rápidamente comencé el papeleo para la compra, y luego me fui inmediatamente al aeropuerto, sabiendo que las cosas se harían de alguna manera. En ese mismo momento, Dios me dijo que fuera a la India durante tres meses. No lo cuestioné, así que le di un poder al Hermano Blakey para que continuara con la compra de la casa en Texas, y le di un poder a mi sobrino Steve, que está en bienes raíces, para que se encargara de mis finanzas en California. Regresaba a mi país natal, la India, después de diez años. Gracias a Dios por mi curación, porque no podría haberlo hecho sin la movilidad de mis piernas. Volaba a la India y compraba una casa en Texas. Las cosas estaban cambiando rápidamente en mi vida.

Regreso a la India.

Cuando llegué a la India me di cuenta rápidamente de que las cosas habían cambiado en un tiempo relativamente corto. Durante 25 años he rezado y ayunado para que este país tuviera un renacimiento. La India es un país muy religioso, de idolatría, de adoración de estatuas de piedra y madera y de hierro. Imágenes religiosas que no pueden ver, hablar ni oír y que no tienen ningún poder. Son tradiciones religiosas que no aportan cambios a la mente ni al corazón.

"Y pronunciaré mis juicios contra ellos con respecto a toda su maldad, que me han abandonado, y han quemado incienso a otros dioses, y han adorado las obras de sus propias manos ". (Jeremías 1:16)

El cristianismo era la minoría en este país donde había tanta persecución y odio entre religiones y especialmente contra los cristianos. La opresión contra los cristianos sólo les hizo más fuertes en su fe mediante el derramamiento de sangre inocente, iglesias quemadas, personas golpeadas o asesinadas. Tristemente, las madres y los padres rechazaban a sus propios hijos si se volvían a Jesús y dejaban su religión familiar. Tal vez sean marginados, pero no huérfanos de padre, ya que Dios es nuestro Padre Celestial que enjugará las lágrimas de nuestros ojos.

¿Piensan que he venido a dar paz en la tierra? Les digo que no, sino a causar división. Porque, de aquí en adelante, cinco en una casa estarán divididos: tres contra dos y dos contra tres. El padre estará dividido contra el hijo, y el hijo contra el padre; la madre contra la hija, y la hija contra la madre; la suegra contra su nuera, y la nuera contra su suegra."
(Lucas 12:51-53)

Me sorprendió mucho ver gente por todas partes que caminaba con Biblias y oí hablar de reuniones de oración. Había muchas iglesias de unidad y creyentes en un solo Dios. Dios vino a vivir entre nosotros en la carne, en el cuerpo de Jesucristo. Y así es el misterio de la piedad del único Dios verdadero.

*"Indiscutiblemente, grande es el misterio de la piedad: **Dios fue manifestado en la carne**, justificado por el Espíritu, visto por los ángeles, proclamado entre las naciones, creído en el mundo, y recibido arriba en gloria." (1 Timoteo 3:16)*

"Le dijo Felipe: Señor, muéstranos el Padre y nos basta. Jesús le dijo: Tanto tiempo he estado con ustedes, Felipe, ¿y no me has conocido? El que me ha visto, ha visto al Padre. ¿Cómo, pues, dices tú: "Muéstranos el Padre"? ¿No crees que yo soy en el Padre y el Padre en mí? Las palabras que yo les hablo, no las hablo de mí mismo, sino que el Padre que mora en mí hace sus obras. Créanme que yo soy en el Padre, y el Padre en mí; de otra manera, crean por las mismas obras.". (Juan 14:8-11)

"Tú crees que Dios es uno. Bien haces. También los demonios creen y tiemblan.". (Santiago 2:19)

Fue una gran alegría ver a la gente sedienta de Dios. Su adoración era tan poderosa. Era una India completamente diferente a la que dejé veinticinco años antes. La gente joven y mayor deseaba las cosas de Dios. Era común ver a los jóvenes ofreciendo folletos cristianos en las celebraciones religiosas hindúes. Durante el día, iban a la iglesia y después del servicio a partir de las 2:30 pm regresaban aproximadamente a las 3:00 am. Los hindúes y los musulmanes también acudían a nuestros servicios para recibir sanación y encontrar liberación. La gente estaba abierta a escuchar la predicación de la Palabra de Dios y a recibir enseñanzas de la Santa Biblia. Conocí estas iglesias indias y me comuniqué con sus pastores por teléfono y por correo electrónico. Me puse en contacto con las Iglesias Pentecostales Unidas para encontrar predicadores americanos que estuvieran dispuestos a ir a la India en nombre de los pastores indios para hablar en sus conferencias anuales. Tuvimos mucho éxito, con la ayuda de Dios. Me alegré de que los predicadores de Estados Unidos tuvieran una carga por mi país, dando su apoyo espiritual a los predicadores indios. Conocí a un pastor indio de una iglesia muy pequeña y humilde. Había tanta pobreza y las necesidades de la gente eran tan grandes que me comprometí personalmente a enviar dinero. Somos tan bendecidos en Estados Unidos. Crean que "Nada es imposible". Si quieres dar, hazlo alegremente por fe y dalo en secreto. Nadie supo de mi compromiso durante muchos años. Nunca esperes dar para obtener un beneficio personal o para recibir gloria o alabanza de los demás. Da con un corazón puro y no regatees con Dios.

"Cuando, pues, hagas obras de misericordia, no hagas tocar trompeta delante de ti, como hacen los hipócritas en las sinagogas y en las calles para ser honrados por los hombres. De cierto les digo que ellos ya tienen su recompensa. Pero cuando tú hagas obras de misericordia, no sepa tu izquierda lo que hace tu derecha, de modo que tus obras de misericordia sean en secreto. Y tu Padre que ve en secreto te recompensará".
(Mateo 6:2-4)

Dios había permitido que ocurrieran cosas en mi vida, para que pudiera quedarme en casa. Miro hacia atrás con asombro cómo mis enfermedades progresaron hasta el punto de que ya no podía caminar, pensar o sentirme normal hasta el día en que el Hermano James oró y Dios me levantó de una silla de ruedas. Todavía se me consideraba discapacitada por los tumores y la enfermedad de la sangre, y vivía con un escaso cheque mensual por discapacidad. Mi cheque no importaba, ya que Dios me quitó mi trabajo, mi preocupación era cómo iba a pagar mis facturas. Jesús me habló dos veces diciendo: "Yo cuidaré de ti". Viviendo en California o Texas, Jesús supliría todas mis necesidades. Dios lo hizo de sus riquezas y abundancia. Puse mi confianza en Dios para todas mis necesidades diarias.

Más bien, busquen primeramente el reino de Dios y su justicia, y todas estas cosas les serán añadidas. (Mateo 6:33)

Antes de dejar la India, algunas de las mujeres de la iglesia me dijeron que ya no se compraban lujos. Se conformaban con lo que tenían para vestirse porque recibían mucha satisfacción al dar a los pobres.

Sin embargo, grande ganancia es la piedad con contentamiento. Porque nada trajimos a este mundo, y es evidente que nada podremos sacar. Así que, teniendo el alimento y con qué cubrirnos estaremos contentos con esto. (1 Tim.6:6-8)

Los ancianos y los niños pequeños también participaron en proyectos de amor. Se reunieron para hacer paquetes de regalos para dar a los pobres. Estaban muy contentos con la bendición de dar.

"Den, y se les dará; medida buena, apretada, sacudida y rebosante se les dará en su regazo. Porque con la medida con que miden se les volverá a medir." (Lucas 6:38)

Imagínense lo que ha ocurrido en tan poco tiempo. Vendí mi casa y compré una nueva en otro estado. Vi mi país cambiado con gente sedienta del Señor Jesucristo. Ahora estaba anticipando comenzar una nueva vida en Texas. Cuando ponemos a Dios en primer lugar, el Señor de la Gloria también nos será fiel.

De vuelta a América.

Volví de la India tres meses después. Volé a Texas cuando mi casa estaba lista. El 26 de abril de 2005, mientras mi avión aterrizaba en el aeropuerto de Dallas-Ft. Worth, estaba llorando porque estaba totalmente separada de toda mi familia y amigos desde que llegué a este país. Entonces Dios me dio la siguiente escritura:

Pero ahora, así dice el Señor que te creó, oh Jacob, y el que te formó, oh

Israel: No temas, porque yo te he redimido, te he llamado por tu nombre; tú eres mío. Cuando pases por las aguas, yo estaré contigo; y por los ríos, no te desbordarán; cuando pases por el fuego, no te quemarás, ni la llama se encenderá sobre ti. Porque yo soy el SEÑOR tu Dios, el Santo de Israel, tu Salvador: Di a Egipto por tu rescate, a Etiopía y a Seba por ti. Desde que fuiste valioso ante mis ojos, has sido honrado, y yo te he amado; por eso daré hombres por ti, y pueblos por tu vida. No temas, porque yo estoy contigo; traeré tu descendencia desde el oriente, y te recogeré desde el occidente; diré al norte: Ríndete y al sur: No te detengas; trae a mis hijos de lejos, y a mis hijas de los confines de la tierra.; (Isaías 43:1-6)

El día que llegué me encontré solo en aquella gran casa nueva. La realidad se hizo presente cuando me paré en medio de la sala de estar y vi mi casa completamente vacía. Me senté en el suelo y me puse a llorar. Me sentía tan sola y quería volver a casa, a California, donde había dejado a mi querida madre. Vivimos juntas durante mucho tiempo y ella era una parte importante de mí. Estaba tan abrumada por este sentimiento de separación que quería ir al aeropuerto y volar de vuelta a California. Ya no quería esta casa. Mi pena era mayor que mi realidad. Mientras pasaba por estos sentimientos, Dios me recordó que tenía que llamar al Hermano Blakey. El Hermano Blakey no sabía cómo me sentía en ese preciso momento, pero Dios sí. Me sorprendió cuando me dijo: "Ahora, hermana Das, sabes que estás a sólo una llamada de distancia de nosotros". Sus palabras fueron completamente ungidas porque mi dolor y toda mi desesperación desaparecieron al instante. Sentí que tenía una familia, que no estaba sola y que todo saldría bien. Desde ese día, la familia Blakey me aceptó en su propia familia en un momento en que no tenía a nadie.

Mi hermana y su familia se trasladaron más tarde a Plano, Texas, a pocos kilómetros de Wylie. La familia Blakey está formada por once hermanos y hermanas. Sus hijos y nietos me trataban como si fuera de la familia. Llegaron a ser cerca de 200 y todo el mundo conoce a la familia Blakey en Wylie. Han sido un gran apoyo para mí y siempre me han hecho sentir como una "Blakey" también. Una vez instalada en mi casa, tenía que encontrar una iglesia. Le pregunté a Dios qué iglesia quería para mí. Visité muchas iglesias. Finalmente visité una iglesia en la ciudad de Garland, la Iglesia Pentecostal Unida de las Ciudades del Norte. Dios dijo claramente: "Esta es tu iglesia". Aquí es todavía donde me congrego. Me encanta mi iglesia y encontré un pastor maravilloso, el Rev. Hargrove. La familia Blakey se convirtió en mi familia extendida invitándome a almorzar o a cenar después de la Iglesia.

También me incluyeron en sus reuniones familiares y en las vacaciones familiares. Dios ha provisto maravillosamente todo lo que necesito. Doy gracias a Dios por mi nuevo pastor, la iglesia y los Blakey, que me han adoptado en su familia. Ahora vivo cómodamente en mi nuevo hogar. Dios ha cumplido su promesa: "Yo te cuidaré". Dios eligió todo esto para mí, según su voluntad para mi vida. Ahora trabajo para Él desde que me despierto a las 3:50 de la mañana para rezar. Desayuno y me preparo para hacer la obra del Señor desde mi oficina en casa. Mis amigos te dirán: "Nunca le digas a la hermana Liz que no tiene un trabajo de verdad". ¿Cuál es mi respuesta? Yo trabajo para el Señor, hago muchas horas sin fichar, y no recibo un cheque. Dios cuida de mí y mi recompensa estará en el cielo.

¡Aprecio mi trabajo y amo lo que hago!

Capítulo 12

Liberación Demoníaca Y El Poder Curativo De Dios

Un domingo por la tarde recibí una llamada telefónica del Sr. Patel que nos pedía que fuéramos a orar por su padre, que estaba atacado por espíritus demoníacos. El Sr. Patel es un ingeniero que ha vivido en América por más de 30 años. Había oído hablar de mi curación y estaba abierto a escuchar sobre el Señor Jesucristo. Al día siguiente, fuimos a la casa de su hermano donde nos reunimos con el Sr. Patel y su familia, (hermano, la esposa del hermano, dos hijos y su padre y madre). Mientras todos escuchaban, otro hermano que también era cristiano comenzó a hablar sobre cómo conoció a Jesús. El padre, el anciano Sr. Patel, dijo que había adorado a dioses ídolos pero que siempre se sentía mal cuando realizaba el culto. Dijo que sentía como si una vara le pinchara el estómago causándole dolor y que cuando caminaba sentía como si tuviera piedras bajo sus pies. Comenzamos a orar por él en el nombre del Señor Jesucristo. Oramos hasta que se liberó del espíritu demoníaco y comenzó a sentirse mucho mejor. Antes de irse, recibió un estudio bíblico para que entendiera el poder del nombre del Señor y cómo mantenerse libre de los ataques demoníacos para no volver.

Nos alegramos cuando el hijo y uno de los nietos insistieron en que el anciano Sr. Patel dijera el nombre de JESÚS, pero no quiso; aunque no tuvo ningún problema en decir "Dios" (Bhagvan). Los nietos insistieron: "No, di En el Nombre de Jesús" mientras los hijos se alineaban para recibir la oración. Uno de los nietos, de unos veinte años, había tenido un accidente de coche. Había ido a muchos cirujanos por un problema en su rodilla. Ese día, el Señor Jesús sanó su rodilla y el hermano menor del Sr. Patel fue grandemente tocado por el Espíritu de Dios. Todos recibieron oración y testificaron cómo fueron movidos por el Espíritu de Dios obrando milagros de sanación y liberación ese día. Cuando el Señor Jesús caminó entre los hombres, enseñó y predicó el evangelio del Reino que vendría y sanó toda clase de enfermedades y dolencias entre la gente. Sanó y liberó a los poseídos y atormentados por demonios y a los lunáticos (dementes), y a los paralíticos, (Mateo 4:23-24). Como discípulos de Dios hoy en día, continuamos haciendo su obra y enseñando a otros sobre la salvación en el nombre de nuestro Señor Jesús.

*"Y en ningún otro hay salvación, porque no hay otro **nombre** debajo del cielo, dado a los hombres, en que podamos ser salvos.". (Hechos 4:12).*

Servir al Dios vivo tiene muchos beneficios. En lugar de un dios hecho de roca o piedra que no puede ver o no puede oír, tenemos al Dios verdadero y vivo que escudriña los corazones de los hombres y mujeres. Abre tu corazón y tu mente para escuchar su voz. Reza para que Él toque tu corazón. Reza para que te perdone por haberle rechazado. Reza para conocerle y enamorarte de Él. Hazlo ahora, porque las puertas se cerrarán pronto.

Capítulo 13

Confesión Y Conciencia Limpia

Un día, una pareja india vino a visitarme y a rezar conmigo. Cuando nos preparamos para rezar, la esposa comenzó a rezar en voz alta. El marido le siguió. Me di cuenta de que ambos rezaban de la misma manera religiosa, pero aun así disfruté escuchando sus elocuentes palabras. Le pedí a Dios, sinceramente, "quiero que reces por mi boca". Cuando me tocó orar en voz alta el Espíritu Santo tomó el control y oró en el Espíritu.

"Y asimismo, también el Espíritu nos ayuda en nuestras debilidades; porque no sabemos cómo debiéramos orar pero el Espíritu mismo intercede con gemidos indecibles. Y el que escudriña los corazones sabe cuál es la intención del Espíritu, porque él intercede por los santos conforme a la voluntad de Dios." (Romanos 8:26, 27).

Estaba orando en el Espíritu con el poder de Dios de una manera que exponía el pecado. El marido, que ya no podía soportarlo, comenzó a confesar su pecado a su esposa, que estaba sorprendida. Más tarde hablé con ellos sobre la limpieza a través de su confesión de pecado.

"Si confesamos nuestros pecados, él es fiel y justo para perdonar nuestros pecados y limpiarnos de toda maldad. Pero si decimos que no hemos pecado, lo hacemos a él mentiroso y su palabra no está en nosotros". (1 Juan 1:9, 10)

Le expliqué al marido que, como se había confesado, Dios le perdonaría. Recuerda también que debes confesar tus pecados sólo a quienes puedan rezar por ti.

confiésense unos a otros sus pecados, y oren unos por otros de manera que sean sanados. La ferviente oración del justo, obrando eficazmente, puede mucho. (Santiago 5:16)

Le expliqué que una vez que se bautizara, Dios eliminaría su pecado y tendría una conciencia limpia.

"Lo mismo que el bautismo nos salva ahora (no la eliminación de la suciedad de la carne, sino la respuesta de una buena conciencia hacia Dios) por la resurrección de Jesucristo ". (1 Pedro 3:21)

Unos días más tarde, tanto el marido como la mujer se bautizaron en el nombre del Señor Jesús. El marido fue totalmente liberado y sus pecados perdonados. Ambos se han convertido en una bendición para el Reino de Dios.

"Arrepiéntanse y sea bautizado cada uno de ustedes en el nombre de Jesucristo para perdón de sus pecados, y recibirán el don del Espíritu Santo.". (Hechos 2:38)

Dios busca a los que se humillan ante Él. No importa cuán elocuentes y hermosas sean las palabras con las que ores, sino que ores con todo tu corazón. Él también sabe lo que hay en el corazón cuando rezas. Elimina el pecado pidiendo perdón a Dios, o tus oraciones serán obstaculizadas por el Espíritu Santo. Como creyentes, escudriñamos nuestros corazones diariamente y nos juzgamos a nosotros mismos. Dios siempre está ahí para perdonarnos y limpiarnos cuando pecamos.

Capítulo 14

Al Borde De La Muerte

E l hermano James, del que hablé antes, tiene el don de sanar a través del poder de la unción de Dios. Fue invitado a orar por una señora coreana que estaba en la Unidad de Cuidados Intensivos (UCI) del hospital Reina del Valle. Según los médicos, estaba a punto de morir. Su familia ya estaba organizando su funeral. Aquel día acompañé al hermano James y vi su cuerpo con soporte vital; estaba inconsciente y al borde de la muerte. Cuando empecé a rezar, sentí como si algo quisiera cogerme por la pierna y lanzarme fuera de la habitación; pero el poder del Espíritu Santo era muy fuerte en mí y no permitió que ese espíritu se saliera con la suya.

Ustedes son de Dios, y los han vencido, porque el que está en ustedes es mayor que el que está en el mundo. (1 Juan 4:4)

Después de orar, el Señor habló a través de mí y dije estas palabras: "Esta maquinaria cambiará". Esto se refería al equipo de soporte vital que estaba unido a su cuerpo. Me escuché a mí misma decir estas palabras como si Dios hubiera hablado el destino de esta mujer tan enferma. El hermano James oró por ella y luego hablamos con la familia de la señora sobre el poder de la oración y la Palabra de Dios. Ellos escucharon mientras yo les contaba mi propia curación y cómo Dios me llevó de una silla de ruedas a caminar de nuevo. Su hijo, que era piloto de avión, también estaba presente, pero no hablaba coreano. Le hablé en inglés mientras el resto de la familia conversaba en coreano. Curiosamente, me explicó que su madre debía viajar a Canadá el mismo día en que se puso muy enferma. Me explicó que ella había pedido ayuda a su marido y fue llevada al hospital aunque ella se negó a ir. El hijo dijo que su madre les decía: "Me matarán en el hospital". Estaba segura de que moriría si la llevaban al hospital. Su hijo continuó explicándonos que ella les había dicho que todas las noches entraban en la casa personas vestidas de negro. Todas las noches su madre les gritaba a él y a su padre y les tiraba los platos con rabia sin motivo aparente. También empezó a escribir cheques en un idioma que ellos no podían entender. El comportamiento que mostraba era muy extraño. Le expliqué sobre los espíritus demoníacos que pueden apoderarse de una persona y atormentarla. Esto le asombró, porque como nos explicó, todos van a la iglesia y ella donaba mucho dinero, pero nunca habían oído hablar de esto. Los demonios están sujetos a los verdaderos creyentes que tienen el Espíritu Santo; porque la Sangre de Jesús está en sus vidas y ellos ministran bajo la autoridad del Nombre de Jesús en el poder de Su Nombre.

Le dije al joven que el Hermano James y yo podíamos orar en el Nombre de Jesús para echar el demonio y él aceptó la oración de liberación para su madre. Cuando el médico vino a ver a su paciente, se asombró de que ella respondiera y no podía entender lo que le había pasado a su paciente. La familia le dijo que alguien había venido a orar por ella durante la noche y que ella empezó a responder tal como se les había dicho que lo haría. Unos días después, tuvimos otra oportunidad de rezar por la misma señora. Ella estaba sonriendo cuando entramos en la habitación. Puse mi mano sobre su cabeza y empecé a rezar; ella apartó mi mano y movió la cabeza hacia arriba, señalando el techo, porque no podía hablar. Su expresión cambió y parecía aterrorizada. Cuando nos fuimos, su estado empeoró. Sus hijos se preguntaban qué estaba viendo y le preguntaron si había visto algo malo. Ella señaló con la mano que sí. De nuevo volvimos a rezar por ella porque estaba aterrorizada por su atormentador, un espíritu demoníaco en su habitación. Después de orar esta vez, fue victoriosamente liberada de sus atormentadores. Gracias al Dios que responde a la oración. Más tarde nos enteramos de que fue liberada del hospital, ingresó en un programa de rehabilitación y fue enviada a casa, donde sigue recuperándose bien. Había salido del borde de la muerte.

Ve a dar testimonio al mundo:

*Y les mandó que no lo dijeran a nadie; pero cuanto más les mandaba, tanto más lo **proclamaban**; (Marcos 7:36)*

*Vuelve a tu casa y cuenta cuán grandes cosas ha hecho Dios por ti. Y él se fue **proclamando** por toda la ciudad cuán grandes cosas Jesús había hecho por él. (Lucas 8:39)*

La Biblia dice que debemos salir y dar testimonio. Esta familia coreana testificó a otras familias sobre este milagro. Un día el Hno. James recibió una llamada de otra señora coreana. El marido de esta familia tenía un comportamiento violento y no sabía lo que estaba haciendo. Su esposa era una mujer muy pequeña y dulce. Algunos días intentaba matarla. Muchas veces tuvieron que llevarla al hospital porque la golpeaba sin piedad. Desde que se enteró de este milagro nos invitó y preguntó por mí. Fuimos a verla a ella y a su marido. El hno. James me pidió que hablara y oró. Todos fuimos bendecidos. Unas semanas más tarde su esposa llamó y preguntó si podíamos ir de nuevo ya que su esposo estaba mejor. Así que fuimos de nuevo y di mi testimonio sobre el perdón y el Hno. James oró por todos ellos.

Les hablé de la época en que trabajaba y de una supervisora; me acosaba sin piedad y no podía dormir por la noche. Un día fui a mi habitación a rezar por ella. Jesús me dijo: "Tienes que perdonarla". Al principio me pareció difícil y pensé que si la perdonaba seguiría haciéndome lo mismo. Como oí que Jesús me hablaba, dije: "Señor, la perdono completamente". y Dios en su misericordia me ayudó a olvidarla. Cuando la perdoné empecé a dormir bien, y no sólo eso, sino que cada vez que ella hacía algo malo, no me molestaba.

La Biblia dice.

El ladrón no viene sino para robar, matar y destruir. Yo he venido para que tengan vida, y para que la tengan en abundancia (Juan 10:10)

Me alegré de que la suegra estuviera allí para escuchar este testimonio, ya que su corazón estaba cargado de tristeza. Fue tan asombroso ver cómo la mano de Dios entraba y cambiaba toda esta situación y el perdón se apoderaba de sus corazones y el amor entraba en ellos.

*Porque si ustedes no **perdonan**, tampoco su Padre que está en los cielos les **perdonará** sus ofensas. (Marcos 11:26)*

La falta de perdón es algo muy peligroso. Perderás tu salud mental y corporal. El perdón es para tu beneficio, no sólo para tu enemigo. Dios nos pide que perdonemos para que podamos dormir mejor. La venganza es suya, no nuestra.

*"No juzguen, y no **serán** juzgados. No condenen, y no **serán** condenados. **Perdonen**, y **serán perdonados**: (Lucas 6:37)*

Y la oración de fe dará salud al enfermo, y el Señor lo levantará. Y si ha cometido pecados le serán perdonados. Por tanto, confiésense unos a otros sus pecados, y oren unos por otros de manera que sean sanados. La ferviente oración del justo, obrando eficazmente, puede mucho. (Santiago 5:15, 16)

En la última parte de la historia anterior, nos enteramos de que su marido estaba completamente curado de su problema mental y era tan amable y cariñoso con su esposa.

¡Alabado sea el Señor!

Jesús trajo la paz a su hogar.

Capítulo 15

Paz En La Presencia De Dios

L a presencia de Dios puede traer paz al alma. Una vez recé por un señor que estaba en fase terminal de cáncer. Era el marido de una señora de la iglesia. La señora y su hijo se quedaron una vez conmigo en mi casa.

Habían pertenecido a una iglesia que no creía en cambiar sus vidas hasta que vieron un video sobre el Fin de los Tiempos. Ambos recibieron la revelación del bautismo en el nombre del Señor Jesús, y comenzaron a buscar una iglesia que los bautizara en el nombre de Jesús. Esto es cuando ellos encontraron la iglesia a la que yo asisto. Satanás no quiere que nadie tenga el conocimiento de la verdad porque conduce a la salvación. El quiere que tú estés en la oscuridad, pensando que es salvo mientras cree en falsas doctrinas y tradiciones del hombre. El vendrá contra ti cuando estés buscando la Verdad. En esta situación, el instrumento usado en contra de esta madre e hijo fue el esposo y el padre incrédulos, quienes constantemente los acosaban y ridiculizaban acerca de su creencia en Dios. Muchas veces terminaban viniendo a mi casa a orar y terminaban quedándose. Un día su hijo oyó que el Señor le decía: "Sus días están contados". El padre estaba en el Hospital Baylor, en Dallas, Texas, en la Unidad de Cuidados Intensivos (UCI). Les dejó muy claro que no quería que se orara ni que viniera gente de la iglesia a orar. Un día le pregunté a la esposa si podía visitarlo y orar por su esposo. Ella me explicó cómo se sentía él y dijo que no. Continuamos orando para que Dios ablandara su corazón endurecido.

Un día fui al hospital con el hijo y su esposa y me arriesgué a que Dios lo cambiara. El hijo le preguntó a su padre: "Papá, ¿quieres que la hermana Isabel rece por ti? Ella es un guerrero de la oración". Como su padre ya no podía hablar, le pidió que guiñara los ojos para poder comunicarse con él. Luego le pidió que guiñara el ojo para indicarnos si quería que rezara por él, él guiñó el ojo. Empecé a rezar pidiendo que sus pecados fueran lavados en la Sangre de Jesús. Noté algún cambio en él y continué rezando hasta que la presencia del Espíritu Santo estuvo en la habitación. Después de rezar, el padre intentaba comunicarse señalando el techo como si nos mostrara algo. Intentó escribir pero no pudo. El hijo le pidió a su padre que guiñara el ojo si era algo "bueno" lo que estaba viendo. Guiñó el ojo. Luego le pidió a su padre que guiñara el ojo si era "luz", pero no guiñó el ojo. Luego le preguntó si eran ángeles lo que estaba viendo y que guiñara el ojo. Pero no guiñó el ojo. Finalmente el hijo le pregunta si es el Señor Jesús. Su padre entonces guiñó los ojos.

A la semana siguiente fui al hospital a verlo de nuevo. Esta vez, estaba muy diferente y tenía un semblante tranquilo. Unos días después murió en paz. Dios, en su misericordia y en su amor, le dio la paz antes de su fallecimiento. No sabemos lo que ocurre entre alguien tan enfermo y su Creador. La presencia del Señor estaba en esa habitación. Vi a un hombre que estaba endurecido contra Dios y contra su propia familia, pero a las puertas de la muerte, el Señor se le dio a conocer, dándole a conocer su existencia.

Alaben al SEÑOR, porque es bueno: ¡Porque para siempre es su misericordia! Alaben al Dios de dioses: ¡Porque para siempre es su misericordia! Alaben al Señor de señores: ¡Porque para siempre es su misericordia! Al único que hace grandes maravillas: ¡Porque para siempre es su misericordia! (Salmo 136:1-4)

Capítulo 16

Un Estilo De Vida Sacrificado

Durante este tiempo estaba haciendo un estudio bíblico sobre el cabello, la ropa, las joyas y el maquillaje. Me dije: "Esta gente está anticuada". Sabía en mi corazón que amaba a Dios; por lo tanto, lo que me pusiera no debería importar. El tiempo pasó y un día escuché al (Rhyma) Espíritu de Dios hablar a mi corazón "haces lo que sientes en tu corazón". En ese momento mis ojos se abrieron. Entendí que tenía un amor por el mundo en mi corazón y que me estaba conformando con las modas del mundo. (Rhyma es la Palabra de Dios iluminada y ungida que te ha sido hablada para un momento o situación específica).

Oh SEÑOR, tú me has examinado y conocido. Tú conoces cuando me siento y cuando me levanto; desde lejos entiendes mi pensamiento. Mi caminar y mi acostarme has considerado; todos mis caminos te son conocidos. (Salmos 139:1-3)

Joyas:

No me gustaban las joyas, así que no fue difícil deshacerme de las pocas piezas que tenía.

Asimismo, esposas, estén sujetas a sus propios maridos, para que, si alguno no obedece a la palabra, también pueda ser ganado sin la palabra por la conversación de las esposas, mientras ven su conversación casta *unida al temor. Cuyo adorno no sea el externo de trenzar el cabello, ni el de llevar oro, ni el de vestirse. Sino que sea el hombre oculto del corazón, en lo que no es corruptible, el **ornamento** de un espíritu manso y tranquilo, que es de gran valor a los ojos de Dios. Porque así también se adornaban antiguamente las santas mujeres que confiaban en Dios, estando sujetas a sus propios maridos: Así como Sara obedeció a Abraham, llamándole señor: cuyas hijas son, siempre que hagan bien, y no tengan miedo con ningún asombro. (1 Pedro 3:1-6)*

Así también, que las mujeres se adornen con ropas modestas, con prudencia y sobriedad; no con cabellos engalanados, ni oro, ni perlas, ni vestidos costosos; sino (lo que conviene a las mujeres que profesan la piedad) con buenas obras. (1Timoteo 2:9, 10)

Cabello

*¿Acaso no les enseña la naturaleza misma que le es deshonroso al hombre dejarse crecer el cabello, mientras que a la mujer le es honroso dejarse crecer el cabello? Porque le ha sido dado el cabello en lugar **de velo**. (1 Corintios 11:14, 15)*

En mis años de juventud siempre tuve el pelo largo. A los veinte años me corté el pelo por primera vez y seguí cortándomelo hasta dejarlo muy corto. Así que la enseñanza sobre el pelo sin cortar fue difícil de aceptar para mí al principio. No quería dejarme crecer el pelo porque me gustaba el pelo corto. Era fácil de cuidar. Empecé a pedirle a Dios que por favor me dejara llevar el pelo corto. Pero para mi sorpresa, Dios cambió mi forma de pensar poniendo Su Palabra en mi corazón y ya no me costó dejarme crecer el pelo. Durante este tiempo mi madre vivía conmigo. Como no sabía cuidar mi pelo largo, mi madre me pedía que lo cortara porque no le gustaba cómo se veía. Empecé a estudiando más sobre el cabello de la Biblia. Recibí una mejor comprensión y conocimiento, lo que ayudó a que mis convicciones se fortalecieran en mi corazón

Oré y le pregunté al Señor: "*¿Qué debo hacer con mi mamá ya que no le gusta mi cabello largo?* Él me habló y me dijo: "*Reza para que su forma de pensar cambie*".

Confía en el SEÑOR con todo tu corazón y no te apoyes en tu propio entendimiento. Reconócelo en todos tus caminos y él enderezará tus sendas. (Proverbios 3:5, 6)

El Señor es mi consejero, así que seguí rezando para que su forma de pensar cambiara.

Jesús es nuestro Consejero;

*Porque un niño nos es nacido, un hijo nos es dado, y el dominio estará sobre su hombro. Se llamará su nombre: Admirable **Consejero**, Dios Fuerte, Padre Eterno, Príncipe de Paz. (Isaías 9:6)*

Ya no me corté el pelo. Mi pelo siguió creciendo y un día mi madre me dijo: "¡Estás muy guapa con el pelo largo!". Me sentí muy feliz al escuchar esas palabras. Sabía que el Señor me había dirigido en la oración y había respondido a mi plegaria. Sé que mi pelo sin cortar es mi gloria y que se me ha dado poder en mi cabeza gracias a los ángeles.

Sé que cuando rezo hay poder. ¡¡¡Alabado sea el Señor!!!

*Pero toda mujer que ora o profetiza con la cabeza **no cubierta**, afrenta su cabeza, porque da lo mismo que si se hubiese rapado. mientras que a la mujer le es honroso dejarse crecer el cabello? **Porque le ha sido dado el cabello en lugar de velo**. (1 Corintios 11:5, 15)*

Esta escritura es muy clara en cuanto a que el cabello sin cortar es nuestra cubierta y no un pañuelo, sombrero o velo. Representa nuestra sumisión a la autoridad de Dios y a su gloria. A lo largo de la Palabra de Dios encontrarás que los ángeles protegían la Gloria de Dios. Dondequiera que la gloria de Dios estaba, los Ángeles estaban presentes. Nuestro cabello sin cortar es nuestra gloria y los Ángeles siempre están presentes para protegernos debido a nuestra sumisión a la Palabra de Dios. Estos Ángeles nos protegen a nosotros y a nuestra familia Por lo cual,

la mujer debe tener una señal de autoridad sobre su cabeza por causa de los ángeles. (1 Corintios 11:10)

1 Corintios 11 es el pensamiento y la acción ordenada de Dios para mantener una distinción inequívoca entre lo femenino y lo masculino.

El Nuevo Testamento muestra que las mujeres tenían el pelo largo sin cortar.

*Y he aquí que una mujer de la ciudad, que era pecadora, al saber que Jesús estaba sentado a la mesa en casa de un fariseo, trajo una caja de alabastro con ungüento, y se puso a sus pies, detrás de él, llorando, y comenzó a lavarle los pies con lágrimas, **y se los enjugó con los cabellos de la cabeza**, y le besó los pies, y se los untó con el ungüento (Lucas 7:37, 38)*

Los Señores dicen

"Córtate los cabellos, Jerusalén, y arrójalos, y levanta un lamento en los lugares altos; porque el Señor ha rechazado y abandonado a la generación de su ira.". (Jeremías7; 29)

El cabello cortado es un símbolo de vergüenza, deshonra y luto. Cortar el cabello representa un acto impío y vergonzoso del pueblo reincidente de Dios. Es una señal de que el Señor los ha rechazado. Recuerda que somos su novia.

La Enciclopedia Británica, V, 1033 afirma que después de la Primera Guerra Mundial "el pelo se cortó". El corte de pelo fue adoptado por casi todas las mujeres en todas partes.

Las palabras de Dios están establecidas para la eternidad. Los requisitos de Dios para las mujeres es tener el pelo largo sin cortar y los hombres tener el pelo corto.

Ropa

La Palabra de Dios nos instruye sobre cómo vestirnos también. Cuando era un nuevo converso y estaba aprendiendo como debemos vestirme no estaba convencida de mi ropa. Debido a mi tipo de trabajo yo usaba pantalones. Pensé para mí misma "estaría bien si continuara usando pantalones sólo para trabajar". Me compré unos pantalones nuevos y recibí muchos cumplidos sobre lo bien que me veía. Ya sabía que las mujeres no debían llevar ropa de hombre. Los pantalones siempre han sido ropa de hombres, no de mujeres. Una vez que tengas la palabra de Dios plantada en tu corazón recibirás una convicción sobre la ropa apropiada para usar.

*"La mujer no se pondrá lo que pertenece al hombre, ni el hombre se vestirá con ropa de mujer, porque todos los que lo hacen son **abominables** para el SEÑOR tu Dios. (Deuteronomio 22:5)*

La confusión comenzó cuando los hombres y las mujeres empezaron a usar ropa unisex. El siguiente paso te llevará, como dijo Dios, a:

*Levítico 18:22 "No te acostarás con un hombre como uno se acuesta con una mujer. Eso es una **abominación**.*

Nos afectará lo que llevemos puesto. La palabra abominación se usa para describir a la mujer que se pone "lo que pertenece a un hombre" y al hombre que se pone "un vestido de mujer". Dios conoce cada paso de la confusión sexual. Dios ha hecho que ambos géneros completamente diferentes con un propósito diferente. ¿Te has dado cuenta de que fueron las mujeres las que empezaron a ponerse pantalones primero? ¡Esto es igual que cuando Eva fue desobediente en el Jardín del Edén! Esta confusión es una prueba de la sociedad actual en la que vivimos. A veces no se puede distinguir la diferencia entre hombres y mujeres.

Hace más de 70 años, la ropa de las mujeres no era un problema, porque básicamente llevaban vestidos o faldas largas. No había confusión. Cuando las mujeres empezaron a llevar ropa de hombre, empezaron a actuar como hombres y los hombres como mujeres. Esto es un desorden.

*Llevarán un gorro de lino en la cabeza, y **calzones** de lino en los lomos; no se ceñirán con nada que haga sudar. (Ezequiel 44:18)*

La perversa y desobediente generación de hoy, impulsada por los medios de comunicación, está aprendiendo del príncipe del aire, que es Satanás. Ellos no son conscientes de la verdad en la Biblia. También sus partidarios son falsos maestros que enseñan la doctrina y el mandamiento del hombre y no de Dios.

He aquí que has hecho mis días como un palmo, y mi edad es como nada delante de ti; ciertamente todo hombre en su mejor estado es del todo vanidad. Selah. Ciertamente todo hombre anda en vano; ciertamente en vano se inquieta; amontona riquezas, y no sabe quién las recogerá.
(Salmos 39:5-6)

Cuando Adán y Eva desobedecieron al Señor y comieron el fruto del árbol prohibido supieron que habían pecado y se les abrieron los ojos a su desnudez.

Y fueron abiertos los ojos de ambos, y se dieron cuenta de que estaban desnudos. Entonces cosieron hojas de higuera, y se hicieron delantales
(Génesis 3: 7).

Adán y Eva se cubrieron con hojas de higuera. Hicieron delantales de hojas de higuera, lo cual era insuficiente. Dios tiene un estándar de cobertura y por lo tanto no aprobó su cobertura inadecuada de hojas de higuera.... Así que los vistió con capas de piel.

Luego el SEÑOR Dios hizo vestidos de piel para Adán y para su mujer, y los vistió. (Génesis 3: 21)

El enemigo de nuestra alma, el Diablo, disfruta provocando la exposición inmodesta del cuerpo.

*Lucas 8:35 "Y salieron a ver lo que había pasado. Fueron a Jesús y hallaron al hombre de quien habían salido los demonios, sentado a los pies de Jesús, **vestido** y en su juicio cabal; y tuvieron miedo."*

Cuando una persona no cubre su cuerpo demuestra que está influenciada por el espíritu equivocado que produce motivos equivocados.

Es muy importante que siempre leamos la Palabra de Dios, que oremos sin cesar y que ayunemos para tener una mejor comprensión y guía de Su espíritu. La transformación viene a través de la palabra de Dios, que primero viene desde el interior, y luego el cambio viene al exterior.

Nunca se aparte de tu boca este libro de la Ley; más bien, medita en él de día y de noche, para que guardes y cumplas todo lo que está escrito en él. Así tendrás éxito y todo te saldrá bien. (Josué 1:8)

El ataque de Satanás es contra la Palabra de Dios. ¿Recuerdas a Eva? El diablo sabe qué atacar y cuándo atacar porque es sutil y astuto.

Sean sobrios y velen. Su adversario, el diablo, como león rugiente anda alrededor buscando a quién devorar (1 Pedro 5:8)

El que tiene mis mandamientos y los guarda, él es quien me ama. Y el que me ama será amado por mi Padre, y yo lo amaré y me manifestaré a él. (Juan 14:21)

Si guardan mis mandamientos permanecerán en mi amor; como yo también he guardado los mandamientos de mi Padre y permanezco en su amor. (Juan 15:10)

Aquella tarde, mientras estaba en el trabajo, me vino un pensamiento a la cabeza. Me preguntaba cómo me veía a los ojos de Dios. De repente la vergüenza se apoderó de mí y no pude levantar la vista. Me sentí como si estuviera ante el Señor nuestro Dios. Como sabes, nosotros oímos a través de nuestros oídos, pero yo oí Su voz, como si Él estuviera hablando a través de cada célula de mi cuerpo diciendo: "Te amo sinceramente".

Cuando escuché estas hermosas palabras de Dios diciendo "Te amo sinceramente", significó mucho para mí. Apenas podía esperar a salir del trabajo e ir a casa para poder limpiar completamente mi armario de toda mi ropa mundana.

Durante un par de semanas seguí oyendo el eco de su voz diciéndome: "Te amo sinceramente". Después se desvaneció.

Vivir para Dios no es sólo lo que hablamos, sino que es un estilo de vida. Cuando Dios habló a Moisés, le habló muy claramente. Moisés conocía sin duda la voz de Dios.

La palabra vergüenza traducida del griego se refiere a un sentido de vergüenza o modestia, o a la decencia interior que reconoce que la falta de ropa es vergonzosa. Esto significa que nuestra apariencia externa refleja nuestro ser interior no sólo para nosotros mismos sino también para los demás. Por eso la Biblia dice que la ropa modesta es similar a la vergüenza

Proverbios 7:10 Y he aquí que una mujer le salió al encuentro con vestido de prostituta y astuta de corazón.

*Asimismo, que las mujeres se vistan con ropa decorosa, **con modestia***

*y **prudencia**; no con peinados ostentosos ni oro ni perlas ni vestidos costosos (1 Timoteo 2:9)*

La ropa debe cubrir la desnudez de una persona. La sobriedad le impedirá a uno llevar lo que pretende parecer sexy o es una moda reveladora. El estilo de ropa de hoy en día es tan corto que le recordará la ropa de una prostituta. Se trata de lo sexy que se ve uno. Los diseñadores de ropa están haciendo que el estilo de la ropa sea más revelador y más provocativo.

Agradece a Dios por Su palabra que ha establecido para la eternidad; Él conoce las generaciones de todas las edades. La Palabra te guardará de conformarte a este mundo.

La definición de modestia cambia según el país, la época y la generación. Las mujeres asiáticas llevan pantalones sueltos y blusas largas llamadas vestidos panjabi, que son muy modestos. Las damas árabes llevan largas túnicas con velo. Las damas cristianas occidentales llevan sus vestidos por debajo de las rodillas.

Todavía tenemos damas cristianas temerosas de Dios que aman ser modestas y mantener la predicación y la enseñanza de Dios.

Probadlo todo; retened lo que es bueno. (1 Tesalonicenses 5:21)

Vivimos en una época impactante en la que no hay temor de Dios.

Si me amáis, guardad mis mandamientos. (Juan 14:15)

Pablo dijo,

*"Porque el precio de ustedes ya ha sido pagado. Por lo tanto, den gloria a Dios en su **cuerpo** y en su espíritu, los cuales son de Dios.".*
(1 Corintios 6; 20)

La ropa no debe ser ajustada, corta ni escotada. Las imágenes de algunas camisas y blusas suelen estar mal colocadas.

La idea de Dios de hacernos vestir es estar cubiertos. Recuerda que Eva y Adán estaban desnudos. Ya no somos inocentes. Sabemos que esta es la tentación para el ojo del hombre. David vio a Betsabé sin ropa y cayó en el adulterio.

La moda de la ropa de las jóvenes o niñas de nuestro tiempo es inmodesta. Los pantalones se llevan muy ajustados. La Biblia dice que hay que enseñar a los niños la justicia de Dios. En vez de enseñar a las niñas la modestia, los padres compran ropa inmodesta.

La mujer cristiana consciente y piadosa elegirá su ropa que sea agradable a Cristo y a su marido. Ella ya no desea usar lo que está "de moda".

La ropa impúdica, las joyas y el maquillaje alimentan la lujuria de los ojos, la lujuria de la carne y la soberbia de la vida.

*No améis al mundo, ni las cosas que están en el mundo. Si alguno ama al mundo, el amor del Padre no está en él. Porque todo **lo que hay en el mundo, los deseos de la carne, los deseos de los ojos** y la **vanagloria de la vida**, no proviene del Padre, sino del mundo. Y el mundo pasa, y sus deseos; pero el que hace la voluntad de Dios permanece para siempre.*
(1 Juan 2:15-17)

Satanás sabe que el hombre está orientado a la vista. Las mujeres no ven la intención de Satanás. La inmodestia es una poderosa tentación y seducción para los hombres. La ropa inmodesta, las joyas y el maquillaje causan excitación a los hombres. El orgullo y la vanidad construyen el ego humano. Una mujer se siente poderosa porque puede atraer la atención lujuriosa de los hombres. Estas cosas hacen que una mujer se sienta orgullosa de su apariencia externa.

Así que, hermanos, les ruego por las misericordias de Dios que presenten sus cuerpos como sacrificio vivo, santo y agradable a Dios, que es el servicio racional de ustedes. No se conformen a este mundo; más bien, transfórmense por la renovación de su entendimiento de modo que comprueben cuál sea la voluntad de Dios, buena, agradable y perfecta (Romanos 12:1, 2)

Maquillaje

La Biblia definitivamente habla **en contra** del maquillaje. En la Biblia, el maquillaje siempre se asocia con las mujeres impías. En la Biblia, Jezabel era una mujer malvada que se pintaba la cara.

A través de Su Palabra, Dios nos ha dado a los cristianos, instrucciones escritas con respecto a la pintura de la cara que ahora se llama maquillaje. Dios nos ha informado de todos los detalles, incluso con referencias históricas. La Biblia nos considera como una luz de este mundo; si somos esa luz no necesitamos pintura. Nadie pinta la bombilla. Una cosa muerta necesita ser pintada. Se puede pintar la pared, la madera, etc. La mayoría de las mujeres y niñas se maquillan hoy en día, sin ningún conocimiento de la historia o de la Biblia. El maquillaje se usaba sólo en la cara; pero ahora, les gusta pintar y estampar diferentes partes del cuerpo como los brazos, las manos, los pies, etc.

¿Es el maquillaje un pecado? A Dios le importa lo que le hagas a tu cuerpo. Dios se opone claramente a que se pinte y se perfore el cuerpo, a que se maquille y a que se tatúe.

*No harán incisiones en sus cuerpos a causa de algún difunto **ni grabarán marcas sobre** ustedes. Yo soy el SEÑOR. (Levítico 19:28).*

Nunca me maquillé, pero sí me pinté los labios porque me gustaba. Cuando oí predicar sobre el maquillaje, empecé a usar menos lápiz de labios y más tarde dejé de usarlo por completo. En mi corazón, todavía tenía el deseo de usarlo, pero no lo hice.

\
En la oración, le pregunté a Dios qué opinaba sobre el lápiz de labios. Un día, dos señoras caminaban hacia mí y me di cuenta de que llevaban pintalabios. En ese momento, vi a través de Sus ojos espirituales, cómo se veía me sentí tan mal del estómago. Me sentí muy convencida en mi corazón y nunca más tuve el deseo de usar lápiz labial. Mi deseo era complacerlo a Él y obedecer Su Palabra.

"Así hablen y así actúen, como quienes están a punto de ser juzgados por la ley de la libertad" (Santiago 2:12)

Aunque tengamos la libertad de hacer lo que queramos y vivir como queramos, nuestro corazón es engañoso y nuestra carne buscará las cosas de este mundo. Sabemos que nuestra carne es enemiga de Dios y de las cosas de Dios. Debemos caminar siempre en el espíritu para no satisfacer los deseos de la carne. El diablo no es el problema. Nosotros somos nuestro propio problema, si caminamos en la carne.

porque todo lo que hay en el mundo —los deseos de la carne, los deseos de los ojos y la soberbia de la vida— no proviene del Padre sino del mundo. Y el mundo está pasando y sus deseos; pero el que hace la voluntad de Dios permanece para siempre. (1 Juan 2:16-17)

Satanás quiere ser el centro de todo. Él era perfecto en belleza y lleno de orgullo. Sabe lo que le hizo caer y también lo utiliza para hacerte caer a ti.

*"Hijo de hombre, levanta un lamento sobre el rey de Tiro, y dile: Así dice el Señor DIOS; Tú sellaste la suma, llena de sabiduría, **y perfecta en belleza**. Estuviste en el Edén, el jardín de Dios; toda piedra preciosa fue tu cubierta, el sardio, el topacio y el diamante, el berilo, el ónice y el jaspe, el zafiro, la esmeralda y el carbunclo, y el oro; la hechura de tus tabiques y de tus tubos fue preparada en ti el día en que fuiste creado. (Ezequiel 28:12,13)*

Cuando caminamos en la carne también buscamos ser el centro de atención. Esto se puede ver en nuestra ropa, conversación y acciones. Fácilmente caemos en la trampa de Satanás al conformarnos con el mundo y sus modas mundanas.

Permítanme compartir cómo y dónde empezó el maquillaje o la pintura. El uso de maquillaje comenzó en Egipto. Los reyes y las reinas se maquillaban alrededor de los ojos. El maquillaje egipcio de los ojos se utilizaba para protegerse de la magia maligna, y también como símbolo del nuevo nacimiento en la reencarnación. También lo utilizaban los que vestían a los muertos. Querían que los muertos parecieran estar durmiendo.

Necesitas saber lo que la Biblia dice claramente sobre este tema. Si el maquillaje es importante para Dios, tiene que estar mencionado en su Palabra, tanto específicamente como en principio.

Jehú fue después a Jezreel. Y cuando lo oyó Jezabel, se pintó los ojos, arregló su cabello y miró por la ventana. (2 Reyes 9:30)

El joven, Jehú, fue entonces directamente a Jezreel para ejecutar el juicio sobre Jezabel. Cuando ella se enteró de que estaba en peligro, se maquilló; pero su maquillaje no logró seducir a Jehú. Lo que el profeta de Dios profetizó sobre Jezabel y su marido, el rey Ajab, se cumplió. Su abominación llegó a su fin como el profeta de Dios profetizó sobre ellos. Cuando Jehú la arrojó desde una ventana, los perros comieron su carne; ¡como Dios había declarado! El maquillaje es un arma autodestructiva.

En tu corazón no codicies su hermosura ni te prenda ella con sus ojos; (Proverbios 6:25).

*"Y cuando te estropees, ¿qué harás? Aunque te vistas de carmesí, aunque te adornes con ornamentos de oro, aunque rasgues tu rostro con pintura, en vano te embellecerás; tus amantes te despreciarán, buscarán tu vida."
(Jeremías 4:30)*

La historia cuenta que las prostitutas se pintaban la cara para que las reconocieran como tales. Con el tiempo, el maquillaje y la pintura facial se han convertido en algo habitual. Ya no se considera impropio.

Y además, que habéis hecho venir a hombres de lejos, a los que se envió un mensajero, y he aquí que vinieron: para los que te lavaste, te pintaste los ojos y te engalanaste con adornos. (Ezequiel 23:40)

El maquillaje es un "producto que nadie necesita", pero desearlo es la naturaleza humana. El orgullo y la vanidad son la razón por la que muchas mujeres utilizan el maquillaje, para poder encajar en el mundo. Esto es la naturaleza humana. Todos queremos encajar.

Las estrellas de Hollywood son las responsables de los cambios tan drásticos en la forma de pensar de las mujeres sobre su aspecto exterior. El maquillaje sólo lo llevaban las mujeres arrogantes y orgullosas. Todo el mundo quiere estar guapo, incluso los niños que se maquillan.

El orgullo y la vanidad han promovido la industria del maquillaje, al dar la bienvenida al maquillaje se han vuelto vanidosos. Dondequiera que vayas encontrarás maquillaje. Desde las más pobres hasta las más ricas, todas quieren estar guapas. La sociedad actual da demasiada importancia a la apariencia externa; debido a las inseguridades internas, las mujeres de todas las edades se maquillan.

Muchos se deprimen por su aspecto; incluso intentan suicidarse. La belleza es una de las cosas más admiradas por esta generación. Algunas personas se maquillan nada más levantarse. No les gusta su aspecto natural. El maquillaje las ha poseído tanto que sin él se sienten indeseadas. Esto causa depresión en nuestra generación más joven e incluso en los niños pequeños. Ahora piense en las mujeres justas más conocidas del Antiguo o del Nuevo Testamento de la Biblia. No encontrará ni una sola que usara maquillaje. No se menciona a Sara, Rut, Abigail, Noemí, María, Débora, Ester, Rebeca, Feebie o cualquier otra mujer virtuosa y mansa que se haya maquillado.

a los humildes adornará con salvación. (Salmos 149:4b)

De hecho, en la Palabra de Dios los únicos ejemplos de aquellas que usaban maquillaje eran las adúlteras, las rameras, las rebeldes, las reincidentes y las falsas profetisas. Esto debería servir como una gran advertencia para cualquiera que se preocupe por la Palabra de Dios y desee seguir un ejemplo justo bíblico en lugar de elegir seguir el ejemplo de las mujeres impías.

***Por tanto** como escogidos de Dios, santos y amados vístanse de profunda compasión, de benignidad, de humildad, de mansedumbre y de paciencia; (Colosenses 3:12)*

Antes que nada, oh hombre, ¿quién eres tú para que contradigas a Dios?
¿Dirá el vaso formado al que lo formó: "¿Por qué me hiciste así?".
(Romanos 9:20)

Nuestro cuerpo es el templo de Dios; debemos desear buscar los caminos justos de Dios. Esto se hace presentando las mujeres en la santidad del vestido, con la cara abierta (cara limpia), y reflejando la preciosa Gloria de Dios en nuestros cuerpos.

¿O no saben que su cuerpo es templo del Espíritu Santo, que mora en ustedes, el cual tienen de Dios, y que no son de ustedes?
(1 Corintios 6:19)

Tú y yo hemos sido comprados con un precio y también Dios nos ha creado a su imagen. Las leyes de Dios son para protegernos y deben estar escritas en nuestros corazones. Tú y yo tenemos reglas y pautas para vivir, así como nosotros que somos padres tenemos reglas y pautas para nuestros hijos. Cuando elegimos obedecer las leyes y directrices de Dios, seremos bendecidos y no castigados.

"Llamo al cielo y a la tierra para que registren hoy contra ti, que he puesto ante ti la vida y la muerte, la bendición y la maldición: elige, pues, la vida, para que vivas tú y tu descendencia" (Deuteronomio 30:19)

El orgullo y la rebelión traerán aflicción de enfermedad, finanzas, opresión y posesión demoníaca sobre nosotros. Cuando buscamos las cosas de este mundo a través del orgullo y la rebelión, nos estamos preparando para el fracaso. Es el deseo del diablo de corromper nuestras vidas con el pecado del orgullo. Esta no es la voluntad de Dios para nuestra vida.

He visto los cambios cuando las mujeres mundanas se convierten en mujeres piadosas. Se transforman y pasan de parecer envejecidas, deprimidas, estresadas, atormentadas e infelices a parecer mujeres más jóvenes, hermosas, vibrantes, pacíficas y radiantes.

¡Tenemos una sola vida que vivir! Por lo tanto, representemos al Dios de Abraham, Jacob e Isaac presentando nuestros cuerpos una vida de sacrificio, santo y agradable a sus ojos. Este es nuestro servicio razonable por dentro y por fuera, irreprochable en todo.

Cuando desobedecemos la Palabra de Dios a través del orgullo y la rebelión, traemos maldiciones sobre nosotros mismos, nuestros hijos y los hijos de nuestros hijos. Esto se puede ver en las acciones desobedientes y rebeldes de Eva; el resultado fue el diluvio que vino sobre la tierra y todo fue destruido. Sansón y Saúl trajeron la destrucción sobre ellos mismos y su familia por su desobediencia. La desobediencia de Elí trajo la muerte a sus hijos y la remoción del sacerdocio.

La historia a través de la Palabra de Dios nos dice que antes de la destrucción, la mentalidad de la raza humana era altiva, centrada en sí misma, y buscaban su propio placer.

*Además, el SEÑOR dice: Porque **las hijas de Sion** son altivas, y andan con el cuello estirado y los ojos desenfadados, caminando y haciendo tintinear sus pies: Por eso el Señor herirá con una costra la coronilla de las hijas de Sion, y el Señor descubrirá sus partes secretas. En aquel día el SEÑOR les quitará la valentía de sus adornos tintineantes alrededor de sus pies, y sus cauls, y sus llantas redondas como la luna, Las cadenas, y los brazaletes, y los manguitos, Los bonetes, y los adornos de las piernas, y las diademas, y las tabletas, y los pendientes, Los anillos, y las joyas de la nariz, Los trajes cambiantes, y los mantos, y los barquillos, y los broches, Las gafas, y el lino fino, y las capuchas, y los clavos. Y sucederá que en lugar de dulce olor habrá hediondez; y en lugar de faja un desgarro; y en lugar de pelo bien cuajado calvicie; y en lugar de faja un cinturón de saco; y ardor en lugar de belleza. Tus hombres caerán a espada, y tus valientes en la guerra. Y sus puertas se lamentarán y llorarán; y ella, desolada, se sentará en el suelo. (Isaías 3:16-26)*

Nuestras elecciones en la vida son muy importantes. Tomar decisiones basadas en la Biblia y guiadas por el Espíritu traerá bendiciones sobre nosotros y nuestros hijos. Elija rebelarse contra la Palabra de Dios y buscar su propio placer egoísta, entonces estarás repitiendo la Historia de:

1. La Eva desobediente quefinalmente trajo el Diluvio.

Y vio Dios que la maldad del hombre era grande en la tierra, y que todo designio de los pensamientos de su corazón era de continuo solamente el mal. Y se arrepintió el SEÑOR de haber hecho al hombre en la tierra, y le dolió en su corazón. Y dijo el SEÑOR: Destruiré al hombre que he creado de la faz de la tierra; tanto al hombre como a la bestia, al reptil y a las aves del cielo; porque me arrepiento de haberlos hecho. (Génesis 6:5-7)

2. La rebelión de Sodoma y Gomorra:

Entonces el SEÑOR hizo llover desde los cielos azufre y fuego de parte del SEÑOR sobre Sodoma y Gomorra.; (Génesis 19:24)

Estos son algunos ejemplos de la Biblia. Sabes que haces la diferencia en este mundo. No quieres revivir la historia antigua del mal.

Esto es lo que Dios tiene que decir sobre la rebeldía y la desobediencia:

Y enviaré sobre ellos la espada, el hambre y la peste, hasta que sean exterminados de sobre el suelo que les di a ellos y a sus padres. (Jeremías 24:10)

Pero a los obedientes:

Pero tú volverás a escuchar la voz del SEÑOR, y pondrás por obra todos sus mandamientos que yo te mando hoy. El SEÑOR tu Dios hará que sobreabundes en toda la obra de tus manos, en el fruto de tu vientre, en el fruto de tu ganado y en el fruto de tu tierra. Pues el SEÑOR volverá a gozarse en ti para bien, así como se gozó en tus padres, si escuchas la voz del SEÑOR tu Dios para guardar sus mandamientos y sus estatutos escritos en este libro de la ley; si te vuelves al SEÑOR tu Dios con todo tu corazón y con toda tu alma. "Ciertamente este mandamiento que te mando hoy no es demasiado difícil para ti ni está lejos. (Deuteronomio 30:8-11)

Capítulo 17

Ministerio De Viajes: Llamado A Enseñar Y Difundir El Evangelio

No soy un ministro en el sentido de uno que se llama reverendo, pastor o predicador. Cuando recibimos el Espíritu Santo y el fuego, nos convertimos en ministros de Su Palabra al difundir la Buena Nueva. Dondequiera que vaya, le pido a Dios la oportunidad de ser un testigo y maestro de Su Palabra. Siempre uso la Biblia KJV ya que es la única fuente que aviva el corazón y la mente del ser humano. Cuando se plantan las semillas, es imposible que Satanás las quite, si las regamos continuamente con la oración.

Cuando los individuos aceptan esta maravillosa verdad, los conecto a una iglesia local para que sean bautizados en el **Nombre de Jesús**; ellos pueden estar bajo el discipulado de un Pastor para mantenerse en contacto con ellos. Es importante tener un Pastor que alimente (enseñe) la Palabra de Dios y vele por ellos.

*"Por tanto, vayan y hagan discípulos de todas las naciones, bautizándolos en el **nombre** del Padre, del Hijo y del Espíritu Santo,". (Mateo 28:19)*

"Les daré pastores según mi corazón, y ellos los pastorearán con conocimiento y discernimiento". (Jeremías 3:15)

Cuando el Señor nos da instrucciones para hacer su voluntad, puede ser en cualquier lugar y en cualquier momento. Sus caminos pueden no tener ningún sentido a veces, pero he aprendido por experiencia, que esto no me importa. Desde el momento en que me despierto, hasta el momento en que salgo de mi casa, nunca sé lo que Dios ha preparado para mí. Como creyentes, debemos crecer en nuestra fe a través del estudio de la Palabra, para que podamos llegar a ser maestros maduros. Continuamos alcanzando niveles más altos de madurez al nunca perder una oportunidad de testificar a otros; especialmente cuando Dios ha abierto la puerta.

"Porque cuando deben ser maestros, tienen necesidad de que se les enseñe de nuevo cuáles son los primeros principios de los oráculos de Dios; y se han convertido en los que tienen necesidad de leche y no de alimento fuerte. Porque todo el que usa leche es inhábil en la palabra de justicia, pues es un niño. Pero la comida fuerte es de los mayores, de los que por el uso tienen los sentidos ejercitados para discernir el bien y el mal.". (Hebreos 5:12-14)

En este capítulo comparto con ustedes algunas de mis experiencias de viaje con algunos puntos históricos importantes que se han intercalado para explicar las creencias de la iglesia primitiva y la doctrina posterior.

Dios me trajo de vuelta para visitar California, mediante un "plan de vuelo ilógico". Debido a problemas de salud, siempre prefiero los vuelos directos. Esta vez compré un vuelo de Dallas-Ft. Worth, Texas, a Ontario, California, con escala en Denver, Colorado. No puedo explicar por qué lo hice, pero después tuvo sentido. Mientras estaba en el avión, hice saber a la azafata que me dolía y me senté cerca de una sala de descanso. Durante la última parte del vuelo, le pedí a la azafata si podía encontrar un lugar para acostarme. Me llevó a la parte trasera del avión. Más tarde, el dolor disminuyó. La azafata volvió para ver cómo me encontraba y me dijo que había rezado por mí.

El Señor me estaba abriendo la puerta para compartir lo que Él había hecho por mí. Le conté sobre mis lesiones, enfermedades y curaciones. Ella estaba tan asombrada de que hubiera soportado todo esto sin medicación y sólo confiando en Dios. Mientras hablábamos de la Biblia, me dijo que nunca había oído que alguien pudiera recibir el Espíritu Santo. Le expliqué que, según las Escrituras, es para nosotros incluso hoy. Le conté la razón por la que había dejado mi casa en la India: cuando buscamos a Dios con todo nuestro corazón, Él responde a nuestras oraciones. Ella fue muy amable y cuidadosa conmigo como muchas otras veces cuando he volado, siempre parece haber alguien en el vuelo que me ha mostrado tal amabilidad y cuidado. Continué hablándole sobre el Espíritu Santo y la evidencia de hablar en lenguas. Ella dijo categóricamente que no lo creía. Le hablé del bautismo en el nombre del Señor Jesús y admitió que tampoco había oído hablar de ello. El bautismo de los apóstoles como se habla en el capítulo 2 de los Hechos no es predicado por la mayoría de las iglesias ya que la mayoría ha adoptado la doctrina de la Trinidad de tres personas en la Divinidad e invocando los títulos: Padre, Hijo y Espíritu Santo, al bautizar.

*"Jesús se acercó a ellos y les habló diciendo: "Toda autoridad me ha sido dada en el cielo y en la tierra. Por tanto, vayan y hagan discípulos de todas las naciones, bautizándolos en el **nombre** del Padre, del Hijo y del Espíritu Santo. "(Mateo 28:18-19)*

Cuando los discípulos bautizaban en el Nombre de Jesús, estaban cumpliendo el bautismo del Padre y del Hijo y del Espíritu Santo cuando la persona entraba en el agua en plena inmersión. Esto no era una confusión; ellos estaban cumpliendo lo que Jesús les mandó hacer como muestran las escrituras.

*Porque tres son los que dan testimonio en el cielo: el Padre, el Verbo y el Espíritu Santo; **y estos tres son uno**. (1 Juan 5:7)*

(Esta escritura ha sido eliminada de la NVI y de todas las traducciones modernas de la Biblia en inglés)

*"Entonces, cuando oyeron esto, se afligieron de corazón y dijeron a Pedro y a los otros apóstoles: —Hermanos, ¿qué haremos? Pedro les dijo:—Arrepiéntanse y sea bautizado cada uno de ustedes **en el nombre de Jesucristo** para perdón de sus pecados, y recibirán el don del Espíritu Santo ". (Hechos 2:37-38)*

*"Cuando oyeron esto, fueron **bautizados en el nombre del Señor Jesús**. Y cuando Pablo les impuso las manos, vino sobre ellos el Espíritu Santo, y ellos hablaban en lenguas y profetizaban. Eran entre todos como doce hombres."*. (Hechos 19:5-7)

*"Porque los oyeron hablar en lenguas, y magnificar a Dios. Entonces Pedro respondió: ¿Puede alguien prohibir el agua para que no se bauticen éstos, que han recibido el Espíritu Santo tanto como nosotros? Y les mandó que se **bautizaran en el nombre del Señor**. Entonces le rogaron que se quedara algunos días".* (Hechos 10:46-48)

Los apóstoles no desobedecieron a Jesús. El Día de Pentecostés fue el comienzo de la Era de la Iglesia después de que Jesús hubiera resucitado de entre los muertos y fuera recibido en la gloria. Él se había aparecido a los Apóstoles y los reprendió por su incredulidad y estuvo con ellos cuarenta días. Durante ese tiempo, Jesús les enseñó muchas cosas. La Biblia dice que los creyentes deben ser bautizados.

"Después se apareció a los once, mientras estaban sentados a la mesa, y les reprendió por su incredulidad y dureza de corazón, porque no habían creído a los que le habían visto después de resucitado. Y les dijo: Id por todo el mundo y predicad el Evangelio a toda criatura. El que crea y se bautice se salvará; pero el que no crea se condenará". (Marcos 16:14-16)

El hombre adoptó más tarde diferentes fórmulas de bautismo, incluyendo la "aspersión", en lugar de la inmersión completa. (Algunos argumentan que es porque la Biblia no dice que no se puede rociar y la iglesia romana bautizaba a los niños). El bautismo en el nombre de Jesús fue cambiada por la Iglesia romana cuando adoptó la visión de la trinidad.

Antes de continuar, primero quiero decir que no cuestiono la sinceridad de muchos maravillosos creyentes que buscan un camino personal con nuestro Señor, que aman a Dios y creen lo que creen que es la enseñanza bíblica primitiva. Por eso es tan importante leer y estudiar las escrituras por sí mismo, incluyendo la historia de la doctrina de la Iglesia Apostólica Primitiva de la Biblia. "La Doctrina de la Iglesia entra en Apostasía".

Apostasía significa alejarse de la verdad. Un apóstata es alguien que una vez creyó y luego rechazó la verdad de Dios.

En el año 312 d.C., cuando Constantino era emperador, el cristianismo fue adoptado por Roma como la religión favorita. Constantino anuló los decretos de persecución de Diocleciano (en latín: Gaius Aurelius Valerius Diocletianus Augustus ;) que comenzaron en el 303 DC. Diocleciano fue un emperador romano de 284 a 305 d.C. Los decretos de persecución eliminaron los derechos de los cristianos y les exigieron que siguieran las "prácticas religiosas tradicionales", que incluían los sacrificios a los dioses romanos. Esta fue la última persecución oficial del cristianismo, junto con los asesinatos y el aterrorizamiento de los que no cumplían.

Constantino "cristianizó" el Imperio Romano y lo convirtió en la religión del Estado, es decir, en la religión oficial. Bajo su mandato fomentó las religiones paganas también en Roma. Esto fortaleció el plan de Constantino de tener unificación y paz en su imperio. Así, la "Roma cristianizada" y una iglesia política fueron hechas para gobernar. Con todo esto, Satanás había diseñado un plan muy poderoso para corromper a la iglesia desde dentro y que la iglesia primitiva no fuera reconocida en ningún lugar. El cristianismo fue degradado, contaminado y debilitado con un sistema pagano que se unió al sistema político mundial de ese tiempo. De acuerdo con este sistema, el bautismo hacía a cualquiera un cristiano y trajeron su religión pagana, santos e imágenes a la iglesia. En una etapa posterior, la Doctrina de la Trinidad también fue establecida en su concilio. Los apóstatas de la iglesia ya no reconocían, ni predicaban, ni daban importancia al Espíritu Santo o al hablar en lenguas. En el 451 d.C., en el Concilio de Calcedonia, con la aprobación del Papa, el Credo de Nicea/Constantinopla fue establecido como autoritario. A nadie se le permitió debatir sobre el asunto. Hablar en contra de la Trinidad se consideraba ahora una blasfemia. Se anunciaron duras sentencias que iban desde la mutilación hasta la muerte para aquellos que desobedecieran. Surgieron diferencias de creencias entre los cristianos, lo que provocó la mutilación y la matanza de miles de personas. Los verdaderos creyentes no tuvieron más remedio que esconderse de sus perseguidores, que mataban en nombre del cristianismo.

Le dije que la creencia de la trinidad provenía de los gentiles que desconocían las ordenanzas, leyes y mandamientos de Dios y se estableció en el año 325 d.C. cuando el Primer Concilio de Nicea estableció la doctrina de la trinidad como ortodoxa y adoptó el Credo de Nicea de la Iglesia Romana.

La Trinidad se elaboró después de que 300 obispos se reunieran y la idearan tras seis semanas.

Nadie puede cambiar un mandamiento. La iglesia primitiva en el Libro de los Hechos comenzó sobre la creencia del Antiguo Testamento de la absoluta Unicidad de Dios junto con la revelación del Nuevo Testamento de Jesucristo, como el único Dios encarnado. El Nuevo Testamento fue completado y el último de los apóstoles había muerto hacia el final del primer siglo. A principios del siglo IV, la doctrina principal de Dios en la cristiandad había pasado de la Unidad bíblica de Dios a una aparente creencia de trinitarismo.

Me maravilla que los hayas alejado tan pronto de aquel que los llamó a la gracia de Cristo para pasar a otro evangelio: El cual no es otro; pero hay algunos que les perturban y quieren pervertir el evangelio de Cristo. Pero si nosotros, o un ángel del cielo, los anunciara otro evangelio que el que les hemos anunciado, sea maldito. Como antes dijimos, ahora vuelvo a decir que si alguien los predica otro evangelio distinto del que habéis recibido, que sea maldito. (Gálatas 1:6-9)

Los escritores de la Era Post-Apostólica (90-140 d.C.) fueron fieles al lenguaje bíblico, a su uso y a su pensamiento. Creían en el Monoteísmo, que es la deidad absoluta de Jesucristo, y la manifestación de Dios en la Carne.

*"Escucha, Israel: **el SEÑOR nuestro Dios, el SEÑOR uno es**: (Deuteronomio 6:4)*

*"Indiscutiblemente, grande es el misterio de la piedad: **Dios fue manifestado en la carne**, justificado por el Espíritu, visto por los ángeles, proclamado entre las naciones, creído en el mundo, y recibido arriba en gloria.(1 Timoteo 3:16)*

Conectaban una gran importancia al nombre de Dios y creían en el bautismo en el nombre de Jesús. Los conversos de la iglesia primitiva eran judíos;

sabían que Jesús era el "Cordero de Dios". Dios se vistió de carne para poder derramar sangre.

*"Tengan cuidado por ustedes mismos y por todo el rebaño sobre el cual el Espíritu Santo les ha puesto como obispos, **para pastorear la iglesia del Señor**, la cual adquirió para sí mediante su **propia sangre** (Hechos 20:28)*

El nombre Jesús significa: Yeshua hebreo, Yesous griego, Jesus inglés. Por eso Jesús dijo.

Jesús le dijo: Tanto tiempo he estado con ustedes, Felipe, ¿y no me has conocido? El que me ha visto, ha visto al Padre. ¿Cómo, pues, dices tú: "Muéstranos el Padre"? (Juan 14:9)

No apoyaban ninguna idea de una trinidad, ni el lenguaje trinitario, tal como lo adoptó más tarde la Iglesia de Roma. Aunque la mayoría de las iglesias cristianas de hoy en día siguen la doctrina de la trinidad, en la iglesia primitiva sigue prevaleciendo la doctrina apostólica del día de Pentecostés. Dios nos advirtió que no nos apartáramos de la fe. Hay un solo Dios, una sola fe y un solo bautismo.

*"Hay un solo Señor, una sola fe, **un solo bautismo**, un solo Dios y Padre de todos quien es sobre todos, a través de todos y en todos". (Efesios 4:5-6)*

*Y Jesús le respondió: el primero de todos los mandamientos es: escucha, oh Israel: **El Señor nuestro Dios, el Señor uno es**." (Marcos 12:29).*

*"Desde la tierra de Egipto yo soy el SEÑOR tu Dios; no reconocerás otro dios aparte de mí **ni otro salvador sino a mí**.". (Oseas 13:4)*

El cristianismo se alejó del concepto de la Unicidad de Dios y adoptó la confusa doctrina de la trinidad que sigue siendo fuente de controversia dentro de la religión cristiana. La doctrina de la Trinidad afirma que Dios es la unión de tres personas divinas: el Padre, el Hijo y el Espíritu Santo. Se desvió de la verdad y comenzó a desviarse.

Cuando esta práctica de la Doctrina de la Trinidad comenzó, ocultó el "Nombre de Jesús" de ser aplicado en el Bautismo. El nombre de JESUS es tan poderoso porque por este nombre somos salvados:

Tampoco hay salvación en otro nombre que no sea el de JESÚS:

> *Y en ningún otro hay salvación, porque no hay otro nombre debajo del cielo, dado a los hombres, en que podamos ser salvos. (Hechos 4:12)*

Hubo cristianos judíos y gentiles que no quisieron asumir este bautismo de los títulos (Padre, Hijo y Espíritu Santo).

La era de la iglesia entró en Apostasía. (¿Qué significó? alejarse de la verdad).

La apostasía es una rebelión contra Dios porque es una rebelión contra la verdad.

Comparemos lo que dicen las biblias NASB y KJV sobre este importante asunto.

La frase subrayada se ha eliminado de la NVI, la NABS y otras traducciones de La Biblia.

> *"Nadie los engañe en ninguna manera; porque no vendrá sin que antes venga la apostasía, y se manifieste el hombre de pecado, el hijo de perdición" (2 Tesalonicenses 2:3 NASB)*

> *"Que nadie los engañe en modo alguno, porque aquel día (el regreso de Jesús) no vendrá sin que antes se produzca una caída y se manifieste el hombre de pecado, el hijo de la perdición"*
> *(2 Tesalonicenses 2:3 Versión KJ traducida al español)*

La azafata estaba muy interesada en lo que le estaba enseñando. Sin embargo, en vista de las limitaciones de tiempo, le expliqué la Unicidad de Dios para darle una comprensión completa en el breve tiempo que tenía.

"Miren que nadie los lleve cautivos por medio de filosofías y vanas sutilezas, conforme a la tradición de hombres, conforme a los principios elementales del mundo y no conforme a Cristo. Porque en él habita corporalmente toda la plenitud de la Deidad". (Colosenses 2:8-9)

El trono de Satanás (también conocido como Pergamos, Pergos o Pergemon):

También le expliqué a la azafata el papel clave que desempeña el país de Turquía en nuestra época moderna y final. Pérgamo o Pergamum fue una antigua ciudad griega en la actual Turquía que se convirtió en la capital del Reino de Pérgamo durante el Período helenístico bajo la dinastía de los Atilios, 281-133 a.C. La ciudad se alza sobre una colina donde se encuentra el templo de su dios principal, Asclepio. Hay una estatua de Asclepio sentado sosteniendo un bastón con una serpiente enroscándose a su alrededor. El libro del Revelación habla de Pérgamo, una de las siete iglesias. Juan de Patmos se refirió a ella como "Sede de Satanás" en su Libro del Revelación.

"Escribe al ángel de la iglesia en Pérgamo: El que tiene la espada aguda de dos filos dice estas cosas: Yo conozco dónde habitas: donde está el trono de Satanás. Y retienes mi nombre y no has negado mi fe, aun en los días de Antipas, mi testigo fiel, quien fue muerto entre ustedes, donde mora Satanás. "Sin embargo, tengo unas pocas cosas contra ti: que tienes allí a algunos que se adhieren a la doctrina de Balaam, que enseñaba a Balac a poner tropiezo delante de los hijos de Israel, a comer de lo sacrificado a los ídolos y a cometer inmoralidad sexual." (Revelación 2:12-14)

¿Por qué es tan importante esta ciudad hoy en día? La razón es que cuando Ciro el Grande se apoderó de Babilonia en el año 457 a.C., el rey Ciro obligó al sacerdocio babilónico pagano a huir hacia el oeste, a Pérgamo, en la actual Turquía.

Nota: Tenemos que mirar a Israel y el cumplimiento de la profecía. ¿No es de extrañar que el 6 de julio de 2010, en Madrid España, que el presidente sirio Assad advirtió que Israel y Turquía están cerca en la guerra? El amado Israel de Dios y el Trono de Satanás se unen en las noticias de hoy

Después de hablar de Pérgamo con la azafata, empecé a enseñar sobre el Nuevo Nacimiento. Ella nunca había escuchado a nadie hablar en lenguas (Espíritu Santo). Le di toda la información, las escrituras y una lista de dónde podía encontrar una iglesia que creyera en la Biblia. Ella estaba muy emocionada por esta verdad y revelación. Ahora entendía por qué había comprado inexplicablemente un vuelo a California. Dios siempre sabe lo que está haciendo y aprendí que no siempre conozco su intención, pero luego puedo mirar atrás y ver que Él tenía un plan todo el tiempo. Tan pronto como llegué a California, bajé del avión sin dolor y sin fiebre.

La pregunta: ¿Qué es lo apostólico?

Estaba en otro vuelo de Dallas-Ft. Worth a Ontario, California. Después de tomar una pequeña siesta me di cuenta de que la señora que estaba a mi lado estaba leyendo. Intentaba mirar al exterior con cierta dificultad, así que levanté la persiana de mi ventanilla y se alegró. Yo buscaba una oportunidad para hablar con ella, así que este gesto inició nuestra conversación que duró casi una hora. Empecé a hablarle de mi testimonio y de que se puede ver por Internet en YouTube, "My Testimony by Elizabeth Das".

https://www.youtube.com/channel/UCCRplrqi8UENxHqFuBPHX1A/videos
https://www.youtube.com/channel/UCjmSTgrzu2W9POveigKY7Xw/videos

Dijo que lo vería cuando se registrara en su habitación de hotel. Empezamos a hablar de la iglesia cuando me confesó que sólo iba de vez en cuando. También me dijo que estaba casada y que tenía dos hijas. Entonces le dije que yo iba a una Iglesia Apostólica Pentecostal. Fue entonces cuando noté que sus ojos se abrieron de par en par. Me dijo que recientemente ella y su marido habían visto un cartel publicitario sobre una Iglesia Apostólica. No sabíamos qué significaba esa palabra (Apostólica), dijo. Le expliqué que era la doctrina establecida por Jesús en Juan 3:5 y aplicado en el Libro de los Hechos describiendo la iglesia primitiva de la era apostólica. Creo firmemente que Dios me puso al lado de esta señora para responder a esta misma pregunta. Fue una coincidencia demasiado grande para ser una casualidad.

Edad Apostólica:

Se supone que Cristo nació antes del 4 a.C. o después del 6 d.C. y que fue crucificado entre el 30 y el 36 d.C., a la edad de 33 años.

Así, se estima que la fundación de la Iglesia cristiana tuvo lugar en la fiesta de Pentecostés, en mayo del año 30 d.C.

La Edad Apostólica abarca unos setenta años (30-100 d.C.) que se extienden desde el día de Pentecostés hasta la muerte del apóstol Juan.

Desde que se escribieron las epístolas de Juan, el primer siglo se estaba alejando de la verdad. La oscuridad entró en las iglesias en el primer siglo. Aparte de eso, sabemos muy poco sobre este período de la historia de la iglesia. El libro de los Hechos (2:41) registra la conversión pentecostal de tres mil personas en un día en Jerusalén. La historia dice que el asesinato en masa bajo Nerón. Los conversos cristianos eran en su mayoría personas de clase media y baja, como analfabetos, esclavos, comerciantes, etc. Se estima que, en el momento de la conversión de Constantino, el número de cristianos bajo este decreto romano puede haber alcanzado más de once millones, una décima parte de la población total del Imperio Romano, lo que supone un éxito masivo y rápido para el cristianismo. Esto dio lugar a un trato cruel de los cristianos que vivían en un mundo hostil.

Jesús enseñó que debíamos amarnos unos a otros como a nosotros mismos y que la salvación y el arrepentimiento del pecado vendrían en su nombre.

y que en su nombre se predicara el arrepentimiento y la remisión de pecados en todas las naciones comenzando desde Jerusalén.
(Lucas 24:47)

Los apóstoles tomaron las enseñanzas de Jesús y las aplicaron el día de Pentecostés, luego salieron a predicar a Jesús a los judíos primero, y luego a los gentiles.

"Miren, pues, por ustedes mismos y por todo el rebaño, sobre el cual el Espíritu Santo les ha puesto como obispos, para apacentar la iglesia de Dios, que él ha comprado con su propia sangre. Porque yo sé que, después de mi partida, entrarán en medio de ustedes lobos rapaces que no perdonarán al rebaño. También de ustedes mismos se levantarán hombres que hablarán cosas perversas, para arrastrar tras sí a los discípulos. Velen, pues, y acuérdense de que por espacio de tres años no he dejado de amonestar a cada uno noche y día con lágrimas." (Hechos 20:28-31)

No todos se sometieron al decreto del Imperio Romano de Constantino. Hubo quienes siguieron la enseñanza original de los Apóstoles, que no aceptaron la "conversión" establecida en el decreto de Constantino. El decreto incluía las tradiciones religiosas que se hicieron durante los Concilios de la Iglesia Romana junto con los cambios que se hicieron que torcieron la verdad de la iglesia primitiva. Estas personas que formaron los concilios que diseñaron el decreto de Constantino no eran verdaderos creyentes nacidos de nuevo. Por eso muchas iglesias de hoy se llaman a sí mismas apostólicas o pentecostales, siguiendo las enseñanzas de los Apóstoles.

"No fueron llamados muchos sabios según la carne, ni muchos poderosos, ni muchos nobles, sino que Dios eligió lo necio del mundo para avergonzar a los sabios; y Dios eligió lo débil del mundo para avergonzar a lo fuerte; y eligió lo vil del mundo y lo despreciable, y lo que no es, para destruir lo que es; para que ninguna carne se gloríe delante de Dios."
(1 Cor. 1:26-29)

Interconfesional

Hoy tenemos una nueva amenaza contra los principios de Dios. Se llama "Interfaith". La Inter confesionalidad afirma que dar respeto a todos los dioses es importante. La lealtad dividida y la reverencia dividida son aceptables para los interconfesionales. Podemos tener respeto por los demás como individuos y amarnos unos a otros, incluso cuando no estamos de acuerdo; sin embargo, la Biblia es clara como el cristal sobre los "Celos de Dios" que exige devoción exclusiva a Él y dar reverencia a otros dioses es una trampa.

"Guárdate de hacer un pacto con los habitantes de la tierra a la que vas, para que no sea una trampa en medio de ti; pero destruiréis sus altares, romperéis sus imágenes y cortaréis sus arboledas: Porque no adorarás a ningún otro dios; porque el SEÑOR, cuyo nombre es Celoso, es un Dios celoso: No sea que hagas un pacto con los habitantes de la tierra, y ellos se prostituyan en pos de sus dioses, y ofrezcan sacrificios a sus dioses, y uno te llame, y tú comas de su sacrificio;" (Éxodo 34:12-15)

El diablo ha inventado la engañosa creencia de la "Inter confesionalidad" para engañar a los mismos elegidos. Él sabe cómo manipular al hombre moderno usando su propio dispositivo de corrección política, cuando en realidad se está haciendo un pacto al reconocer o dar reverencia a sus falsos dioses, ídolos e imágenes

Capítulo 18

Ministerio En Mumbai, India "Un Hombre De Gran Fe"

En algún momento antes de 1980, fui a Mumbai, India, para obtener un visado con el fin de viajar fuera del país. Mientras viajaba por Mumbai en tren, me di cuenta de que pasábamos por una zona de chabolas con gente muy pobre y chozas. Nunca había visto unas condiciones de vida tan deplorables, con gente viviendo en una pobreza espantosa.

He dicho al principio que me crie en una familia religiosa estricta. Mi padre era médico y mi madre era enfermera. Aunque éramos religiosos y leí mucho de la Biblia, no tuve el Espíritu Santo durante ese tiempo en mi vida. Mi corazón se afligió cuando la carga del Señor vino sobre mí. Desde ese día, llevé esta carga por estas personas que estaban sin esperanza en estos barrios bajos. No quería que nadie viera mis lágrimas, así que bajé la cabeza ocultando mi rostro. Sólo quería quedarme dormida, pero mi carga por estas personas parecía más grande que una nación. Oré preguntando a Dios: "¿Quién irá a predicar el evangelio a esta gente?". Pensaba que yo mismo tendría miedo de ir a esta zona. No entendía en ese momento que la mano de Dios era tan grande que podía alcanzar a cualquiera, en cualquier lugar. Poco sabía entonces, que Dios me llevaría de vuelta a este lugar en los años venideros. De regreso a Estados Unidos, y 12 años después, mi carga por la gente que vive en los barrios bajos de Mumbai seguía en mi corazón.

La costumbre india, y la de nuestra familia, era recibir siempre a los ministros en nuestra casa, alimentarlos, suplir sus necesidades y darles un donativo. Yo era metodista, pero ahora recibo la revelación de la verdad y no hubo compromiso. Mi familia esperaba la llegada de un ministro indio que estaba de visita en América. Esperamos, pero no llegó a tiempo. Tuve que ir a trabajar y perdí la oportunidad de conocerlo, pero mi madre me dijo después que era muy genuino. Al año siguiente, 1993, el mismo ministro vino a nuestra casa en West Covina, California, por segunda vez. Esta vez mi hermano le dijo que necesitaba conocer a su hermana porque ella era fiel a la Palabra de Dios y la familia respetaba su fe y creencia en Dios. Este fue el día en que conocí al pastor Chacko. Empezamos a hablar del bautismo y de su creencia en la Palabra de Dios. El pastor Chacko me dijo que él bautizaba por inmersión total en el nombre de Jesús y que no se comprometería con ningún otro tipo de bautismo. Me alegró mucho y me emocionó saber que este hombre de Dios lo hacía a la manera bíblica de la iglesia primitiva apostólica. Luego me extendió una invitación para visitar Mumbai, India, donde vive.

Le conté a mi pastor la fuerte convicción del pastor Chacko sobre la Palabra de Dios y su visita a nuestra casa. Esa noche, el pastor Chacko vino a visitar nuestra iglesia, mi pastor le pidió que dijera unas palabras ante la congregación. Hubo un gran interés en el trabajo que el Pastor Chacko estaba haciendo en Mumbai que mi iglesia comenzó a apoyarlo financieramente y con nuestras oraciones. Nuestra iglesia tenía una mentalidad misionera. Siempre pagamos la misión como pagamos los diezmos. Fue asombroso como todo empezó a encajar y Mumbai ahora tenía el apoyo de mi iglesia local en California.

Al año siguiente, Dios me envió a la India, así que acepté la oferta del pastor Chaco de visitar la iglesia y su familia en Mumbai. Cuando llegué, el pastor Chacko vino a recogerme al aeropuerto. Me llevó al hotel. Era también el lugar donde se reunían para ir a la iglesia y en la misma barriada que yo había atravesado en tren en 1980. Ya era 1996 y mi oración de esperanza por estas hermosas almas fue atendida. El pastor Chacko fue muy hospitalario y compartió conmigo su carga y deseo de construir una iglesia.

Pude visitar otras iglesias y me pidieron que hablara ante la congregación antes de partir hacia mi ciudad de destino, Ahmadabad. Me entristecieron mucho las condiciones de vida de la iglesia en Mumbai. Un padre católico cedió un aula al pastor Chacko para el servicio dominical.

La gente era muy pobre, pero tuve la alegría de presenciar a los pequeños y hermosos niños que alababan y servían a Dios. Comían juntos con sólo un pequeño trozo de pan que se pasaban y agua para beber. Me movió la compasión para comprarles comida y les pedí que me dieran una lista de las cosas que necesitaban. Hice lo que pude para satisfacer las necesidades de esa lista. Me agraciaron con sus oraciones después de mi largo vuelo a la India. Un hermano de la iglesia oró por mí y sentí que el poder del Espíritu Santo, como la electricidad, llegaba instantáneamente a mi cuerpo debilitado e insomne. Me sentí renovada al recuperar la fuerza y el dolor en todo mi cuerpo. Sus oraciones fueron tan poderosas que fui bendecida más allá de lo que puedo explicar. Me dieron más de lo que yo les había dado. Antes de volar de vuelta a América, dejé Ahmadabad y volví a Mumbai, para visitar al pastor Chacko una vez más. Le di todas las rupias que me quedaban como donación para él y su familia.

Afortunadamente, me habló de su esposa que se avergonzaba gravemente al pasar por la tienda donde debían dinero. Caminaba con la cabeza avergonzada mirando hacia abajo porque no podían pagar esa deuda. El pastor Chacko también me habló de la educación de su hijo. Se debían las cuotas a la escuela y su hijo no podría seguir estudiando. Pude ver que la situación era abrumadora para la familia. Dios me había movido a dar y el donativo que había dado era más que suficiente para atender ambos asuntos y mucho más. ¡Alabado sea Dios!

"Rescaten al necesitado y al huérfano; hagan justicia al pobre y al indigente. Libren al necesitado y al menesteroso; líbrenlo de la mano de los impíos". (Salmos 82:3-4)

Cuando regresé a California, oré y lloré por esta pequeña iglesia y su gente. Estaba tan quebrantada que le pedí a Dios que se pusiera de acuerdo entre dos o tres para tocar cualquier cosa que pidieran.

"De cierto les digo que todo lo que aten en la tierra habrá sido atado en el cielo, y todo lo que desaten en la tierra habrá sido desatado en el cielo. »Otra vez les digo que, si dos de ustedes se ponen de acuerdo en la tierra acerca de cualquier cosa que pidan, les será hecha por mi Padre que está en los cielos. Porque donde dos o tres están congregados en mi nombre, allí estoy yo en medio de ellos.". (Mateo 18:18-20)

Era mi carga y mi preocupación ayudar a la iglesia de Dios en Mumbai, pero necesitaba compartir mi carga con alguien. Un día mi compañera de trabajo, Karen, me preguntó cómo podía orar durante tanto tiempo. Le pregunté a Karen si también le gustaría aprender a orar por períodos más largos, construyendo su vida de oración y ayuno conmigo. Ella aceptó amablemente y se convirtió en mi compañera de oración. Karen también compartió mi carga por Mumbai. Cuando comenzamos a orar y ayunar, ella se entusiasmó con la idea de orar por períodos más largos y ayunar más. Ella no iba a ninguna iglesia en ese momento, pero era muy seria y sincera en lo que hacía espiritualmente. Orábamos durante nuestros períodos de almuerzo y después del trabajo nos reuníamos para orar durante 1½ hora en el coche. Unos meses después, Karen me dijo que había recibido algo de dinero del seguro porque su tío había fallecido. Karen es muy bondadosa y dadivosa, y dijo que quería pagar los diezmos de este dinero dándolo al ministerio en Mumbai. El dinero fue enviado al pastor Chacko para que comprara un local donde pudieran tener su propia iglesia. Compraron una pequeña sala que había sido utilizada para el culto satánico. La limpiaron y la restauraron para su iglesia. Al año siguiente Karen y yo fuimos a Mumbai para la dedicación de la iglesia. Fue una oración contestada, porque Karen Pearce que ahora está sirviendo al Señor es fuerte en la fe. ¡Alabado sea Dios!

Como la iglesia en Mumbai estaba creciendo, el pastor Chacko pidió ayuda con una donación para comprar un pequeño terreno al lado de la iglesia. El pastor Chacko tenía mucha fe en el crecimiento de la iglesia y en la obra de Dios. Este terreno pertenecía a la Iglesia Católica. El pastor Chacko y el sacerdote tenían una relación amistosa y el sacerdote estaba dispuesto a vender este terreno al pastor Chacko. El pastor Chacko no recibió la donación que creía que Dios le proporcionaría. Dios lo sabe todo y hace las cosas a su manera y mejor de lo que podemos imaginar.

Unos años más tarde hubo disturbios entre los hindúes y los cristianos en toda la India. Los hindúes intentaban deshacerse de los cristianos de la India. Los alborotadores entraron en la iglesia por la mañana con la policía apoyándoles. Comenzaron a destruir la iglesia, pero el pastor Chacko y los miembros de la iglesia les rogaron que no lo hicieran por su propio bien, porque era peligroso que destruyeran la Casa de Dios Todopoderoso. Los alborotadores siguieron destruyendo todo lo que tenían a la vista, sin hacer caso a las advertencias y súplicas de la gente, hasta que la iglesia quedó completamente demolida. El resto del día, los miembros de la iglesia tuvieron miedo de este grupo tan notorio y vicioso porque sabían que sus propias vidas estaban en peligro.

Sentían la tristeza de no tener ya su iglesia después de haber rezado tanto tiempo para tener un lugar propio donde adorar a Dios. Este era el lugar donde veían a Dios hacer milagros, expulsar demonios y predicar la salvación al pecador. Esa misma noche, aproximadamente a medianoche, llamaron a la puerta del pastor Chacko. El miedo le invadió cuando vio que era el líder de este notorio grupo que antes había destruido la iglesia. El pastor Chacko pensó que lo matarían con toda seguridad y que era su fin. Rezó pidiendo a Dios que le diera valor para abrir la puerta y protección. Cuando abrió la puerta, para su sorpresa, vio al hombre con lágrimas en los ojos pidiéndole al pastor Chacko que les perdonara por lo que habían hecho antes ese día a su iglesia.

El hombre continuó diciéndole al pastor Chacko que, tras la destrucción de la iglesia, la esposa del líder había muerto. A uno de los alborotadores le cortaron la mano con una máquina. Las cosas se venían encima de las personas que destruyeron la iglesia. Había miedo entre los alborotadores por lo que habían hecho contra el pastor Chacko y su Dios. Dios dijo que lucharía nuestras batallas y así lo hizo. Los religiosos hindúes y cristianos de la India son personas temerosas de Dios que harían cualquier cosa para arreglar las cosas. Debido a lo que les ocurrió a los hindúes por participar en la destrucción de la iglesia, los mismos alborotadores volvieron a reconstruir la iglesia por miedo. También tomaron posesión de la propiedad que pertenecía a la Iglesia Católica. Nadie se opuso a ellos ni se quejó. Los propios alborotadores reconstruyeron la iglesia, proporcionaron los materiales y toda la mano de obra sin la ayuda de la iglesia. Cuando la iglesia estuvo terminada, era más grande, con dos pisos en lugar de uno.

Dios respondió a la oración del pastor Chacko y dice: "Jesús nunca falla". Hemos seguido orando por Mumbai. Hoy hay 52 iglesias, un orfanato y 2 guarderías, gracias a la fe y las oraciones de muchos que tienen una carga por la India. Empecé a pensar en cómo mi corazón había sido profundamente tocado mientras estaba en ese tren en 1980. No sabía que Dios había puesto sus ojos en esta parte de mi país y que había traído amor y esperanza a la gente de los barrios bajos de Mumbai a través de oraciones infalibles y de un Dios que escucha el corazón. Al principio, dije que mi carga era tan grande como una nación. Agradezco a Dios que me haya dado esta carga. Dios es el gran estratega. No ocurrió instantáneamente, sino que en el transcurso de dieciséis años fueron sucediendo cosas desconocidas para mí, mientras Él iba sentando las bases de los resultados a la oración contestada, todo ello mientras yo vivía en Estados Unidos.

La Biblia dice que hay que orar sin cesar. Oré constantemente y ayuné por un avivamiento en toda la India. Mi país estaba pasando por una metamorfosis espiritual para el Señor Jesús.

El sitio web del pastor Chacko es: http://www.cjcindia.org/ index.html

Capítulo 19

¡Ministerio en Gujarat!

A finales de los años 90, visité la ciudad de Ahmedabad, en el estado de Gujarat. Durante mi última visita a Mumbai (India), me sentí realizada por el trabajo hecho allí. Después de ese viaje, visité la ciudad de Ahmedabad y fui testigo. Sabía que la mayoría de la gente era trinitaria. Todos mis contactos eran trinitarios. Oré durante muchos años para llevar esta verdad al país de la India. Mi primera oración fue, quiero ganar a alguien como Pablo o Pedro, para que mi trabajo sea más fácil y continúe. Siempre rezo con un plan y una visión. Antes de visitar cualquier lugar, rezo y ayuno. Especialmente al ir a la India, oraré y ayunaré durante tres días y noches sin comida ni agua o hasta que esté lleno del Espíritu. Esta es la forma bíblica de ayunar.

Ester 4:16 Ve, reúne a todos los judíos que se hallan en Susa y ayunen por mí. No coman ni beban en tres días ni de noche ni de día. Yo también ayunaré con mis damas e iré así al rey, aunque no sea conforme a la ley; y si perezco, que perezca.

Jonás 3:5 Pero los hombres de Nínive creyeron a Dios, proclamaron ayuno y se cubrieron de cilicio desde el mayor hasta el menor. 6 El asunto llegó hasta el rey de Nínive quien se levantó de su trono, se despojó de su manto, se cubrió de cilicio y se sentó sobre ceniza. 7 E hizo proclamar y anunciar en Nínive por mandato del rey y de sus grandes:

"Que hombres y animales, bueyes y ovejas, no coman cosa alguna. No se les dé alimento ni beban agua.

La India está consumida por las tinieblas espirituales que no querrías ir allí a menos que estuvieras lleno del Espíritu de Dios. Hace algunos años, en la década de 1990, me presentaron al Hno. Christian en un campus de una universidad de divinidad trinitaria. La mayoría de los pastores de la Trinidad me atacaron durante esta visita. Fue mi primer encuentro con el hermano Christian. En lugar de decir ¡alabado sea el Señor! le pregunté: "¿Qué predica usted? "¿Bautizas en el nombre de Jesús? Me respondió: "Sí". Quise saber cómo llegó a conocer esta verdad. Me dijo: "Una mañana temprano estaba adorando a Dios en un lugar abierto llamado Estadio Malek Saben. Durante esta visita, imprimí y repartí varios miles de folletos explicando el bautismo en agua de Jesús. Eso hizo que las autoridades religiosas de la iglesia se enfadaran. Los líderes religiosos empezaron a predicar contra mí. Dijeron: "Por supuesto, sácala de tu casa. No importaba a dónde fuera, todos hablaban en mi contra. La verdad hace que el diablo se enoje, pero la palabra de Dios dice, y ustedes conocerán la verdad y la verdad los hará libres. Conocer al hermano Christian ayudó a difundir la verdad. Alabado sea Dios por enviar un pastor de la unidad que enseñara y predicara el verdadero evangelio a la India.

Después de esta visita a la India, en el año 1999, quedé discapacitada y no pude volver a la India. Pero el trabajo se hizo. Pronto todas las personas que hablaron en mi contra se olvidaron de mí y ahora han fallecido. Durante este tiempo de incapacidad física, grabé todos los CDs de Búsqueda de la Verdad, de la unidad y de la doctrina y los regalé. Estaba en una silla de ruedas y perdí la memoria, así que amplié mi ministerio grabando. Era difícil sentarse, pero con la ayuda del Señor, hice lo que no podía físicamente. Depender del Señor te lleva a nuevos caminos y carreteras. Enfrentamos todos los desafíos. El Poder de Dios es tan impresionante que nada puede detener la unción. El mensaje contra el que tanto se luchó, ahora estaba sonando en los hogares en CDs grabados. Alabado sea Dios¡ Fue para mi alegría y asombro que muchas personas conocieran la doctrina y la unicidad de Dios! Había orado y ayunado durante muchos años para que la India tuviera amor por la verdad. Además, predicaría libremente el Evangelio de Jesús en cada estado de la India. Tenía un fuerte deseo de llevarles más conocimiento a través de la traducción de estudios bíblicos del idioma inglés al gujarati. El gujarati es el idioma que se habla en este estado. Encontré traductores en la India que estaban dispuestos a ayudarme con la traducción de estos estudios bíblicos.

Uno de estos traductores, siendo él mismo un pastor, quería cambiar la escritura del bautismo bíblico de la iglesia primitiva apostólica omitiendo el nombre de JESÚS a Padre, Hijo y Espíritu Santo. Ese es el título de Dios. Se hizo difícil confiar en mi traductor para que mantuviera la Palabra de Dios exacta. La Biblia nos advierte claramente que no debemos añadir o quitar de las Sagradas Escrituras. Desde el Antiguo Testamento hasta el Nuevo Testamento, no debemos cambiar la Palabra de Dios por la interpretación del hombre. Debemos seguir únicamente los ejemplos de Jesús y la doctrina de los apóstoles y profetas.

Efesios 2:20 Han sido edificados sobre el fundamento de los apóstoles y de los profetas, siendo Jesucristo mismo la piedra angular.;

Fueron los discípulos quienes salieron a predicar y enseñar el Evangelio de Jesús. Debemos seguir las enseñanzas de los apóstoles y creer que la Biblia es la Palabra infalible y autorizada de Dios.

Deuteronomio 4:1 Ahora pues, oh Israel, escucha las leyes y decretos que yo les enseño que hagan, a fin de que vivan y entren a tomar posesión de la tierra que les da el SEÑOR, Dios de sus padres. 2 No añadan a las palabras que yo les mando, ni quiten de ellas, de modo que guarden los mandamientos del SEÑOR su Dios, que yo les mando.

Elijo afirmar aquí que hay una gran diferencia entre lo que creemos que es la verdad hoy y lo que la iglesia primitiva enseñaba. Incluso durante la historia de la iglesia primitiva, ya había algunos que se alejaban de la sana doctrina según las cartas de Pablo a las iglesias. Muchas versiones de la Biblia han cambiado para adaptarse a la doctrina del diablo. Yo prefiero la KJV ya que es una traducción 99.98% exacta y cercana a los pergaminos originales.

Lee cuidadosamente y examina las siguientes escrituras:

2 Pedro 2:1 Pero hubo falsos profetas entre el pueblo, como también entre ustedes habrá falsos maestros que introducirán encubiertamente herejías destructivas llegando aun hasta negar al soberano Señor que los compró, acarreando sobre sí mismos una súbita destrucción. 2 Y muchos seguirán sus caminos perniciosos, y por causa de ellos será difamado el camino de la verdad. 3 Y por medio de la codicia, con palabras fingidas, se aprovecharán de ustedes; cuyo juicio, ya desde hace mucho tiempo, no se demora, y su condenación no se retrasa.

Teniendo la revelación de la identidad de Jesús, le dio al apóstol Pedro las llaves del Reino y predicó su primer sermón en el día de Pentecostés. Nos advirtieron sobre los engañadores que tienen una forma de piedad y no siguen la doctrina de los apóstoles y profetas. Un Dios creído no puede ser el Anticristo ya que sabían que Jehová vendrá en carne un día.

2 Juan 1:7 Porque muchos engañadores han entrado en el mundo, que no confiesan que Jesucristo ha venido en carne. Este es un engañador y un anticristo. 8 Miren que no perdamos lo que hemos hecho, sino que recibamos la recompensa completa. 9 El que transgrede y no permanece en la doctrina de Cristo, no tiene a Dios. El que permanece en la doctrina de Cristo, tiene al Padre y al Hijo. 10 Si viene alguno a ustedes y no trae esta doctrina, no lo recibas en tu casa, ni le digas "Dios te acompañe"; 11 porque el que le dice "Dios te acompañe" es partícipe de sus malas acciones.

Hubo muchas conferencias en la India donde los predicadores fueron desde el colegio bíblico de Stockton y otros estados para entregar el mensaje de nacer de nuevo. El reverendo McCoy, que tenía un llamado a predicar en la India, hizo un trabajo maravilloso predicando en muchos lugares de la India. Con muchas horas de oración y ayuno, el éxito del ministerio en la India ha continuado desde el año 2000. Recuerdo haber llamado a un ministro, el pastor Miller, al que el reverendo Shalm, director de la Misión Extranjera de la Iglesia Pentecostal Unida en Asia, me había remitido. Cuando le llamé a su casa, me dijo que estaba a punto de llamarme para comunicarme que había estado en Calcuta y Bengala Occidental seis meses antes. También quería ir a Ahmedabad, pero a causa de una enfermedad, regresó a Estados Unidos. El pastor Miller dijo amablemente que quería volver a la India, pero que tenía que orar al respecto y preguntar a Dios si su llamado era para este país. Regresó por segunda vez a la India y predicó en dos conferencias generales. Como Dios se estaba moviendo poderosamente con el pueblo Gujarati de este estado. El pastor Christian dijo que era muy difícil establecer la obra de Dios en este estado. Por favor oren por los predicadores que están enfrentando una enorme batalla. El Señor está haciendo una gran obra en el estado de Gujarat. El diablo no está luchando contra los incrédulos porque ya los tiene. Está atacando a los que tienen la verdad; los fieles elegidos del Señor. Jesús pagó el precio con su sangre para que tengamos remisión o perdón de nuestros pecados. El diablo luchará aún más fuerte contra el ministerio (Ministros) atacando tanto a hombres como a mujeres por cualquier medio pervertido para llevarlos a un estado caído de pecado y condenación.

Juan 15:16 No me han elegido a mí, sino que yo los he elegido a ustedes, y les he ordenado que vayan y den a luz y que su fruto permanezca; para que todo lo que pidan al Padre en mi nombre les sea dado.

Una vez salvado, siempre salvado es también otra mentira del diablo. Entre 1980 y 2015, visité la India varias veces. Muchos cambios habían tenido lugar en esta nación. Cuando comienzas una obra de Dios, recuerda que estás haciendo discípulos de Jesús, que es la continuación de la obra iniciada por Jesús y sus discípulos. Habríamos ganado el mundo si hubiéramos seguido el Evangelio de Jesucristo. En el año 2013, de acuerdo con el plan de Dios, Él me trasladó a una iglesia en Dallas Tex. Yo estaba sentada bajo el verdadero profeta de Dios. Él tenía nueve dones del Espíritu de Dios. Él obtiene su nombre, dirección, número de teléfono, etc. con precisión por el Espíritu Santo. Era nuevo para mí. En el año 2015, un domingo por la mañana, mi pastor en Dallas, Texas, me miró y dijo, veo un Ángel abriendo una gran puerta que ningún hombre puede cerrar. Me llamó y me preguntó, ¿vas a ir a las Filipinas? Me dijo que allí no veía ni negros ni blancos. Al recibir más información del Espíritu Santo, preguntó entonces ¿vas a la India? El Espíritu Santo le habló y le dijo que iba a ministrar a los hindúes.

Durante ese tiempo, los cristianos estaban en peligro. Los hindúes atacaban a los cristianos quemando su santuario y golpeando a los pastores y santos de Jesús. Creí en la profecía, así que obedecí la voz de Dios y me fui a la India. Cuando llegué a la universidad de Badlapur, el 98% de los estudiantes eran hindúes que se convirtieron al cristianismo. Me sorprendió escuchar sus testimonios sobre cómo Dios está sacando a la gente de las tinieblas a la luz. A través de sus testimonios, aprendí mucho sobre el hinduismo. Me sorprendió escuchar que creen en 33 millones y más de dioses y diosas. No podía entender cómo se puede creer que hay tantos dioses y diosas. Durante este viaje misionero, visité una ciudad llamada Vyara en el sur de Gujarat. Oí hablar de un gran avivamiento en el sur de Gujarat. Dios me abrió la puerta para visitarla. Estaba muy emocionada de estar allí, y conocí a muchos adoradores de ídolos que ahora se están volviendo al único Dios verdadero. Esto se debe a que recibieron sanidad, liberación y salvación a través del nombre de Jesús. ¡Qué grande es nuestro Dios! Muchas personas están orando y ayunando por la India. Por favor, oren por un avivamiento. Durante esa visita, el pastor me invitó a su casa. Oré por él y muchos de los espíritus que lo obstaculizaban fueron quebrados. Después de eso, se liberó de la preocupación, la duda, la pesadez y el miedo. Dios profetizó a través de mí que debía construir una casa para la oración. El pastor dijo que no teníamos dinero. Dios me dijo que Él proveería. En un año, tenían un gran y hermoso lugar de oración, y lo pagamos. Durante mi última visita a la India en 2015, ministré a muchos hindúes que se convirtieron al cristianismo en diferentes estados. También ministré a muchos no cristianos que experimentaron las señales y maravillas hechas en el Nombre de Jesús y quedaron asombrados. Vi muchos años de oración con respuestas de ayuno para la India. ¡Alabado sea Dios! Desde que recibí la revelación de esta verdad, he estado trabajando sin parar para proporcionar esta información a través de CDs, audio, video, canal de YouTube, y libros para el país de la India. En 2015, regresé a Badlapur, Bombay después de 23 años para enseñar en el instituto bíblico. Allí ministré al traductor del instituto bíblico, el hermano Sunil. El hermano Sunil estaba en un modo de transición. El hermano Sunil estaba desanimado, sin saber que Dios estaba cambiando su dirección y estaba desanimado. Mientras trabajaba con él, supe que tenía la verdad y amor por ella. Nunca te desvíes de la verdad de la Biblia. Deja que el Espíritu Santo te dirija, te guíe, te enseñe y te capacite para ser testigo de milagros y curaciones. La India todavía necesita muchos obreros, verdaderos profetas y maestros. Por favor oren para que Dios envíe muchos obreros a la India. Me alegró saber que el hermano Sunil aceptó su llamado como pastor para Bombay y las ciudades aledañas. Ahora estoy trabajando con el pastor Sunil y otros lugares que visité en 2015. Hemos establecido muchos siglos en el estado de Maharashtra y Gujarat. Incluso hoy, sigo disciplinando a los nuevos conversos en esos estados. Los subsidio a través de oraciones y enseñanzas. Apoyo financieramente la obra de Dios en la India. Muchas de estas personas acuden a los médicos brujos cuando están enfermas, pero no se curan. Así que me llaman todas las mañanas y yo les ministro, oro y expulso los demonios en el nombre de Jesús. Son sanados y liberados en el nombre de Jesús. Tenemos muchos nuevos convertidos en diferentes estados. Mientras son sanados y liberados, salen a testificar a sus familias, amigos y a sus pueblos para traer a otros a Cristo. Muchos de ellos me piden que les envíe una imagen de Jesús. Dicen que les gustaría ver a Dios, que sana, libera y da la salvación gratis. La obra de Dios puede continuar si tenemos obreros. Muchos de ellos trabajan en la granja. Muchos son analfabetos, así que escuchan las grabaciones del Nuevo Testamento y los estudios bíblicos. Esto les ayuda a conocer y aprender sobre Jesús.

En mi último sábado de noviembre de 2015 en la India, llegué a casa tarde después de ministrar y decidí quedarme en casa el domingo y el lunes para empacar y prepararme para mi nuevo viaje a los Emiratos Árabes Unidos. Mientras el pastor de Dallas profetizaba sobre mí, vi a un Ángel abriendo una enorme puerta que nadie puede cerrar. Se demostró que ni siquiera yo podía cerrar esa puerta. A última hora de ese sábado por la noche, recibí una llamada telefónica invitándome a asistir a los servicios de adoración del domingo, pero no encajaba en mi agenda, así que traté de explicárselo, pero no aceptaron un NO por respuesta. No tuve más remedio que ir. A la mañana siguiente, me dejaron en la iglesia a las 9 de la mañana, pero la iglesia empieza a las 10. Estaba sola y un músico estaba practicando sus canciones. Mientras oraba, vi muchos espíritus de dioses y diosas hindúes en el santuario. Me pregunté por qué había tantos en este lugar. Hacia las 10, empezaron a llegar el pastor y los miembros. Me saludaron dándome la mano. Cuando el pastor me dio la mano, me sentí rara en mi corazón. Sentí que me iba a desmayar. Mas tarde, el Espiritu Santo me dijo que el pastor estaba siendo atacado por esos demonios que había visto antes en la iglesia. Comencé a orar y a pedirle a Dios que me permitiera ministrar a este pastor. En medio del servicio, me pidieron que subiera a hablar. Mientras caminaba hacia el púlpito, oré y le pedí al Señor que hablara a través de mí. Cuando tomé el micrófono, le expliqué al pastor lo que Dios me había mostrado y lo que estaba ocurriendo. Mientras el pastor se arrodillaba, pedí a la congregación que extendiera su mano hacia él para orar. Mientras tanto, puse mi mano sobre él y oré y todos los demonios se fueron. El testifico que estuvo en la sala de emergencias la noche anterior. Había estado ayunando y orando por los jóvenes. Por eso estaba bajo este ataque. ¡Gloria a Dios! ¡Qué importante es estar en sintonía con el Espíritu de Dios! Su espíritu nos habla. Desde allí, fui a los EAU el 1 de diciembre de 2015. Ministré en Dubái y Abu Dhabi al pueblo hindú y ellos también experimentaron el poder de Dios. Después de completar mi asignación, regresé a Dallas Texas. ¡Alabado sea Dios!

Mis canales de YouTube:

1.Dieta espiritual diaria: https://www.youtube.com/ channel/UCjmSTgrzu2W9POveigKY7Xw/videos

2. Nuevo Testamento નવો કરાર KJV: https://www.youtube.com/ channel/UCCRplrqi8UENxHqFuBPHX1A/videos

3. Página web: https://waytoheavenministry.org

Capítulo 20

Pastor De Nuestra Alma: El Sonido De La Trompeta

Yo soy el buen pastor y conozco mis ovejas, y las mías me conocen
(Juan 10:14)

J esús es el Pastor de nuestra alma. Somos de carne y hueso con un alma viva. Estamos en esta tierra pero por un momento en el tiempo de Dios. En un momento, en un abrir y cerrar de ojos, todo terminará con el sonido de la "Trompeta" cuando seremos cambiados.

"Pero no quiero que ignoréis, hermanos, acerca de los que duermen, para que no se entristezcáis como los demás que no tienen esperanza. Porque si creemos que Jesús murió y resucitó, así también traerá Dios con él a los que duermen en Jesús. Porque esto les decimos por la palabra del Señor: que los que vivimos y permanecemos hasta la venida del Señor no impediremos a los que duermen. Porque el Señor mismo descenderá del cielo con aclamación, con voz de arcángel y con la trompeta de Dios; y los muertos en Cristo resucitarán primero: Entonces nosotros, los que aún vivimos, seremos arrebatados con ellos en las nubes para recibir al Señor en el aire, y así estaremos siempre con el Señor. Por tanto, confortaos unos a otros con estas palabras.". (1 Tesalonicenses 4:13-18)

Sólo aquellos que tienen el Espíritu de Dios (Espíritu Santo) serán vivificados y resucitados para estar con el Señor. Los muertos en Cristo serán llamados primero y luego los que estén vivos serán arrebatados en el aire para encontrarse con Nuestro Señor Jesús en las nubes. Nuestros cuerpos mortales serán cambiados para estar con el Señor. Cuando el tiempo de los gentiles se cumpla, aquellos sin el Espíritu Santo serán dejados atrás para enfrentar un tiempo de gran dolor y tribulación.

"Entonces en aquellos días, después de aquella tribulación, el sol se oscurecerá y la luna no dará su resplandor. Las estrellas caerán del cielo y los poderes que están en los cielos serán sacudidos. Entonces verán al Hijo del Hombre viniendo en las nubes con gran poder y gloria. Después enviará a sus ángeles y reunirá a sus escogidos de los cuatro vientos, desde el extremo de la tierra hasta el extremo del cielo.".
(Marcos 13:24-27)

Muchos se perderán porque no tuvieron el temor (respeto) de Dios para creer en su Palabra y poder ser salvos. El temor del Señor es el principio de la sabiduría. El rey David escribió: "El SEÑOR es mi luz y mi salvación; ¿a quién temeré? El Señor es la fuerza de mi vida; ¿de quién tendré miedo?" David era verdaderamente un hombre según el corazón de Dios. Cuando Dios formó al hombre del polvo de la tierra, sopló en sus narices el aliento de vida y el hombre se convirtió en un alma viviente. La batalla es por el alma; el alma de uno puede ir hacia Dios o hacia el infierno.

"No teman a los que matan el cuerpo pero no pueden matar al alma. Más bien, teman a aquel que puede destruir tanto el alma como el cuerpo en el infierno.". (Mateo 10:28)

Muchos sabrán en ese día, lo que era demasiado difícil de aceptar hoy. Será demasiado tarde para retroceder las páginas de la vida, ya que muchos estarán ante el Dios vivo para rendir cuentas.

"Esto digo, hermanos, que la carne y la sangre no pueden heredar el reino de Dios; ni la corrupción hereda la incorrupción. He aquí, les muestro un misterio: No todos dormiremos, sino que todos seremos transformados, En un momento, en un abrir y cerrar de ojos, a la trompeta final; porque sonará la trompeta, y los muertos resucitarán incorruptibles, y nosotros seremos transformados. Porque es necesario que esto corruptible se vista de incorrupción, y que esto mortal se vista de inmortalidad. Y

cuando esto corruptible se vista de incorrupción, y esto mortal se vista de inmortalidad, entonces se cumplirá el dicho que está escrito: La muerte es devorada por la victoria. Oh, muerte, ¿dónde está tu aguijón? Oh, tumba, ¿dónde está tu victoria? El aguijón de la muerte es el pecado, y la fuerza del pecado es la ley. Pero gracias a Dios, que nos da la victoria por medio de nuestro Señor Jesucristo".
(1 Corintios 15:50-57)

¿De qué seremos "salvados"? De un infierno eterno en un lago que arde con fuego. Estamos sacando almas de las garras del diablo. Esta es una Guerra Espiritual que estamos peleando en esta tierra. Seremos juzgados por la Palabra de Dios, (66 libros de la Biblia), y el Libro de la Vida será abierto.

"Vi un gran trono blanco y al que estaba sentado sobre él, de cuya presencia huyeron la tierra y el cielo, y ningún lugar fue hallado para ellos. Vi también a los muertos, grandes y pequeños, que estaban de pie delante del trono, y los libros fueron abiertos. Y otro libro fue abierto, que es el libro de la vida. Y los muertos fueron juzgados a base de las cosas escritas en los libros, de acuerdo a sus obras. Y el mar entregó los muertos que estaban en él, y la Muerte y el Hades entregaron los muertos que estaban en ellos; y fueron juzgados, cada uno según sus obras. Y la Muerte y el Hades fueron lanzados al lago de fuego. Esta es la muerte segunda, el lago de fuego. Y el que no fue hallado inscrito en el libro de la vida fue lanzado al lago de fuego". (Revelación 20:11-15)

Empecé a pensar en hombres como Moisés, el rey David, José, Job y la lista continúa. No disfruté de todo el dolor que he experimentado y no entiendo por qué hay tanto sufrimiento en el cristianismo. Estoy lejos de ser como estos hombres que son nuestros ejemplos y que nos inspiran a caminar en la fe. La Palabra de Dios prevalece incluso en medio del sufrimiento y el dolor. En el momento de la prueba, la enfermedad y la angustia, es cuando más invocamos a Dios. Es una fe extraña pero maravillosa, que sólo Dios sabe por qué ha elegido este camino. Él nos ama tanto, y sin embargo nos ha dado la capacidad de elegir por nosotros mismos si le serviremos y amaremos. Él busca una novia apasionada. ¿Te casarías con alguien que no se apasiona por ti? Este capítulo está escrito como un estímulo para superar aquellas cosas que te impedirán alcanzar la vida eterna. El Dios del Amor, la Misericordia y la Gracia se convertirá en el Dios del juicio. Ahora es el momento de asegurar tu salvación y escapar de las llamas del infierno.

Debemos elegir como Josué eligió en el libro de Josué.

Pero si les parece mal servir al SEÑOR, escojan hoy a quién sirvan: si a los dioses a los cuales servían sus padres cuando estaban al otro lado del Río, o a los dioses de los amorreos en cuya tierra habitan. Pero yo y mi casa serviremos al SEÑOR. (Josué 24:15)

"He aquí vengo pronto, y mi recompensa conmigo, para pagar a cada uno según sean sus obras. Yo soy el Alfa y Omega, el primero y el último, el principio y el fin". Bienaventurados los que lavan sus vestiduras, para que tengan derecho al árbol de la vida y para que entren en la ciudad por las puertas." (Revelación 22:12-14)

Todo el mundo quiere pasar por las puertas a la Ciudad que Dios ha preparado para nosotros, pero, debemos tener una vestimenta sin mancha y sin defecto antes de poder entrar. Esta es una guerra espiritual, "peleada y ganada" en nuestras rodillas en oración. ¡Sólo tenemos una vida en esta tierra y sólo una buena pelea! Lo único que podemos tomar con nosotros a esa Ciudad están las almas de los que hemos testificado, que aceptaron el Evangelio de Nuestro Señor y Salvador Jesucristo, y que obedecieron la doctrina de Cristo. Para conocer la Palabra hay que leerla, leer la Palabra es enamorarse del autor de nuestra Salvación. Agradezco a mi Señor y Salvador por dirigir mis pasos desde la India hasta América y mostrarme Sus Caminos porque son perfectos.

Tu palabra es una lámpara para mis pies, y una luz para mi camino. (Salmo 119:105)

Capítulo 21

El Ministerio En El Trabajo

Desde que recibí el Espíritu Santo, se produjeron grandes cambios en mi

Pero recibirán poder cuando el Espíritu Santo haya venido sobre ustedes, y me serán testigos en Jerusalén, en toda Judea, en Samaria y hasta lo último de la tierra. (Hechos1:8)

Intenté ministrar en mi trabajo a los compañeros; presenciaba y si tenían un problema yo rezaba por ellos. Muchas veces venían a contarme su situación y yo rezaba por ellos. Si estaban enfermos, les imponía las manos y rezaba por ellos. Durante muchos años les testifiqué. Mi propia vida estaba siendo un gran testimonio y Dios estaba trabajando conmigo, confirmando a través de la curación, la liberación, el asesoramiento y el consuelo de ellos.

Y les dijo: "Vayan por todo el mundo y prediquen el evangelio a toda criatura. El que cree y es bautizado será salvo; pero el que no cree será condenado. Estas señales seguirán a los que creen: En mi nombre echarán fuera demonios, hablarán nuevas lenguas, tomarán serpientes en las manos, y si llegan a beber cosa venenosa no les dañará. Sobre los enfermos pondrán sus manos, y sanarán". Después que les habló, el Señor Jesús fue recibido arriba en el cielo y se sentó a la diestra de Dios. Y ellos salieron y predicaron en todas partes, actuando con ellos el Señor y confirmando la palabra con las señales que seguían. Amen. (Marcos 16:15-20)

Dondequiera que rezaba, si eran curados o liberados, les hablaba del Evangelio. El Evangelio es la Muerte, Sepultura y Resurrección de Jesús. Esto significa, que necesitamos arrepentirnos de todos los pecados o morimos a nuestra carne al arrepentirnos. El segundo paso es que somos enterrados en el nombre de Jesús en las aguas del Bautismo para recibir la remisión de nuestros pecados o el perdón de nuestro pecado. Salimos del agua hablando en nuevas lenguas al recibir Su espíritu, que también se llama el Bautismo del Espíritu o el Espíritu Santo.

Muchos lo oyeron y lo obedecieron también.

Me gustaría animarlos dando mi testimonio de cómo Jesús obró poderosamente en mi lugar de trabajo. Nuestro lugar de trabajo, donde vivimos o donde sea, es un campo donde podemos plantar la semilla de la palabra de Dios.

Amigo curado por el cáncer y su madre se convierten al Señor en la muerte mal.

Tenía una preciosa amiga llamada Linda en mi trabajo. En el año 2000, estaba muy enferma. Un día, mi amiga me llamó y me dijo que también estaba muy enferma y que había sido operada. Al principio de nuestra amistad, ella rechazó el Evangelio y me dijo: "No quiero tu Biblia ni tus oraciones, tengo mi propio dios". No me dolió, pero cada vez que se quejaba de una enfermedad, me ofrecía a rezar, y ella siempre decía "No". Pero un día, tuvo un dolor insoportable en la espalda y, de repente, también tuvo un dolor en la rodilla. Era un dolor aún mayor que el de la espalda. Se quejó y le pregunté si podía rezar por ella. Me dijo: "Haz lo que sea necesario". Aproveché esta oportunidad para enseñarle cómo reprender este dolor en el Nombre del Señor Jesús. Su dolor era insoportable; ella comenzó a reprender el dolor de inmediato en el Nombre del Señor Jesús, el dolor se fue al instante.

Sin embargo, esta curación no cambió su corazón. Dios utiliza la aflicción y los problemas para ablandar nuestro corazón. Esa es la vara de corrección que Él usa para sus hijos. Linda me llamó llorando porque tenía un gran corte en el cuello y era muy doloroso. Ella me rogó que orara. Yo estaba más que feliz de orar por mi buena amiga. Ella me llamaba cada hora para pedir consuelo y me decía: "¿Puedes venir a mi casa a orar? Esa tarde recibió una llamada telefónica diciéndole que le habían diagnosticado cáncer de tiroides. Lloró mucho y cuando su madre se enteró de que su hija tenía cáncer, se derrumbó. Linda estaba divorciada y tenía un hijo pequeño.

Insistió en que fuera a rezar por ella. A mí también me dolió mucho escuchar este informe. Empecé a buscar a alguien que me llevara a su casa para poder rezar por ella. Alabado sea Dios, si hay una voluntad, hay un camino.

Mi compañera de oración llegó del trabajo y me llevó a su casa. Linda, su madre y su hijo estaban sentados y llorando. Empezamos a rezar, y yo no sentía mucho; sin embargo, creía que Dios iba a hacer algo. Me ofrecí a rezar de nuevo. Ella dijo: "*Sí, reza toda la noche, no me importará*". Mientras rezaba por segunda vez, vi una luz brillante que salía de la puerta, aunque la puerta estaba cerrada y mis ojos estaban cerrados. Vi a Jesús entrar por la puerta y quise abrir los ojos, pero me dijo "*sigue rezando*".

Cuando terminamos de rezar, Linda sonreía. No sabía qué había pasado para que su semblante cambiara. Le pregunté: "*¿Qué ha pasado?*". Me dijo: "*Liz, Jesús es el verdadero Dios*". Le dije: "Sí, te lo he estado diciendo durante los últimos 10 años, pero quiero saber qué ha pasado". Ella dijo: "*Mi dolor ha desaparecido por completo. Por favor, dame la dirección de la iglesia, quiero bautizarme*". Linda accedió a hacer un estudio bíblico conmigo y luego se bautizó. Jesús utilizó esta aflicción para llamar su atención.

> *Mira mi aflicción y mis afanes; perdona todos mis pecados.*
> *(Salmo 25:18).*

¡Alabado sea Dios!! Por favor, no se dé por vencido con su ser querido. Siga orando día y noche, un día Jesús responderá si no nos desmayamos.

> *No nos cansemos, pues, de hacer el bien porque a su tiempo*
> *cosecharemos, si no desmayamos. (Gálatas 6:9)*

En el lecho de muerte de su madre, Linda me llamó para que fuera a visitarla. Me empujó en mi silla de ruedas hasta su habitación del hospital. Mientras ministrábamos a su madre, ella se arrepintió y clamó al Señor

Jesús por su perdón. Al día siguiente su voz se fue por completo y al tercer día murió. Mi amiga Linda es ahora una buena cristiana. Alabado sea el Señor.

Mi compañera de trabajo de Vietnam:

Era una señora muy dulce, y siempre tenía un espíritu muy hermoso. Un día estaba enferma y le pregunté si podía rezar por ella. Ella aceptó mi oferta de inmediato. Recé y se curó. Al día siguiente, me dijo: "Si no es mucha molestia, reza por mi padre". Su padre había estado continuamente enfermo durante los últimos meses. Le dije que estaba más que feliz de rezar por su padre. Jesús en su misericordia lo tocó y lo sanó completamente.

Más tarde, la vi enferma y me ofrecí a rezar de nuevo. Ella me dijo: "*No te tomes la molestia de rezar por mí*"; sin embargo, su amigo que trabaja como mecánico en otro turno necesita rezar. No puede dormir ni de día ni de noche; esta enfermedad se llama Insomnio Fatal. Siguió dándome información, y estaba muy preocupada por este señor. El médico le había dado altas dosis de medicamentos y nada le ayudaba. Le dije: "*Estoy más que feliz de rezar*". Cada noche, después del trabajo, rezaba casi una hora y media por todas las peticiones de oración y por mí mismo. Cuando empecé a rezar por este hombre, me di cuenta de que no dormía profundamente. De repente oía a alguien aplaudir en mi oído o un ruido fuerte que me despertaba casi todas las noches, desde que había empezado a rezar por él.

Como había estado ayunando, unos días después, llegué a casa de la iglesia y me acosté en mi cama. De repente, para mi sorpresa, algo atravesó la pared sobre mi cabeza y entró en mi habitación. Gracias a Dios por el Espíritu Santo. Instantáneamente el Espíritu Santo habló a través de mi boca, "Te ato en el nombre de Jesús". Yo sabía en el espíritu que algo estaba atado y el poder fue roto en el nombre de Jesús.

De cierto les digo que todo lo que aten en la tierra habrá sido atado en el cielo, y todo lo que desaten en la tierra habrá sido desatado en el cielo.
(Mateo 18:18)

No sabía qué era eso y más tarde, mientras trabajaba, el Espíritu Santo empezó a revelar lo que había sucedido. Entonces supe que había demonios que controlaban a este mecánico y no le dejaban dormir. Le pedí a mi amiga del trabajo que por favor averiguara sobre el estado de sueño de su amigo. Más tarde ella volvió a mi área de trabajo con el mecánico. Me dijo que estaba durmiendo bien y quería agradecerme. Le dije: "Por favor, dale las gracias a Jesús. Él es quien te ha librado". Más tarde le di una Biblia y le pedí que la leyera y rezara todos los días.

Hubo muchas personas de su familia que se convirtieron a Jesús en mi trabajo. Fue un gran momento para mí para testificar a muchas personas de diferentes nacionalidades.

Te confesaré en la gran congregación; te alabaré en medio de un pueblo numeroso. (Salmo 35:18)

Te exaltaré, mi Dios, el Rey, y bendeciré tu nombre eternamente y para siempre. (Salmo 145:1)

Capítulo 22

Aprendiendo Sus Caminos Obedeciendo Su Voz

Encontré esta hermosa verdad en 1982. Un par de años después, decidí ir a visitar la India. Mientras estaba allí, mi amiga Dianah y yo decidimos hacer turismo en la ciudad de Udaipur. Al final del día, volvimos a la habitación del hotel que compartíamos. En nuestra habitación había un cuadro en la pared de un falso dios que se adoraba allí en la India. Como saben, la India tiene muchos dioses. La Biblia habla del único Dios verdadero y su nombre es Jesús.

> *Jesús le dijo: —Yo soy el camino, la verdad y la vida; nadie viene al Padre sino por mí. (Juan 14:6)*

De repente oí una voz que me decía: "*Quita el cuadro de la pared*". Como tengo el Espíritu Santo, mi pensamiento fue: "*No tengo miedo de nada y nada puede hacerme daño*". Así que desobedecí a esta voz y no quité el cuadro.

Mientras dormíamos, inesperadamente, me encontré sentada en la cama; sabía que un Ángel me había tendido una trampa. Dios abrió mis ojos espirituales y vi una enorme araña negra entrando por la puerta. Vino arrastrándose sobre mí, mi amiga y su hijo. Y se dirigió hacia mi vestido que estaba colgado contra la pared y desapareció ante mis ojos. En ese momento el Señor me recordó la escritura que dice que nunca hay que dar lugar al Diablo.

ni den lugar al diablo. (Efesios 4:27)

Enseguida me levanté, bajé la foto y le di la vuelta. A partir de ese día, me di cuenta de que Dios es un Dios Santo. Sus mandamientos que nos ha dado nos mantendrán protegidos y bendecidos, siempre que los obedezcamos y los guardemos.

Cuando trabajaba, siempre llegaba a casa sintiéndome espiritualmente agotada. Un día Jesús me habló y me dijo: "*habla en lenguas durante media hora, alaba y adora durante media hora y pon mi mano sobre mi cabeza y habla en lenguas durante media hora*". Esta era mi vida de oración diaria.

Un día, llegué a casa del trabajo después de medianoche. Empecé a caminar por mi casa rezando. Llegué a una esquina de mi casa y vi un demonio con mis ojos espirituales. Encendí la luz y me puse las gafas para ver por qué este demonio estaría aquí. De repente, recordé que ese mismo día había tapado las huellas y los nombres de los dioses que estaban en una caja de aceite de maíz. De alguna manera, no había visto la huella de este falso dios. Inmediatamente cogí el rotulador permanente y lo cubrí.

La Biblia dice que Jesús nos ha dado la autoridad para atar y expulsar a los espíritus malignos. Esa noche usé la autoridad, abrí la puerta y le dije a ese demonio: "¡*En el nombre de Jesús, te ordeno que salgas de mi casa y no vuelvas jamás!*". El demonio se fue al instante.

¡Alabado sea Dios! Si no conocemos la Palabra de Dios podemos permitir que los demonios entren en nuestra casa a través de revistas, periódicos, T. V., incluso a través de los juguetes. Es muy importante saber lo que introducimos en nuestros hogares.

Otro ejemplo de esto, estaba muy enferma y no podía caminar, tenía que depender de la familia y amigos para conseguir mis comestibles y guardarlos. Una mañana me desperté y sentí que alguien me tapaba la boca, estaba atada.

Le pregunté a Dios por qué me sentía así. Me mostró el símbolo de la esvástica. Me pregunté dónde iba a encontrar este símbolo. Fui a la nevera y, en cuanto abrí la puerta, vi el símbolo de la esvástica en un artículo de alimentación que mi hermana había traído el día anterior. Agradecí a Dios su guía y lo retiré inmediatamente.

Confía en el SEÑOR con todo tu corazón y no te apoyes en tu propio entendimiento. Reconócelo en todos tus caminos y él enderezará tus sendas. (Proverbios 3:5-6)

Me gustaría compartir otra experiencia que tuve mientras visitaba mi ciudad natal en la India. Pasé una noche con una amiga mía que era adorador de ídolos.

Durante muchos años le había dado testimonio de Jesús y del Poder. Ella también conocía el Poder de la oración y muchos milagros que ocurrieron en su casa. Ella testificaba sobre los milagros cuando oraba en el nombre de Jesús.

Mientras dormía un ruido me despertó. Al otro lado de la habitación vi una figura que se parecía a mi amiga. La figura con cara de mala leche me señalaba. Su mano empezó a crecer hacia mí y llegó a un metro de mí y luego desapareció. Esta figura volvió a aparecer pero esta vez era la cara de su hijo pequeño. Una vez más su brazo empezó a crecer y a apuntarme. Se acercó a medio metro de mí y desapareció. Recordé que la Biblia dice que los ángeles están a nuestro alrededor.

El que habita en el lugar secreto del Altísimo, morará bajo la sombra del Todopoderoso. Diré del Señor: Él es mi refugio y mi fortaleza; mi Dios; en él confiaré. Ciertamente él te librará del lazo del cazador, y de la peste ruidosa. Él te cubrirá con sus plumas, y bajo sus alas te refugiarás; su verdad será tu escudo y tu escudero. No tendrás miedo del terror nocturno, ni de la flecha que vuela de día, ni de la peste que camina en la oscuridad, ni de la destrucción que se produce al mediodía. Mil caerán a tu lado, y diez mil a tu derecha; pero no se acercará a ti. Sólo con tus ojos mirarás y verás la recompensa de los impíos. Porque has hecho del SEÑOR, que es mi refugio, el Altísimo, tu morada; No te sucederá ningún mal, ni ninguna plaga se acercará a tu morada. Porque él dará a sus ángeles el mando sobre ti, para que te guarden en todos tus caminos. (Salmos 91:1-11)

Cuando me desperté, por la mañana, vi a mi amiga y a su hijo inclinándose ante los ídolos. Y recordé lo que Dios me había mostrado durante la noche. Entonces le dije a mi amiga que había tenido una visión esa misma noche. Ella me dijo que también lo había visto y sentido en su casa. Me preguntó cómo era el demonio que había visto. Le dije que una forma se parecía a ella y la otra a su hijo. Me dijo que ella y su hijo no se llevaban bien. Me preguntó qué había que hacer para deshacerse de esos demonios que la atormentaban a ella y a su familia. Le expliqué esta escritura.

El ladrón no viene sino para robar, matar y destruir. Yo he venido para que tengan vida, y para que la tengan en abundancia. (Juan 10:10)

Le di la Biblia y le pedí que la leyera en voz alta todos los días en su casa, especialmente, Juan 3:20 y 21.

Porque todo aquel que practica lo malo aborrece la luz y no viene a la luz para que sus obras no sean censuradas. Pero el que hace la verdad viene a la luz para que sus obras sean manifiestas que son hechas en Dios. (Juan 3:20-21)

También le enseñé la oración de guerra espiritual en la que se ata a todos los espíritus malignos y se suelta al Espíritu Santo o a los Ángeles en el Nombre de Jesús. También le pedí que hablara el Nombre de Jesús y que suplicara la Sangre de Jesús en su casa continuamente.

Unos meses después de este viaje, recibí una carta testificando que los demonios habían abandonado su casa, que ella y su hijo se llevaban bien y que tenían una paz total en su hogar.

Reuniendo a los doce, les dio poder y poder sobre todos los demonios y para sanar enfermedades. Los envió a predicar el reino de Dios y a sanar a los enfermos. (Lucas 9:1, 2).

Cuando testificó a otros familiares, éstos se interesaron mucho por la Biblia y quisieron aprender más sobre el Señor Jesús.

En mi siguiente visita a la India, me reuní con toda la familia y respondí a sus preguntas. Les enseñé a rezar y les di Biblias. Le doy a Dios toda la gloria por estos resultados.

Mi deseo es que la gente aprenda a usar el Nombre de Jesús y la Palabra de Dios como una espada contra el enemigo. Al convertirse en un "cristiano nacido de nuevo", tendremos el poder.

El Espíritu del Señor DIOS está sobre mí, porque el Señor me ha ungido para anunciar la buena nueva a los humildes; me ha enviado a vendar a los quebrantados de corazón, a proclamar la libertad a los cautivos y la apertura de la cárcel a los encadenados; (Isaías 61:1)

Capítulo 23

En Movimiento En Los Medios De Comunicación

En 1999 tuve una lesión en el trabajo que luego se agravó. Esta lesión fue tan grave que a causa del dolor perdí la memoria. No podía leer ni recordar lo que había leído. No podía dormir durante 48 horas. Si dormía, me despertaba a las pocas horas por el entumecimiento de las manos, el dolor de espalda, cuello y piernas. Esta fue la prueba de fuego de mi fe. No tenía ni idea de lo que estaba pensando. Muchas veces me desmayaba y me dormía. Sólo así dormía la mayor parte del tiempo. No quería perder el tiempo, así que pensé ¿qué debo hacer? Pensé en hacer un CD con todos mis libros ya traducidos. Pensé que si ponía todos estos libros en audio, sería genial para esta época.

para que la prueba de su fe —más preciosa que el oro que perece, aunque sea probado con fuego— sea hallada digna de alabanza, gloria y honra en la revelación de Jesucristo:(1 Pedro1:7)

Para difundir esta verdad, estaba dispuesto a hacer cualquier cosa. Ningún precio es mayor que el que pagó Jesús. Dios, en su misericordia, me ayudó a alcanzar mi meta.

Sin duda, tardé más de un año en hacerlo. No tenía suficiente dinero para comprar todo el equipo, ni tenía suficientes conocimientos para saber cómo grabar.

Empecé a usar mi tarjeta de crédito para comprar lo que necesitaba para este nuevo proyecto. Pensé que, ya que no puedo leer y recordar, puedo simplemente leer el libro en voz alta y hacer un CD de audio, de esta manera no necesito una memoria para leer.

Como iba a una iglesia de habla inglesa, casi olvidé cómo leer correctamente el guajarati, y no quería abandonar mi idioma. Muchas veces, como sabes, debido a la salud, no podía sentarme durante días o incluso semanas. Me olvidaba de cómo grabar y utilizar mi equipo de grabación. Veía mis notas y volvía a empezar, pero no quería dejarlo.

Una cosa que debemos recordar, ¡el diablo nunca se rinde! ¡Tenemos que aprender de eso y nunca rendirnos!

Llegó el día en que terminé mi folleto de seis páginas. Para mi sorpresa, tardé un año en terminarlo. Me sentí tan feliz que puse el CD para que sonara, y poco a poco fui invirtiendo mi silla de ruedas para escuchar mi CD.

De repente, al mirar, mis ojos no tenían visión. Me asusté mucho y me dije: "He trabajado mucho con mi mala salud. Ojalá hubiera cuidado mejor mi salud, ahora no puedo ver". No veía mi cocina, mi equipo de música, la pared o los muebles. No había nada más que una espesa nube blanca. Me dije: "Fui dura conmigo misma, ahora estoy ciega". De repente, en esa espesa nube blanca en mi habitación, vi al Señor Jesús de pie con una túnica blanca y sonriéndome. En poco tiempo, El se desvaneció y me di cuenta que era una Visión. Supe que Su gloria Shekinah había bajado. Estaba muy feliz y me di cuenta que el Señor Jesús estaba complacido con mi esfuerzo. Siempre quiero buscar la dirección de Dios, para usar mi tiempo de la mejor manera para darle gloria. Ninguna situación puede detenernos para realizar Su ministerio. Este CD lo he regalado a la gente y también lo he subido a mis paginas web http://www.gujubible.org/web_site.htm y https://waytoheavenministry.org

¿Quién nos separará del amor de Cristo? ¿Tribulación, o angustia, o persecución, o hambre, o desnudez, o peligros, o espada? Como está escrito: Por tu causa somos muertos todo el tiempo; fuimos estimados como ovejas para el matadero. Más bien, en todas estas cosas somos más que vencedores por medio de aquel que nos amó. Por lo cual estoy convencido de que ni la muerte ni la vida ni ángeles ni principados ni lo presente ni lo porvenir ni poderes ni lo alto ni lo profundo ni ninguna otra cosa creada nos podrá separar del amor de Dios, que es en Cristo Jesús, nuestro Señor." (Romanos 8:35-39)

Capítulo 24

Estudio Que Explora

Muchas veces, tuve la oportunidad de dar estudios bíblicos en idiomas distintos al inglés. Mientras les enseñaba la Palabra de Dios, no podían encontrar la escritura correcta. Siempre utilicé la versión del rey Jacobo (King James Version). Pero algunos de ellos tenían diferentes versiones e idiomas de la Biblia.

Una noche estaba enseñando sobre Un Dios, Monoteísmo (Mono viene de la palabra griega Monos que significa uno, y Theos significa Dios) y estaba leyendo 1 Juan 5:7. Cuando buscaron esa escritura en su Biblia no pudieron encontrarla. Era más de medianoche, así que pensé que no entendían lo que estaban leyendo, y cuando tradujimos del inglés a su idioma, dijeron que esto no estaba en su Biblia.

Porque tres son los que dan testimonio en el cielo: el Padre, el Verbo y el Espíritu Santo; y estos tres son uno. (1 Juan 5:7)

Me sorprendió. Así que buscamos otra escritura.

1ª Timoteo 3:16, "Dios fue manifestado en carne" (KJV)

Su Biblia decía: "Él fue manifestado en la carne" (todas las Biblias traducidas del manuscrito corrupto de Alejandría tienen esta mentira.

La Vulgata Católica Romana, la Biblia Guajarati, la Biblia NVI y otras versiones modernas de la Biblia)

{ΘC=Dios} en el idioma griego, pero al quitar la pequeña línea de ΘC, "Dios" cambia {OC = "quién" o "él"} a quién, que tiene un significado diferente en el idioma griego. Son dos palabras diferentes, porque "él" podría significar cualquiera, pero Dios está hablando de Jesucristo en carne.

¡¡¡Qué fácil es quitarle la deidad a Jesucristo!!!

Revelación 1:8

KJV: Yo soy el Alfa y Omega, principio y fin, dice el Señor, el que es y que era y que ha de venir, el Todopoderoso.

Traducción Gujarati de la NVI: Revelación 1:8 "Yo soy el Alfa y la Omega", dice el Señor Dios, "el que es, el que era y el que ha de venir, el Todopoderoso".

(La Biblia en gujarati, la NVI y otras traducciones han eliminado "**El principio y el fin**")

Revelación 1:11

KJV: que decía: Yo soy el Alfa y Omega, el primero y el último. Escribe en un libro lo que ves, y envíalo a las siete iglesias que están en Asia: a Éfeso, Esmirna, Pérgamo, Tiatira, Sardis, Filadelfia y Laodicea. (Revelación 1:11)

NVI: Revelación 1:11 que decía: «Escribe en un libro lo que veas y envíalo a las siete iglesias: a Éfeso, a Esmirna, a Pérgamo, a Tiatira, a Sardis, a Filadelfia y a Laodicea».

(Las versiones modernas de la Biblia, Guajarati y la Biblia NIV han quitado Yo soy el Alfa y la Omega, el primero y el último)

No pude demostrar que existe "Un Dios" a partir de su Biblia.

Mi enseñanza se estaba alargando, y con su sorpresa no pude proporcionarles pruebas bíblicas de que hay un Dios en su Biblia. Esto me lanzó a estudiar en profundidad.

Recuerdo que Pablo dijo: Porque yo sé que después de mi partida entrarán en medio de ustedes lobos rapaces que no perdonarán la vida al rebaño. (Hechos 20:29)

El apóstol Juan, que fue el último discípulo de Cristo que sobrevivió, nos advirtió en una de sus epístolas:

Amados, no creáis a todo espíritu, sino probad los espíritus si son de Dios; porque muchos falsos profetas han salido por el mundo. En esto conoced el Espíritu de Dios: Todo espíritu que confiesa que Jesucristo ha venido en carne, es de Dios: Y todo espíritu que no confiesa que Jesucristo ha venido en carne, no es de Dios; y éste es el espíritu del anticristo, del cual habéis oído que ha de venir, y ya está en el mundo.
(1 Juan 4:1-3)

Me gustaría compartir este hecho que encontré, buscando la verdad de la corrupción de la "Palabra de Dios".

El manuscrito alejandrino era una versión corrupta del verdadero manuscrito original de la Biblia. Eliminaron muchas palabras como, Sodomita, infierno, sangre, creado por Jesucristo, Señor Jesús, Cristo, Aleluya, y Jehová, junto con muchas otras palabras y versos del manuscrito original.

En Alejandría Egipto, los escribas, que eran anticristos, no tenían la revelación del único Dios verdadero porque la Biblia fue cambiada del manuscrito original. Esta Corrupción comenzó en el primer siglo.

Al principio las Biblias griegas y hebreas se escribían en rollos de papiro que eran perecederos. Así que se escribían a mano 50 copias en diferentes países cada 200 años para conservarlas otros 200 años. Esto fue practicado por nuestros antepasados que tenía la copia verdadera del manuscrito original. Este mismo sistema fue adoptado por los alejandrinos para conservar también el manuscrito corrupto.

A principios de la era cristiana, los obispos tomaron el poder e introdujeron la corrupción progresivamente desde el año 130 hasta el 444 d.C. Añadieron y sustrajeron de la copia original del manuscrito griego y hebreo. Todos los Obispos siguientes afirmaban que recibían los mensajes directamente de Jesús y que no debían prestar atención a los apóstoles, discípulos, profetas y maestros. Y todos los Obispos también afirmaron que ellos eran los únicos iluminados.

Obispo Orígenes de Alejandría (185-254 CE): Tertuliano fue un obispo corrupto, que añadió más oscuridad. Murió alrededor del 216 D.C. Clemente tomó el relevo y fue obispo de Alejandría. Cirilo, obispo de Jerusalén, nació en el año 315 y murió en el 386 d.C. Agustín, obispo de Hipona, fundador del catolicismo, nació en el año 347 y murió en el 430 d.C. Removía al pueblo que creía verdaderamente en la Palabra de Dios. Crisóstomo fue otro obispo de Constantinopla, donde se originó la versión corrupta. Nació en 354 y murió en 417 d.C. San Cirilo de Alejandría fue nombrado obispo en el 412 y murió en el 444.

Estos obispos corrompieron el verdadero manuscrito, y fueron rechazados por nuestros antepasados que conocían los hechos de dónde y cómo se corrompió el manuscrito original.

Esta corrupción comenzó cuando Pablo y Juan aún vivían. Los alejandrinos ignoraron la palabra de Dios y en Nicea, en el año 325 d.C., establecieron la doctrina de la Trinidad. Nicea es la actual Turquía y en la Biblia es conocida como Pérgamo.

*"Escribe al ángel de la iglesia en **Pérgamo**: El que tiene la espada aguda de dos filos dice estas cosas: Yo conozco dónde habitas: donde está el trono de Satanás. Y retienes mi nombre y no has negado mi fe, aun **en los días de Antipas**, mi testigo fiel, quien fue muerto entre ustedes, donde mora Satanás.: (Revelación 2:12-13.)*

Nicaea

En el año 325 d.C. la Unicidad de Dios fue eliminada por Satanás y la Trinidad fue añadida y Dios fue dividido. Quitaron el nombre "Jesús" de la fórmula del bautismo añadiendo el Padre, el Hijo y el Espíritu Santo.

El ladrón no viene sino para robar, matar y destruir. Yo he venido para que tengan vida, y para que la tengan en abundancia. (Juan 10:10.)

Pérgamo (más tarde llamada Nicea y ahora se llama Turquía) es una ciudad construida a 1000 pies sobre el nivel del mar. Alrededor de este lugar se adoran cuatro dioses diferentes. El dios principal era Asclepio, cuyo símbolo es una serpiente.

El Revelación dice:

Y fue arrojado el gran dragón, la serpiente antigua que se llama diablo y Satanás, el cual engaña a todo el mundo. Fue arrojado a la tierra, y sus ángeles fueron arrojados junto con él. (Revelación 12:9).

Él prendió al dragón, aquella serpiente antigua quien es el diablo y Satanás, y le ató por mil años (Revelación 20:2).

En este templo había muchas serpientes de gran tamaño; también alrededor de esa zona había miles de serpientes. La gente acudía al templo de Pérgamo en busca de curación. Asclepio era llamado el dios de la curación, y era el dios principal entre los cuatro dioses. Como se le llamaba el dios de la curación, en este lugar se introducían hierbas y medicinas para curar. Para que pueda quitar las rayas y el nombre de Jesús para la curación. Su plan es tomar el lugar de Jesús y remover a Cristo como Salvador, ya que él también se autoproclamó salvador. La ciencia médica moderna tomó el símbolo de la serpiente de Asclepio (serpiente).

La Biblia dice:

*"Ustedes son mis testigos, dice el SEÑOR; mi siervo que yo escogí, para que me conozcan y me crean, a fin de que entiendan que Yo Soy. Antes de mí no fue formado ningún dios ni lo será después de mí. Yo, yo el SEÑOR; fuera de mí no hay otro **salvador**. (Isaías 43:10-11)*

Este es el lugar donde Satanás estableció la trinidad.

Hoy en día han encontrado una copia original del manuscrito de Alejandría, subrayando la palabra y la escritura para eliminarla del verdadero manuscrito original hebreo y griego. Esto demuestra que ellos fueron los que corrompieron la verdadera palabra de Dios.

La era oscura entró simplemente eliminando la verdad y cambiando el verdadero documento de la Biblia.

La palabra de Dios es una espada, luz y verdad. La palabra de Dios está establecida por siempre y para siempre.

La Biblia NVI, la Biblia moderna, y muchos otros idiomas de la Biblia, fueron traducidos de una copia antigua corrupta de Alejandría. Ahora la mayoría de las otras copias de la Biblia vinieron de la versión NIV y son traducidas en otros idiomas.

La Biblia de Satanás y el derecho de copia de las Biblias NIV es propiedad de un hombre llamado, Rupert Murdoch. ¿¡En serio!? Ahora tiene sentido por qué hay un cambio en la Biblia NVI.

Cuando el rey Jacobo asumió el poder después de la reina virgen Isabel en 1603, asumió el proyecto de traducir la Biblia desde su manuscrito original en hebreo y griego. Este proyecto fue realizado por muchos teólogos hebreos, griegos y latinos, eruditos y personas muy respetadas a los ojos de los demás. Los arqueólogos han encontrado los antiguos y verdaderos manuscritos hebreos y griegos que concuerdan en un 99% con la Biblia KJV. El 1% son errores menores como la puntuación.

¡Alabado sea Dios! La KJV es de dominio público y cualquiera puede usar la Biblia KJV para traducirla a su idioma nativo. Mi sugerencia es que debemos traducir de la Biblia KJV ya que es de dominio público y es la Biblia más precisa.

Al eliminar la verdad de la Biblia original, el nombre "Jesucristo", que es el poder que libera a las personas, desapareció.

Esto causó el nacimiento de muchas denominaciones. Ahora entenderá por qué la Biblia dice que no se añada ni se quite.

El ataque es al Dios Único encarnado.

La Biblia dice.

Jehová será el rey sobre toda la tierra. En aquel día Jehová será uno, y uno su nombre. (Zacarías 14:9)

¡¡¡Su nombre es JESÚS!!!

Capítulo 25

Testimonios Personales Que Cambian La Vida

S aludos en el nombre de Jesús:

Estos testimonios personales que "cambian la vida" se incluyen como estímulo del Poder de Dios Todopoderoso. Es mi sincera esperanza que su fe sea incrementada al leer estos testimonios inspiradores de humildes creyentes y ministros que tienen un llamado y pasión por Dios. "Conócelo en la intimidad de Su Amor, a través de la Fe, la Oración y la Palabra de Dios". La ciencia y la medicina no pueden explicar estos milagros, ni los que profesan ser sabios pueden entender las cosas de Dios.

Yo te daré los tesoros de la oscuridad, los tesoros de los lugares secretos, para que sepas que yo soy el SEÑOR Dios de Israel, que te llama por nombre. (Isaías 45:3)

"Este es un camino de Fe que no se puede diseccionar y no se imagina".

"Los sabios se avergüenzan, están consternados y tomados: mira, han rechazado la palabra del Señor y ¿qué sabiduría hay en ellos?" (Jeremías 8:9)

"¡Ay de los que son sabios ante sus propios ojos, y de los que son

prudentes según ellos mismos!" (Isaías 5:21)

"Pues consideren, hermanos, su llamamiento: No son muchos sabios según la carne, ni muchos poderosos, ni muchos nobles. Más bien, Dios ha elegido lo necio del mundo para avergonzar a los sabios, y lo débil del mundo Dios ha elegido para avergonzar a lo fuerte" (1 Corintios 1:26-27)

Clama a mí, y te responderé; y te revelaré cosas grandes e inaccesibles que tú no conoces'. (Jeremías 33:3)

Mi más sincero agradecimiento a quienes han aportado sus testimonios personales y su tiempo a este libro.

Que Dios te bendiga
Elizabeth Das, Texas

Testimonios de la gente

Terry Baughman, Pastor Gilbert, Arizona, U.S.A.

Elizabeth Das una mujer de influencia. El apóstol Pablo y su compañero misionero Silas fueron atraídos por un grupo de oración de mujeres cerca de Tiatira, a orillas del río. Fue en esta reunión de oración donde Lidia escuchó las enseñanzas de Pablo y Silas y luego insistió en que vinieran a quedarse en su casa durante su ministerio en la región. (Véase Hechos 16:13-15.) La hospitalidad y el ministerio de esta mujer están registrados en las escrituras para ser recordados para siempre.

Elizabeth Das es una mujer de Dios, muy parecida a la mujer influyente, Lidia, en el libro de los Hechos. A través de su industria y pasión ella ha guiado a otros al conocimiento de la verdad, ha coordinado grupos de oración, y ha sido el instrumento para enviar ministros del Evangelio a su tierra natal de Gujarat, India. La primera vez que oí hablar de Elizabeth Das era instructora y decana académica en el Christian Life College en Stockton, California. Daryl Rash, nuestro Director de Misiones, me habló de su buen trabajo en la solicitud de ministros para ir a Ahmadabad, India, para enseñar y predicar en las conferencias patrocinadas por Pastor Christian y Faith Church, un grupo de más de 60 iglesias en el estado de Gujarat, India. Llamó a Christian Life College solicitando ponentes en una próxima conferencia para las iglesias de la India. Enviamos a dos de nuestros instructores para que dieran clases y predicaran en la conferencia. La siguiente vez que Elizabeth Das llamó; Daryl Rash me preguntó si me gustaría ir a enseñar en una de las conferencias. Me alegré de ir e inmediatamente comencé los preparativos para hacer el viaje. Otro instructor, el hermano Henry, me acompañó y predicó los servicios nocturnos en ese momento, Yo era vicepresidente ejecutivo del Christian Life College y un instructor a tiempo completo, así que organizamos sustitutos para nuestras clases y otras responsabilidades y volamos al otro lado del mundo para compartir nuestros ministerios con la maravillosa gente de Gujarat en el oeste de la India. En mi segundo viaje a Gujarat, en 2008, mi hijo me acompañó y experimentó un acontecimiento que cambió su vida en la Conferencia Espíritu y Verdad en Anand. Es un esfuerzo costoso volar alrededor del mundo y participar en estas conferencias y viajes ministeriales, pero la recompensa no se puede medir en valor monetario. Mi hijo hizo un nuevo compromiso con el Señor en este viaje a la India que ha cambiado la dirección de su vida. Ahora dirige el culto y es el director de música en la iglesia donde ahora sirvo como pastor en Gilbert, Arizona. No sólo la gente es bendecida por el ministerio en la India, sino que también los que van allí son igualmente bendecidos, a veces de manera sorprendente.

La influencia de Elizabeth Das se siente literalmente en todo el mundo. No sólo es instrumental en el envío de ministros de los Estados Unidos a la India, sino que tiene una pasión por traducir materiales al gujarati, el idioma de su hogar. Siempre que he hablado con ella por teléfono está buscando constantemente nuevas formas de compartir la verdad del Evangelio. Participa en un ministerio de oración y busca activamente formas de ministrar a través de lecciones bíblicas impresas y en Internet a través de sus grabaciones en YouTube. Elizabeth Das es una demostración viviente de lo que una persona puede hacer para cambiar el mundo a través de la pasión, la persistencia y la oración.

(Baughman Group Ministries) Pastor principal, Life Church, Gilbert, AZ-

Veneda Ing
Milan, Tennesee, U.S.A.

Vivo en un pequeño pueblo del oeste de Tennessee y pertenezco a una iglesia pentecostal local. Hace unos años asistí a una conferencia de oración en St. Louis, MO y conocí a una señora llamada Tammy y nos hicimos amigas al instante. Mientras nos conocíamos, me habló de un grupo de oración al que pertenecía, dirigido por la hermana Elizabeth Das desde su casa en Texas. El pequeño grupo incluía a personas de diferentes partes de los Estados Unidos que se unían por conferencia telefónica.

Cuando regresé a casa, comencé a llamar al grupo de oración y fui bendecida por Dios al instante. Había estado en la iglesia aproximadamente 13 años cuando me uní a este grupo, así que la oración no era algo nuevo; sin embargo, ¡el poder de la "Oración Acordada" era asombroso! Inmediatamente empecé a obtener resultados en mis peticiones de oración y escuché informes de alabanza todos los días. No sólo creció mi vida de oración, sino que también creció mi Ministerio Carcelario junto con otros dones del Espíritu con los que Dios me ha bendecido. En ese momento no había conocido a la hermana Das. Su gran deseo de orar y de ayudar a otros a aprovechar los dones que llevan dentro siempre me hizo volver por más. Ella es muy alentadora y muy audaz, no tiene miedo de cuestionar las cosas y definitivamente no tiene miedo de decirte si siente de parte de Dios que algo está mal. Jesús es siempre su respuesta. Cuando tuve la oportunidad de venir a Texas para ser parte de una reunión especial de oración en la casa de la hermana Das, estaba muy ansiosa por ir.

Subí al avión y en pocas horas estaba en el aeropuerto de Dallas-Ft. Worth, donde nos encontramos por primera vez en más de un año de rezar juntas. Una voz familiar, pero parecía que nos conocíamos desde hace años. Otros vinieron también de otros estados para unirse a esta reunión.

La reunión de oración en casa fue algo que nunca había experimentado antes. Estaba muy emocionada de que Dios me permitiera ser usada para beneficiar a otros. Durante esta reunión vimos a muchos sanados de problemas de espalda y cuello. Vimos y experimentamos piernas y brazos crecer y presenciamos a alguien sanado de diabetes junto con muchos otros milagros y eventos que cambian la vida como la expulsión de demonios. Esto me dejó aún más deseoso de las cosas de Dios y de conocerlo en un lugar más alto. Permítanme tomar un momento para detenerme aquí e interponer que Dios realizó estos milagros en el nombre de Jesús y sólo en el de Él. Dios usa a la hermana Das porque ella está dispuesta a ayudar y enseñar a otros a aprender cómo permitir que Dios los use también. Ella es una querida amiga y una mentora que me ha enseñado a ser más responsable con Dios. Agradezco a Dios que nuestras vidas se hayan cruzado y que nos hayamos convertido en compañeras de oración. Nunca conocí el verdadero poder de la oración en 13 años de vivir para Dios. Te animo a formar un grupo de oración unificado y a ver qué hace Dios. Él es un Dios sorprendente.

Diana Guevara California El Monte

Cuando nací me educaron en la religión católica de mi familia. A medida que fui creciendo no practicaba mi religión. Mi nombre es Diana Guevara y de pequeña siempre supe que debía sentir algo cuando asistía a la iglesia pero nunca lo hice. Mi rutina era rezar el Padre Nuestro y el Ave María, como me enseñaron a hacerlo de pequeña. La verdad es que no conocía a Dios. En febrero de 2007 descubrí que mi novio de 15 años tenía una aventura y que estaba en diferentes sitios de citas en Internet. Estaba tan dolida y devastada que entré en un estado depresivo tumbada en el sofá llorando todo el tiempo. Estaba tan desconsolada que perdí 25 libras en 21 días porque sentía que mi mundo se había acabado. Un día recibí una llamada de la hermana Elizabeth Das, una señora que no conocía. Me animó, rezó por mí y me citó escrituras de la Biblia. Durante dos meses hablamos y ella siguió rezando por mí y cada vez sentía la Paz y el Amor de Dios. En abril de 2007 algo me dijo que tenía que ir a Texas a la casa de la hermana Elizabeth. Hice mis reservaciones y estaba en camino a Texas por 5 días. Durante este tiempo la hermana Elizabeth y yo oramos y tuvimos estudios bíblicos. Ella me mostró las escrituras acerca de ser bautizado en el Nombre de Jesús. Hice muchas preguntas sobre Dios y supe que tenía que bautizarme en el nombre de Jesús lo antes posible. Después de ser bautizada supe entonces que esa era la razón por la que sentía la urgencia de ir a Texas. Finalmente había encontrado lo que me faltaba de niña, ¡la presencia de Dios Todopoderoso! Cuando regresé a California comencé a asistir a la Iglesia Life en Pasadena, California, bajo el liderazgo del Pastor Richard Brown. En el momento en que entré en esta iglesia sentí el Espíritu de Dios y supe que ésta sería mi iglesia de cabecera. Aquí es donde recibí el don del Espíritu Santo con la evidencia de hablar en lenguas. Estoy tan emocionada de estar en la casa de Dios y sentir Su presencia tres veces a la semana, no por un ritual o tradición, sino porque amo la casa de Dios y escuchar Su Palabra del hombre de Dios, mi pastor. Puedo decir realmente que hay una diferencia entre la verdad y la religión. Fue por el amor de Dios que usó a la hermana Elizabeth para enseñarme estudios bíblicos y mostrarme el Plan de Salvación según la Palabra de Dios. Yo nací en una religión y eso era todo lo que sabía sin explorar la Biblia por mí mismo. Al habérseme enseñado a repetir las oraciones, ahora mis oraciones nunca son rutinarias ni aburridas. Me encanta hablar con el Señor. Siempre supe que había un Dios, pero no sabía entonces que también podía sentir su presencia y su amor como lo hago ahora. No sólo está presente en mi vida, sino que me ha dado Paz y ha reparado mi corazón cuando creía que mi mundo se había acabado. El Señor Jesús me ha dado el Amor que siempre me faltó en mi vida. No puedo imaginar mi vida sin Jesús porque sin él no soy nada. Porque Él ha llenado los espacios vacíos de mi corazón con su amor, vivo para Él y sólo para Él. Jesús es todo y Él puede sanar tu corazón también. Le doy todo el honor y la gloria a nuestro Señor Jesucristo.

Jairo Pina Mi testimonio

Mi nombre es Jairo Pina y actualmente tengo 24 años de edad y vivo en Dallas, TX. Creciendo, mi familia y yo solo íbamos a la iglesia una vez al año creyendo en la fe católica. Yo sabía de Dios, pero no lo conocía. Cuando tenía 16 años, me diagnosticaron un tumor maligno en la fíbula derecha conocido como osteosarcoma (cáncer de hueso). Pasé un año de quimioterapia y cirugías para combatirlo. Fue durante este tiempo cuando tengo el primer recuerdo de que Dios se me reveló. Me arrastró a este pequeño edificio en Garland, TX con un amigo y su madre. La madre de mi amigo era amiga de una pareja cristiana que nos llevó a ver a un pastor de ascendencia africana. Más tarde descubriría que este pastor tenía el don de la profecía.

El pastor profetizó sobre las personas que fueron con nosotros a este pequeño edificio, pero fue lo que profetizó sobre mí lo que se me quedó grabado para siempre. Me dijo: "¡Vaya! ¡Vas a tener un gran testimonio y llevarás a mucha gente a Dios con él!". Yo era escéptico y simplemente me encogí de hombros, sin saber realmente lo que sucedería más adelante en mi vida. Unos 2 años después de terminar mi primera batalla contra el cáncer, tuve una recaída en el mismo lugar que mencioné anteriormente. Esto me devastó enormemente porque tenía más quimioterapia programada y necesitaba amputarme la pierna derecha. Me tomaba mucho tiempo para estar sola en esta época con la esperanza de prepararme mentalmente. Un día, me estacioné en un lago y comencé a orar a Dios desde mi corazón. No sabía lo que realmente significaba orar, así que empecé a hablarle desde mi mente y mi corazón. Le dije: "Dios, si eres genuino de verdad, muéstramelo y si te importo, muéstramelo".

Unos 15 minutos más tarde, fui a cancelar una membresía de gimnasio en LA Fitness, donde vi a uno de mis amigos trabajando. Le expliqué por qué cancelaba mi suscripción y me preguntó por qué quería cancelarla. Entonces me dijo: ", Deberías ir a mi iglesia. He visto muchos milagros allí y gente ser sanada". No tenía nada que perder, así que empecé a ir. Empezó a mostrarme los versículos del libro de los Hechos sobre el bautismo y ser lleno del Espíritu Santo. Me habló de hablar en lenguas, lo cual me pareció extraño, pero me dirigió a la evidencia bíblica. Lo siguiente que supe fue que estaba en su iglesia cuando preguntaron quién quería entregar su vida a Cristo y ser bautizado. Me acerqué al púlpito cuando un pastor puso su mano sobre mi cabeza. Empezó a orar por mí y empecé a hablar en lenguas el mismo día que me bautizaron. Esto marcó mi experiencia de haber nacido de nuevo, sin saber que ahora estaba en la guerra espiritual.

Aun después de esta experiencia, empecé a ser atacado y alejado de Dios. También me gustaría mencionar que aun antes de ser bautizado, los demonios me atacaban espiritualmente, e incluso escuche a algunos de ellos audiblemente. Escuche uno riendo con voz de niño afuera de mi ventana a las 3 am, otro riendo mientras me tocaba sexualmente, y otro diciéndome que me iba a llevar al infierno. Hay algunos ataques más que he experimentado, pero esos son los que se destacan más. Ahora, volviendo a donde lo dejé sobre ser alejado de Dios. Tuve una relación con una chica que finalmente me engañó y me rompió el corazón en pedazos. Estuvimos juntos cerca de un año y terminó trágicamente. Mientras intentaba sobrellevar el vacío, empecé a beber y a fumar. Entonces empecé a pedirle a Dios que me ayudara y me acercara a él de nuevo mientras lloraba. Lo decía en serio y empecé a experimentar la misericordia de Dios, sin saber realmente lo que era.

Empecé a ir a la iglesia de nuevo con mi amigo y su madre donde fui bautizado en la iglesia pentecostal. Fue entonces cuando mi conocimiento de la biblia comenzó a crecer inmensamente. Fui a cursos de fundación y aprendí mucho leyendo la palabra de Dios. La mama de mi amiga me dio el libro de Elizabeth Das "Lo hice a Su Manera" diciéndome que era un libro influyente sobre su andar con Dios. Cuando termine el libro, note que su correo electrónico estaba en él. Me puse en contacto con Elizabeth y la madre de mi amiga también le habló de mí. Empecé a hablar con ella por teléfono y finalmente la conocí en persona. Desde que la conocí, me di cuenta de que ella realmente ama y aplica la palabra de Dios a su vida. Ha impuesto las manos sobre los enfermos y ora por muchas personas en su tiempo libre. La considero mi mentora espiritual, ya que me ha enseñado mucho sobre Dios y su palabra, por lo que le estoy muy agradecido. Diría que incluso nos hemos hecho amigos y seguimos viéndonos hasta el día de hoy.

En enero de 2017, tenía un contrato de alquiler de un apartamento que pertenecía a la universidad a la que asistía. En realidad, estaba intentando que alguien se hiciera cargo de mi contrato de arrendamiento debido a problemas financieros. No trabajaba y no tenía dinero para seguir pagando el alquiler del piso. Lamentablemente, no pude encontrar a nadie que se hiciera cargo de mi contrato, lo que me dejaría a mí la responsabilidad de seguir pagando el alquiler. Llamé a Elizabeth Das, como hago a menudo, para que rezara por este asunto de la ruptura del contrato limpio. Ese mismo mes de enero me hicieron una tomografía computarizada del tórax que reveló que tenía una mancha en el lóbulo inferior derecho del pulmón. Tuve que pasar por el quirófano para extirpar la mancha que aparecía en el escáner, que resultó ser maligna. Aunque esto apestaba, pude salirme del contrato de alquiler del apartamento ese mismo mes gracias a esto. Dicen que Dios obra de maneras misteriosas, así que confié en él para lo que estaba pasando. Durante este tiempo, estaba haciendo mis clases de prerrequisitos, con la esperanza de terminar y ser aceptado en la escuela de enfermería. Elizabeth rezaba para que yo consiguiera un buen trabajo y entrara en la escuela de enfermería de acuerdo con la voluntad de Dios para mi vida.

Unos tres meses después, me programaron otra tomografía computarizada del tórax para ver si estaba bien. Sin embargo, el escáner mostró otra mancha en mi pulmón, cerca de la misma que estaba allí en enero de 2017. El oncólogo dijo que cree que se trata de un cáncer que está volviendo y que tenemos que extirparlo mediante cirugía. No podía creer lo que estaba pasando. Pensé que esto era todo para mí. Se lo conté a Elizabeth y muchas otras personas empezaron a rezar por mí en ese momento. Aunque esto estaba pasando, todavía tenía un poco de fe en que todo iba a estar bien y que Dios cuidaría de mí. Recuerdo conducir un día por la noche y pedirle a Dios: "Si me sacas de este problema, prometo compartir lo que has hecho por mí con los demás".

Unas semanas más tarde, fui a operarme y me extirparon un diámetro mayor del lóbulo inferior derecho del pulmón. Elizabeth y su amiga incluso vinieron al hospital para imponerme las manos y rezar para que Dios me sanara. Unas dos semanas después de la operación, volví al hospital para que me dieran los resultados. Por no hablar de que todavía estaba buscando trabajo en un hospital para mejorar mis posibilidades de entrar en la escuela de enfermería durante este tiempo. Ese mismo día, cuando me acerqué al mostrador de facturación para recoger los resultados de la operación, pregunté si estaban contratando personal. Una gerente estaba allí delante mientras me registraba y me dio sus datos para que le avisara cuando enviara mi solicitud por Internet. Lo siguiente que supe es que estaba esperando en una sala a que apareciera el oncólogo con mis resultados. Estaba muy nervioso y temeroso de lo que me iba a decir.

El oncólogo entró en la sala y lo primero que dijo fue: "¿Te han dicho ya tus resultados?". Le dije que no y que sólo quería que me explicara lo que tenía que hacer a continuación. Entonces me dijo: "Así que sus resultados mostraron que era sólo acumulación de calcio, no es cáncer". Yo estaba completamente en shock, sabiendo que fue Dios quien hizo esto por mí. Fui a mi coche y empecé a llorar de alegría. Llamé a Elizabeth y le conté la buena noticia. Los dos lo celebramos juntos. Unos días más tarde, me entrevistaron para el puesto en el hospital y, apenas una semana después, me ofrecieron el trabajo. Unas semanas después de recibir el trabajo, me aceptaron en la escuela de enfermería. Gloria a Dios por todo esto, ya que todavía me da alegría hablar de ello.

En este momento, estoy en mi último semestre de la escuela de enfermería y me graduaré en mayo de 2019. He experimentado tanto y estoy agradecido por todas las puertas que Dios ha abierto y cerrado para mí. Incluso me he encontrado en una relación con otra y ella ha sido increíble para mí, estando allí desde que el cáncer hizo metástasis en mi pulmón en enero de 2017 hasta el día de hoy. Elizabeth me ha enseñado tanto y ha orado por mí un montón de veces, lo que me demuestra el poder de la oración y la imposición de manos sobre los enfermos. Lector, no soy de ninguna manera más especial que tú. Dios te ama por igual y Jesucristo ha muerto por tus pecados y por los míos. Si lo buscas de todo corazón, lo encontrarás.

"Porque yo sé los pensamientos que tengo acerca de ustedes, dice el señor, pensamientos de paz, y no de mal, para darles el fin que esperan. Entonces me invocarán, e irán y orarán a mí, y yo los escucharé. Y me buscarán y me hallarán, cuando me busquen de todo corazón"
Jeremías 29:11-13 KJV

Madalyn Ascencio
El Monte, California, EE.UU.

Solía creer que un hombre me completaría. Cuando me enamoré de Jesús descubrí que es Él y sólo Él quien me completa. Fui creada para adorarle y adorarle. Mi nombre es Madalyn Ascencio y este es mi testimonio.

En marzo de 2005 empecé a sufrir ataques de ansiedad y pánico durante 3 años. Fui al hospital en varias ocasiones y lo único que me ofrecieron fueron antidepresivos y Valium, pero me negué a depender de la medicación para sentirme normal. Recé para que Dios me ayudara. Un sábado por la mañana, a mediados de octubre de 2008, tuve un ataque de pánico muy fuerte y llamé a la hermana Elizabeth. Me preguntó qué me pasaba y rezó por mí. Una vez que me sentí mejor, me dio algunas escrituras para que las leyera. Recé y pedí a Dios que me diera sabiduría y comprensión. Mientras leía las escrituras,

*Juan 3:5-7: Respondió Jesús: —De cierto, de cierto te digo que, **a menos que nazca de agua y del Espíritu, uno no puede entrar en el reino de Dios.** Lo que ha nacido de la carne, carne es; y lo que ha nacido del Espíritu, espíritu es. No te maravilles de que te dije: "Les es necesario nacer de nuevo".*

Juan 8:32: y conocerás la verdad, y la verdad te liberará.

Juan 10:10: El ladrón no viene sino para hurtar, matar y destruir; yo he venido para que tengan vida, y para que la tengan en abundancia.

Sabía que Dios me estaba hablando. Cuanto más rezaba y hablaba con la hermana Elizabeth, más sabía que necesitaba rebautizarme. Había estado rezando mucho para que Dios me acercara. Asistí a una iglesia cristiana no confesional desde 2001 hasta 2008 y en abril de 2007 me bauticé. La hermana Elizabeth me preguntó qué sentí cuando me bautizaron y le dije "me sentí bien". Su respuesta fue "¿eso es todo? Me preguntó si me había bautizado en el nombre de Jesús y le dije que me había bautizado en el nombre del Padre, del Hijo y del Espíritu Santo. Me dijo que leyera y estudiara.

*Hechos 2:38: Pedro les dijo: Arrepentíos, y bautícese cada uno de ustedes **en el nombre de Jesucristo para perdón de los pecados**; y recibirá el don del Espíritu Santo.*

*Hechos 8:12-17: Pero cuando creyeron a Felipe, que anunciaba el evangelio del reino de Dios y el nombre de Jesucristo, se bautizaban hombres y mujeres. También creyó Simón mismo, y habiéndose bautizado, perseveraba junto a Felipe; y viendo las señales y grandes milagros que se hacían, estaba atónito. Cuando los apóstoles que estaban en Jerusalén oyeron que Samaria había recibido la palabra de Dios, enviaron allá a Pedro y a Juan; los cuales descendieron y oraron por ellos para que recibiesen el Espíritu Santo;(porque aún no había descendido sobre ninguno de ellos, sino que solamente habían sido **bautizados en el nombre del Señor Jesús**.) Entonces les imponían las manos, y recibían el Espíritu Santo.*

*Hechos 10:43-48: De éste dan testimonio todos los profetas, que todo el que crea en él, recibirá perdón de pecados por su nombre. Mientras aún hablaba Pedro estas palabras, el Espíritu Santo cayó sobre todos los que oían el mensaje. Y todos los creyentes que eran de la circuncisión y habían venido con Pedro, se quedaron atónitos de que el don del Espíritu Santo se hubiese derramado también sobre los gentiles. Porque los oían que hablaban en lenguas, y que magnificaban a Dios. Entonces respondió Pedro: ¿Puede acaso alguno impedir el agua, para que no sean bautizados estos que han recibido el Espíritu Santo también como nosotros? **Y ordenó que fuesen bautizados en el nombre del Señor***

*Hechos 19:1-6: Y aconteció que, estando Apolos en Corinto, Pablo, habiendo pasado por las costas superiores, llegó a Éfeso; y encontrando a algunos discípulos, les dijo: ¿Habéis recibido el Espíritu Santo desde que creísteis? Y ellos le dijeron: Ni siquiera hemos oído si existe el Espíritu Santo. Y les dijo: ¿En qué habéis sido bautizados? Y ellos dijeron: En el bautismo de Juan. Entonces dijo Pablo: En verdad Juan bautizó con el bautismo del arrepentimiento, diciendo al pueblo que creyeran en el que vendría después de él, es decir, en Cristo Jesús. Al oír esto, **se bautizaron en el nombre del Señor Jesús**. Y cuando Pablo les impuso las manos, el Espíritu Santo vino sobre ellos, y hablaron en lenguas y profetizaron.*

*Hechos 22:16 Y ahora, ¿por qué te demoras? Levántate y **bautízate, y lava tus pecados, invocando el nombre del Señor**.*

El Señor me reveló que el Espíritu Santo también estaba disponible para mí y que si me **bautizaba en el nombre de Jesús** sería curada y liberada de este terrible sufrimiento. En los días en que estaba muy mal, llamaba a la hermana Elizabeth y ella oraba por mí. Me di cuenta de que estaba siendo atacada por el enemigo, después de todo, su misión es robar, matar y destruir como dice en Juan 10:10. Hace muchos años leí Efesios 6:10-18 y me di cuenta de que necesitaba llevar la Armadura de Dios a diario. Cada vez que empecé a sentir que la ansiedad me invadía empecé a luchar y no a temer. El 2 de noviembre de 2008 fui bautizada en el Nombre de Jesús en la Iglesia de la Vida, Pasadena, CA. Sentí la Paz más asombrosa que nunca antes había conocido y eso fue incluso antes de entrar en el agua para ser bautizada. Cuando salí del agua, me sentí tan ligera como una pluma, como si caminara sobre las nubes y no podía dejar de sonreír. Sentí la presencia de Dios, la paz y el amor como nunca antes. El 16 de noviembre de 2008 recibí el don del Espíritu Santo por la evidencia de hablar en otras lenguas. El vacío que siempre sentí desde que era una niña ahora estaba lleno. Supe que Dios me amaba y tenía un gran propósito para mi vida y cuanto más lo busco y oro más se me revela. Dios me ha mostrado que debo compartir mi fe, dar esperanza y amor. Desde mi nuevo nacimiento apostólico y la liberación de la ansiedad, Jesús ha traído a muchas personas a mi vida que también sufren de ansiedad. Ahora tengo un ministerio en mi testimonio para compartir con ellos.

Estoy muy agradecida a Jesús por la hermana Elizabeth Das. Fue a través de sus oraciones y enseñanzas que ahora estoy trabajando para Jesús también. Ella también llevó a mi madre, a mi hija, a mi tía y a algunos amigos al Señor a través de sus oraciones y su ministerio. Fui creada para darle a Jesús toda la gloria. Bendito sea su Santo Nombre.

Martín Razo
Santa Ana, California, EE.UU.

De niño vivía en la tristeza. Aunque la gente me rodeaba, tenía la sensación de una profunda soledad. Me llamo Martín Razo y así fue mi infancia al crecer. En el instituto todos sabían quién era yo, aunque no estuvieran en el círculo de lo que yo consideraba la "gente guay". Tenía un par de novias, me drogaba y vivía la vida como si fuera algo normal porque casi todo el mundo lo hacía. Los viernes y sábados por la noche me drogaba con mis amigos e iba a las discotecas a ligar. Mi padre siempre estaba pendiente de lo que hacía y de dónde.

La amiga de la familia, la hermana Elizabeth estaba compartiendo su testimonio conmigo. No era aburrida, de hecho, era muy interesante lo que decía. Solía pensar que realmente creía en lo que decía. Luego, de repente, todo se torció en casa. Parecía que el Señor me estaba advirtiendo y llamando a través del miedo. Tuve tres experiencias muy aterradoras que me hicieron creer esto. Primero, me pillaron con drogas y corrí lejos de casa, pero no por mucho tiempo. Mi tía me hizo llamar a mi madre y, tras enterarme de que mi madre tenía diabetes, volví a casa. En segundo lugar, venía de un club nocturno a las 2:00 de la mañana y tuve un accidente de coche en el que el vehículo explotó y salió despedido. En ese momento estaba asistiendo a un estudio bíblico con la hermana Das. Tres, le pedí a un amigo que me llevara y mientras empezábamos a hablar, me dijo que había vendido su alma al diablo y que tenía poder para encender y apagar las luces. Usando las luces de la calle, me lo demostró parpadeando sus ojos para encenderlas y apagarlas. Vi su cara como si se transformara en un demonio. Salté del coche y corrí a casa tan rápido como pude. Horas después me puse a pensar en lo que dijo la hermana Elizabeth y pensé que también debía ser real. La hermana Das me dio un estudio bíblico por teléfono sobre el bautismo en el nombre de Jesús como se habla en el Libro de los Hechos y la iglesia primitiva. Ella no sabía de mi tendencia al suicidio en ese momento, pero algo me decía que necesitaba escucharlo de inmediato porque podría no volver a verme. Me bauticé mientras asistía a una iglesia que creía que Dios es una santa trinidad de tres personas. Estaba haciendo la transición de esa iglesia a la doctrina de los apóstoles. Dios es uno. Dios es Espíritu, Jesús era Dios venido en carne para habitar entre los hombres y el Espíritu Santo es Dios en nosotros. Esta era y es la doctrina de los Apóstoles. Yo sólo había aceptado lo que me habían enseñado como verdad. No sabía el origen de cuándo y de dónde provenía esta creencia.

Una semana después, la hermana Elizabeth me pidió que fuera a la casa de mi tío para un estudio bíblico. El hermano James Min, que tiene el don de sanación y liberación, vino con ella. Hubo milagros esa noche y después del estudio bíblico, nos preguntaron si queríamos recibir el Espíritu Santo. La mayoría de nosotros dijo que sí. Yo seguía pensando que esto era una locura y que no era posible, pero de todos modos di un paso adelante.

Mientras el Hermano James y la Hermana Elizabeth oraban por mí, un poder se apoderó de mí. No sabía cómo responder a este poderoso sentimiento de alegría. Primero reprimí el sentimiento de este poder. Luego, una segunda vez, llegó con más fuerza que la primera, se hizo más fuerte mientras intentaba reprimirlo de nuevo.

La tercera vez no pude reprimir el Espíritu y comencé a hablar en otra lengua o idioma que no conocía. Yo pensaba que hablar en lenguas era una mentira, así que cuando el gozo del Espíritu Santo vino por primera vez sobre mí; yo estaba tratando de hablar, pero traté de detenerlo, porque tenía miedo. Jesús me sano de toda depresión y pensamientos suicidas ese día.

Ahora tengo 28 años y el Señor ha cambiado verdaderamente mi vida para mejor. He completado la Escuela Bíblica y el Señor me ha bendecido con una hermosa esposa. Tenemos un ministerio de jóvenes en nuestra iglesia y también estoy siguiendo un ministerio como Siervo de Dios. La hermana Das nunca se rindió con la familia Razo ni conmigo. Debido a sus muchas oraciones y al compartir sus testimonios del poder de Dios, el bien ha llegado a toda la familia Razo. Muchos de nuestros parientes y vecinos también se han convertido al Señor Jesucristo. Ahora tengo un testimonio. Permítanme decirles que nunca deben dejar de orar por sus seres queridos y por la gente en general. Tal vez nunca sepas lo que Dios está haciendo y cómo hace su estrategia para lograrlo a su manera.

Tammy Alford
Monte. Herman, Luisiana, Estados Unidos.

Básicamente he estado en la iglesia toda mi vida. Mi carga es por las personas que están sufriendo y quiero alcanzarlas con la Palabra de Verdad para hacerles saber que Jesús es su Esperanza. Cuando el Señor me dio esta carga, escribí "El Pueblo" en un paño de oración y lo compartí con mi iglesia. Comenzamos a orar e interceder, y como resultado, todos recibieron un paño de oración para llevar a casa y orar sobre él.

Fue a través de nuestro antiguo pastor y su familia (que ahora han sido llamados a la India como misioneros) que conocí a la hermana. Elizabeth Das. Nuestra Iglesia Country en Franklinton, Louisiana, le dio la bienvenida mientras ella compartía su poderoso testimonio. Todos fueron bendecidos. Unos meses después, la hermana Elizabeth y yo nos convertimos en Compañeras de Oración. Una dama radiante que no sólo ama la oración, sino que la vive. Increíblemente cierto que ella vive, "En Temporada y Fuera de Temporada". Nuestro tiempo de Oración fue en la mañana temprano por teléfono, Texas conectando con Louisiana. Tuvimos las bendiciones del Señor. El dio el incremento y pronto tuvimos un grupo de oración de diferentes estados.

A través de una línea compartida de la conferencia comenzamos a orar y a ayunar, y luego comenzaron a llegar los informes de alabanza. ¡Nuestro Dios es tan asombroso! La hermana Elizabeth es una mujer radiante que tiene un deseo ardiente de ver almas salvadas. Su Llama ardiente ha provocado y encendido a muchos otros para Orar y tener Visión. No hay enfermedad, dolor o diablo en el infierno que la detenga. Por muchos años ella ha estado alcanzando y orando por los perdidos y moribundos; solo la eternidad lo dirá. Agradezco a Dios por su determinación de bulldog y su amor por "La Gente". He visto a Dios hacer obras impresionantes, milagros y responder a las oraciones a través de ella. Mis amigos aquí y las personas que conozco pueden testificar que cuando llamamos a hermana Elizabeth, la oración de fe es orada. ¡Las cosas suceden! Por ejemplo, una señora que asiste a nuestra iglesia de vez en cuando tenía que someterse a una cirugía mayor. Aunque ella vivía fuera de la ciudad, le dije que llamaría a la hermana Elizabeth y oraríamos por su enfermedad por teléfono. Oramos y su dolor desapareció. La hermana Elizabeth le dijo: "No hace falta que te operes, estás curada". Ella permaneció programada para la cirugía hasta que el hospital llamó para cancelar su cirugía y ella fue y la reprogramó. El hospital no realizó más pruebas preoperatorias y siguió adelante con la operación. Después de la operación le informaron de que no habían encontrado nada malo en ella, ni siquiera un rastro de la grave enfermedad. Otro milagro fue el de mi amiga que tiene un niño pequeño. Estaba enfermo con fiebre y se había quedado dormido. Llamamos a la hermana. Elizabeth y rezamos por el altavoz del teléfono. El niño se despertó de repente, se levantó corriendo normalmente y fue sanado. Muchas veces hemos orado sobre casas con espíritus demoníacos y realmente podíamos sentir que algo había sucedido. Nos regocijamos en que nos digan que sintieron una paz repentina o que pudieron dormir bien sin ser atormentados.

Sé que mi fe ha aumentado desde que formé parte de este grupo de oración. La hermana Elizabeth ha sido una maestra para mí de muchas maneras. Me ha dado orientación espiritual a través de la Palabra de Dios. Su vida es un bello ejemplo, mostrando las metáforas de la Biblia en las que se habla de la "luz sobre el monte que no se puede ocultar" y también del árbol plantado junto a los ríos de agua". Sus raíces están profundamente arraigadas en Jesús y es capaz de suministrar a otros la fuerza y la sabiduría que necesitan. A través de las pruebas oscuras que he caminado, sé que la hermana Elizabeth ha orado por mí y estoy agradecida por su ministerio. Ella es verdaderamente esa deslumbrante Joya elegida en Cristo que está siendo usada poderosamente para Su Reino. Cada mañana temprano, ella trae esas vasijas vacías ante Jesús y Él las llena de nuevo. Mi agradecimiento a la Hermana Elizabeth por entregarse verdadera y puramente a Jesús y a Su Reino. ¡A Dios sea la gloria!

Rhonda Callahan
Fort Worth, Texas 20
de mayo de 2011

En algún momento de 2007 estaba conduciendo por la ciudad de Dallas a lo largo de un paso elevado, cuando vi a un par de hombres sin hogar durmiendo bajo un puente. Me conmovió la compasión y le dije al Señor: "Señor, si estuvieras en esta tierra hoy, tocarías a esos hombres y sanarías sus mentes y los harías completos. Se convertirían en hombres productivos de la comunidad viviendo vidas normales". Inmediatamente Jesús habló a mi corazón y dijo "ustedes son mis manos y ustedes son mis pies". En ese momento supe lo que Dios me estaba diciendo. Empecé a llorar y a alabarle. Yo poseía el poder de tocar a esos hombres y sanarlos. No de mi propio poder, sino de Su poder.

De acuerdo con Hechos 1:8 "pero recibirán poder, cuando haya venido sobre ustedes el Espíritu Santo, y me serán testigos en Jerusalén, en toda Judea, en Samaria, y hasta lo último de la tierra.

Además Efesios 1:13-14 nos dice;

"En él también ustedes, habiendo oído la palabra de verdad, el evangelio de vuestra salvación, y habiendo creído, fueron sellados también en él con el Espíritu Santo de la promesa, el cual es las arras de nuestra herencia con miras a la redención de la posesión adquirida, para alabanza de su gloria."

Yo había recibido el poder y había sido sellado en 1986 cuando Dios me bautizó gloriosamente con el Espíritu Santo.

Muchas veces tenemos la mentalidad de que, si Dios estuviera aquí hoy, los milagros ocurrirían entre nosotros. Debemos entender que cuando Él te llena con Su Espíritu Santo. Él te ha dado poder para hacer milagros. Nos convertimos en Sus manos y pies, somos llamados a predicar este maravilloso mensaje a todos los que están en necesidad.

Lucas 4:18

"El Espíritu del Señor está sobre mí, Por lo cual me ungió para predicar el evangelio a los pobres. Me ha enviado [a sanar a los quebrantados de corazón; A proclamar liberación a los cautivos, Y recuperación de la vista a los ciegos; A poner en libertad a los oprimidos,".

Aunque había sido lleno del Espíritu Santo desde 1986, había recibido algunos golpes duros en los últimos años. Asistía fielmente a la iglesia; era maestra de escuela dominical y acababa de terminar 4 años de Colegio Bíblico. Me ofrecí para hacer todo lo que se me pedía en la iglesia.

Sin embargo, me había oprimido mucho. Todavía creía que Dios era capaz de hacer todo lo que había prometido, pero yo era un vaso roto. Hubo un tiempo en que trabajaba ante el Señor en oración e intercesión, leía mi Biblia todos los días, testificaba cada vez que podía, pero ahora me encontraba sin orar mucho. Desanimada y deprimida, estaba abrumada por un constante tormento mental. Mi hija había dejado recientemente a su marido y había solicitado el divorcio. Mi nieto tenía 4 años en ese momento, y vi el dolor que estaba sufriendo por un hogar roto. Cada vez me atormentaban más los pensamientos sobre la vida que llevaría al ser criado en un hogar roto. Me preocupaba la posibilidad de que fuera maltratada por un padrastro o madrastra, que no le quería, o la posibilidad de crecer sin sentirse querido por su padre o su madre a causa de este divorcio. Mi mente se llenó de pensamientos horribles y lloré a diario. Expresé estos pensamientos a algunos amigos cercanos. Siempre respondían lo mismo... Confía en Dios. Sabía que Dios era capaz, pero había perdido la fe en mí misma. Cuando rezaba, me encontraba suplicando, llorando y deseando que Dios lo mantuviera a salvo. Sabía que podía hacerlo, pero ¿lo haría por mí?

Luchaba por comer, y continuamente necesitaba atiborrarme. Mi carne se había convertido en el gobernante de mi vida. Ya no caminaba en el espíritu, sino que caminaba más en la carne y cumpliendo los deseos de la carne continuamente, o al menos así lo sentía.

El 27 de marzo de 2011 tuvimos un almuerzo de la Hermandad de Damas después de la iglesia. Me pidieron que hablara. Recuerden que yo seguía trabajando en la iglesia con normalidad, pero estaba quebrada y pocos o nadie entendían la profundidad de mi quebranto. Después del almuerzo, la hermana Elizabeth Das se acercó a mí con una dulce sonrisa y me dio su número de teléfono. Me dijo "llámame si alguna vez necesitas un lugar para ir después de la iglesia, puedes quedarte en mi casa". La razón por la que me dijo que podía quedarme con ella es porque para mí es un viaje de 65 millas a la iglesia en un sentido y es muy difícil ir a casa y volver de nuevo para el servicio de la tarde, así que traté de quedarme hasta el servicio de la tarde en lugar de conducir de vuelta a casa entre los servicios.

Habían pasado unas dos semanas y me sentía más deprimida. Una mañana, de camino al trabajo, busqué en mi bolso y encontré el número de la hermana Elizabeth. La llamé y le pedí que rezara por mí. Esperaba que dijera que sí y que terminara la llamada. Pero, para mi sorpresa, me dijo que rezaría por mí en ese momento. Detuve mi coche a un lado de la carretera y ella rezó por mí.

La semana siguiente, después de la iglesia, fui a casa con ella. Después de hablar un rato, me pidió que rezar por mí. Puso sus manos sobre mi cabeza y comenzó a orar. Con poder y autoridad en su voz, oró para que Dios me librara. Reprendió la oscuridad que me rodeaba; exceso de comida, tormento mental, depresión y opresión.

Sé que ese día Dios usó esas manos para liberarme de la horrible opresión que sufría. En el momento en que la hermana Elizabeth se rindió a Dios, ¡me liberó!

Marcos 16:17-18 nos dice "Y estas señales acompañarán a los que crean: En mi nombre expulsarán demonios, hablarán en nuevas lenguas, tomarán serpientes en sus manos, y si beben algo mortífero, no les hará ningún daño; impondrán las manos sobre los enfermos, y sanarán."

Isaías 61:1 "El Espíritu del Señor Dios está sobre mí, porque me ha ungido el SEÑOR, para llevar buenas nuevas a los pobres, para vendar a los quebrantados de corazón, para proclamar libertad a los cautivos, y a los presos apertura de la cárcel".

Jesús necesita que seamos sus manos y sus pies. La hermana Elizabeth es una verdadera sierva de Dios. Estando llena de Su poder y siendo obediente a Su voz. Estoy muy agradecida de que haya mujeres como la hermana Elizabeth caminando entre nosotros, que todavía creen en el poder liberador de la preciosa sangre de Jesús, que han sido ungidas por Su Espíritu y cumpliendo ese maravilloso llamado que Él le ha hecho. Ese día Dios convirtió mi dolor en belleza y quitó el espíritu de pesadez reemplazándolo con el aceite de la alegría.

Isaías 61:3 "para ordenar que a los afligidos de Sión se les dé diadema en lugar de ceniza, óleo de gozo en lugar de luto, manto de alabanza en lugar de espíritu abatido; y serán llamados árboles de justicia, plantío de Jehová, para gloria suya".

Te desafío hoy; busca a Dios con todo tu corazón para que puedas caminar en la plenitud de su poder. Él necesita que compartas a Jesús con otros y que seas sus manos y pies. Amén.

Vicky Franzen Josephine Texas

Mi nombre es Vicki Franzen, asistí a la Iglesia Católica la mayor parte de mi vida adulta; sin embargo, siempre sentí que algo faltaba. Hace unos años, empecé a escuchar un programa de radio que enseñaba sobre el Fin de los Tiempos. Muchas preguntas que tuve toda mi vida fueron respondidas. Esto me llevó a una iglesia apostólica para continuar mi búsqueda de la verdad.

Allí, fui bautizada en el nombre de Jesús y recibí el bautismo del Espíritu Santo, con la evidencia de hablar en lenguas, como se describe en el libro de los Hechos. Los siguientes cuatro años, parecía que la habilidad de hablar en lenguas ya no estaba disponible para mí; a pesar de que asistía a la iglesia regularmente, oraba, estudiaba y estaba involucrada en diferentes ministerios. Me sentía muy "seca" y vacíoa del Espíritu Santo. Otro miembro de mi iglesia me dijo que cuando la hermana Liz le impuso las manos y oró, "algo" salió de ella; haciéndola sentir completamente libre de opresión, depresión, etc.

Varias señoras de nuestra iglesia se reunieron para almorzar, lo que me dio la oportunidad de conocer a la hermana Elizabeth. Comenzó una conversación sobre los demonios y el mundo espiritual. Siempre había sentido mucha curiosidad por este tema, pero nunca había escuchado una enseñanza al respecto. Intercambiamos números de teléfono y comenzamos un estudio bíblico en su casa. Le pregunté cómo una persona que había sido bautizada en el nombre de Jesús y bautizada con el Espíritu Santo podía tener un demonio. Ella me dijo que uno tiene que vivir una vida santa y justa orando, ayunando, leyendo la palabra de Dios y manteniéndose lleno del Espíritu Santo hablando en lenguas todos los días. En ese momento, compartí mi experiencia de sentirme seca y no poder hablar en lenguas. Ella me impuso las manos y oró. Me sentía bien, pero muy cansada. Liz me explicó que cuando un espíritu maligno sale del cuerpo, te deja sintiéndote cansada y agotada. Ella continuó orando sobre mí y comencé a hablar en lenguas. Estaba muy emocionada y llena de alegría. Ser capaz de hablar en lenguas, me hizo saber que todavía tenía el Espíritu Santo.

Liz y yo nos hicimos buenas amigas, rezando juntas. La hermana Elizabeth tiene un espíritu tan dulce y gentil, pero cuando ora, Dios la unge con una audacia piadosa para sanar a los enfermos y expulsar a los demonios. Ora con autoridad y casi siempre ve la respuesta inmediatamente. Dios le ha dado un talento para enseñar las escrituras que hace que el significado sea muy claro para mí.

Le hablaba a Liz de la hija de mi amiga Valerie, Mary. Le diagnosticaron TDA y EPOC. También tenía discos rotos que intentaban tratar sin cirugía. Estaba constantemente en el hospital con varios problemas físicos. Tomaba muchos medicamentos diferentes sin ningún resultado. Mary estaba tan incapacitada que no podía trabajar, y tenía cuatro hijos que cuidar sin el apoyo de su ex marido.

La hermana Liz comenzó a decirme que algunas de esas cosas son demonios y que pueden ser expulsadas en el nombre de Jesús. Yo tenía algunas dudas al respecto, simplemente porque nunca había escuchado que esa enfermedad en particular fuera causada por demonios. Cuando mi amiga, su suegra y yo nos sentamos a tomar un café recientemente, empezaron a contarme lo visceralmente que les hablaba María. Les gritaba, chillaba y maldecía. Sabían que había experimentado mucho dolor con sus problemas de espalda y fuertes dolores de cabeza que los medicamentos no parecían aliviar; sin embargo, esto era diferente. Hablaron de lo odiosos que eran sus ojos a veces y de lo mucho que les asustaban.

Unos días más tarde, mi amiga me llamó para decirme que no podía aguantar más. Las descripciones de cómo su hija estaba actuando comenzaron a confirmar las cosas que la hermana Liz me decía sobre los demonios. Todo lo que ella me dijo, Dios lo confirmó a través de otros. La condición de Mary estaba empeorando y ella comenzó a hablar de terminar con su vida. Comenzamos a orar de acuerdo para la expulsión de demonios en María y en su casa. Dios despertó a la hermana Liz dos noches seguidas para que intercediera por María. Liz le pidió específicamente a Dios que le mostrara a María lo que estaba sucediendo allí.

Cuando María rezaba por la noche, tuvo una visión de que su marido (que la había abandonado y vivía con otra mujer) estaba en su casa. Pensó que la visión era la respuesta de Dios a su oración de que él volvería a casa con ellos para Navidad. La hermana Liz me dijo que sospechaba que se estaba utilizando la brujería contra María. Probablemente por su exmarido o la mujer con la que vivía. Realmente no entendía cómo podía saber eso. No compartí ninguna de las cosas que Liz me dijo con nadie. En un par de días, Valerie me dijo que su hija, Mary, estaba recibiendo extraños y feos mensajes de texto de la mujer que vive con su ex marido. Mary sabía que el lenguaje era definitivamente utilizado para la brujería. Esto fue una confirmación de lo que la hermana Liz me había dicho.

Durante los dos últimos meses en que supimos del estado de Mary, habíamos intentado ir a rezar por ella. Pero nunca se pudo. La hermana Liz dijo: "aunque no podamos ir a su casa, Dios irá y se encargará de la situación".

Entrando Jesús en Capernaúm, se le acercó un centurión, rogándole, y diciendo: Señor, mi criado está postrado en casa, paralítico, terriblemente atormentado. Y Jesús le dijo: Yo iré y le sanaré. Respondió el centurión y dijo: Señor, no soy digno de que entres bajo mi techo; solamente dilo de palabra, y quedará sanado mi criado. Porque también yo soy hombre bajo autoridad, y tengo bajo mis órdenes soldados; y digo a éste: Ve, y va; y al otro: Ven, y viene; y a mi esclavo: Haz esto, y lo hace. Al oírlo Jesús, se maravilló, y dijo a los que le seguían: De cierto les digo que ni aun en Israel he hallado tanta fe. (Mateo 8: 5-10)

A los dos días de que oramos para expulsar los demonios de María y de su casa, ella informó a su madre, que estaba durmiendo mejor y no tenía más sueños. Esta es una de las muchas cosas que la hermana Liz me dijo, que cuando uno tiene muchos sueños y yeguas nocturnas, puede ser una indicación de espíritus malignos en su casa. Al día siguiente, una compañera de trabajo de Valerie le contó un sueño que había tenido la noche anterior. Una serpiente negra y plana se alejaba de la casa de Mary. Ese día Mary llamó a su madre para decirle que se sentía muy feliz y alegre. Salió de compras con sus mellizos de 15 meses, algo que no había hecho en mucho tiempo. Esta fue otra confirmación de que el TDA, el TDAH, la Bipolaridad y la Esquizofrenia son ataques del enemigo. Tenemos poder sobre los escorpiones y las serpientes (Estos son todos los espíritus malignos que se mencionan en la Biblia.) que podemos echar fuera sólo, en el nombre de Jesús.

He aquí les doy potestad de hollar serpientes y escorpiones, y sobre todo poder del enemigo, y nada los dañará. Lucas 10:19

La hermana Liz también me dijo que debemos ungir a nuestra familia, nuestros hogares y a nosotros mismos con aceite de oliva bendecido diariamente de los ataques del enemigo. También debemos dejar que la palabra de Dios impregne nuestro hogar.

Esta experiencia me ha ayudado a ver algunas situaciones que definitivamente son controladas por demonios como se habla en la Biblia.

Porque no tenemos lucha contra sangre y carne, sino contra principados, contra potestades, contra los dominadores de este mundo de tinieblas, contra huestes espirituales de maldad en las regiones celestes.
(Efesios 6:12)

Sólo puedo hablar por mí mismo. Crecí creyendo que los milagros, el hablar en lenguas, la curación de los enfermos y la expulsión de los demonios eran sólo para los tiempos bíblicos, cuando Jesús y sus apóstoles estaban en la tierra. Nunca pensé mucho en la posesión de demonios en nuestros días. Ahora sé y entiendo; ¡todavía estamos en los tiempos bíblicos! Su Palabra siempre ha sido para el presente. El "presente" ¡fue ayer, el "presente" es ahora, y el "presente" será para mañana!

Jesucristo es el mismo, ayer, y hoy, y por los siglos. (Hebreo 13:8)

Satanás ha logrado engañar y alejarnos del poder que Dios dio a su Iglesia. La Iglesia de Dios son aquellos que se arrepienten, son bautizados en el nombre de Jesús, y reciben el don del Espíritu Santo, con la evidencia de hablar en lenguas. Ellos entonces recibirán el poder de lo alto.

pero recibirán poder, cuando haya venido sobre ustedes el Espíritu Santo, y me seréis testigos en Jerusalén, en toda Judea, en Samaria, y hasta lo último de la tierra. (Hechos 1:8)

y ni mi palabra ni mi predicación fue con palabras persuasivas de humana sabiduría, sino con demostración del Espíritu y de poder, (1 Corintios 2:4) pues nuestro evangelio no llegó a ustedes solamente en palabras, sino también en poder, en el Espíritu Santo y en plena certidumbre, como bien saben qué clase de personas fuimos entre ustedes por amor a ustedes (1 Tesalonicenses 1:5).

¡La Palabra de Dios es para nosotros AHORA!

Sección II

N unca pensé en incluir esta segunda parte en mi libro. Sin embargo, me tomé el tiempo y añadí esta parte porque muchas personas solicitaron la información. Desde que empecé a dar estudios bíblicos a diferentes nacionalidades, nos encontramos con cambios en las Biblias modernas. Comencé a indagar en la historia y encontré información muy impactante. Al tener esta información, creo que es mi responsabilidad dar a conocer esta verdad a mis hermanos y hermanas y detener al enemigo en su camino para que no siga engañando a la gente.

A. Lenguas Que Utilizó Dios

A lo largo de los siglos, la Biblia ha adoptado diferentes modalidades y, sobre todo, diferentes idiomas. A lo largo de la historia vemos cuatro idiomas principales a los que se ha traducido la Biblia: primero, el hebreo, luego el griego, seguido del latín y, por último, el inglés. Los párrafos siguientes muestran brevemente estas diferentes etapas.

Desde alrededor del año 2000 a.C., la época de Abraham, hasta aproximadamente el año 70 d.C., la época de la destrucción del segundo templo de Jerusalén, Dios eligió hablar a su pueblo a través de las lenguas semíticas, principalmente el hebreo. Fue a través de esta lengua que a su pueblo elegido se le mostró el camino, y también que en verdad necesitaban un Salvador que los corrigiera cuando pecaban.

A medida que el mundo progresaba, surgió una superpotencia; la comunicación principal de esta potencia era a través de la lengua griega. El griego fue una lengua prominente durante tres siglos, y fue una elección lógica de Dios. Fue a través del griego que Dios eligió para comunicar el Nuevo Testamento; y como lo demuestra la historia, se extendió como un incendio. Consciente de la eminente amenaza que supondría un texto escrito en la lengua de las masas, Satanás se propuso destruir la credibilidad de la Biblia. Esta "falsa" Biblia fue escrita en griego, pero se originó en Alejandría, Egipto; el Antiguo Testamento se denominó "Septuaginta" y el Nuevo Testamento se llamó "Texto Alejandrino". La información fue pervertida por las ideas del hombre y borró muchas de las palabras de Dios. También es evidente que hoy en día estos Apócrifos (griego que significa

"Oculto", nunca fueron considerados como la palabra de Dios) se han filtrado en nuestra Biblia moderna.

Hacia el año 120, el latín se había convertido en una lengua común, y la Biblia se tradujo de nuevo en los años 1500. Como el latín era una lengua muy hablada en aquella época, la Biblia se leía fácilmente en toda Europa. El latín se consideraba entonces una lengua "internacional". Esto permitió que la Biblia viajara por los países y ser traducida posteriormente a los dialectos regionales. Esta primera versión se llamó Vulgata, que significa "Biblia común". El diablo respondió a esta amenaza creando un libro hermano en Roma. Los romanos afirmaron que su Biblia, que estaba llena de los "libros desechados" de los apócrifos y de textos que pretendían parecerse a la verdadera Biblia, era de hecho la verdadera Biblia. En este punto tenemos dos Biblias que eran dramáticamente diferentes la una de la otra; para proteger su Biblia falsa el Diablo tuvo que salir a destruir los textos verdaderos. Los católicos romanos enviaron mercenarios para aniquilar y martirizar a los que estaban en posesión de la verdadera Vulgata Latina. Los mercenarios tuvieron éxito en su mayor parte, pero al final no pudieron erradicarla por completo, y la palabra de Dios se conservó.

Entre los años 600 y 700 d.C. se desarrolló una nueva lengua mundial, el inglés. Dios comenzó a sentar las bases que luego desencadenaron un movimiento misionero masivo. En primer lugar, William Tyndale, en 1500, comenzó a traducir los textos originales en hebreo y griego a la nueva lengua. Después de él, muchos intentaron hacer lo mismo, tratando de igualar los textos hebreos y griegos anteriores. Entre estas personas se encontraba el rey Jacobo VI, que en 1604 encargó a un consejo que elaborara la versión inglesa más exacta de los textos. En 1611 ya circulaba una versión autorizada, conocida comúnmente como la Biblia del Rey Jacobo. Los misioneros empezaron a traducir de esta Biblia por todo el mundo.

El continuo ataque de Satanás a la Palabra de Dios:

Ahora nos enfrentamos a otro ataque del diablo. La Biblia publicada en el 2011 diciendo que es la KJV de 1611, insertó la Apócrifa, que nunca fue considerada como la Palabra de Dios. Los apócrifos fueron eliminados de la KJV por los eruditos autorizados sabiendo el hecho de que no era la palabra de Dios.

¡Satanás nunca se rinde!

B. ¿Cómo Ha Conservado Dios Su Palabra ?

Dios le da la máxima importancia a su palabra escrita, lo cual está muy claro.

Las palabras del Señor son palabras puras: como la plata probada en el horno de tierra, purificada siete veces. Tú las guardarás, oh Señor, las preservarás de esta generación para siempre (Salmos 12:6-7)

La Palabra de Dios está por encima de todos los nombres:

*"Adoraré hacia tu santo templo, y alabaré tu nombre por tu misericordia y por tu verdad; **porque has engrandecido tu palabra sobre todo tu nombre**. "(Salmos 138:2)*

El Señor también nos advirtió de su visión de su palabra. Él dio serias advertencias a aquellos que corromperían las Escrituras. Dios advirtió contra la adición a Su palabra:

Toda palabra de Dios es pura*; es un escudo para los que confían en él. No añadas a sus palabras, para que no te reprenda y seas hallado mentiroso. (Proverbio 30:5-6)*

Dios ha conservado sus palabras para todas las generaciones, sin falta.

Muchos hombres devotos trataron heroicamente de contener la creciente ola de apostasía e incredulidad; debido en parte, a la dilución de la autoridad de la Palabra de Dios. Durante la Edad Media, la Iglesia Católica controlaba al pueblo haciendo que la Biblia se escribiera sólo en latín. La gente común no sabía leer ni hablar latín.

Hacia el año 400, la Biblia fue traducida a 500 idiomas a partir de los manuscritos originales que eran verdaderos. Con el fin de controlar a la gente, la Iglesia Católica hizo una dura ley que la Biblia sólo podía escribirse y leerse en lengua latina. Esta versión latin no fue traducida de los manuscritos originales.

Juan Wycliffe

John Wycliffe era conocido como pastor, erudito, profesor de Oxford y teólogo. En 1371 J.W. comenzó a escribir a mano los manuscritos en inglés, con la ayuda de muchos fieles escribas y seguidores. El primer manuscrito de la Biblia en inglés escrito a mano por Wycliffe fue traducido de la Vulgata latina. Esto ayudaría a poner fin a las falsas enseñanzas de la Iglesia Católica Romana. Tardaría 10 meses y costaría cuarenta libras para escribir y distribuir una sola copia de la Biblia. La mano de Dios estaba sobre Wycliffe. La Iglesia Católica Romana se enfureció contra el Sr. Wycliffe. Sus muchos amigos le ayudaron a no ser perjudicado. Aunque la Iglesia Católica hizo todo lo posible para recoger y quemar todos los ejemplares, eso no detuvo a Wycliffe. Nunca se rindió porque sabía que su trabajo no era en vano. La Iglesia Católica no tuvo éxito en obtener todas las copias. Quedaron ciento setenta ejemplares. ¡A Dios sea la gloria!

La Iglesia Católica Romana continuó con su ira. Cuarenta y cuatro años después de la muerte de J. Wycliffe, el Papa ordenó que sus huesos fueran desenterrados, triturados y arrojados al río. Unos cien años después de la muerte de J. Wycliffe, Europa comenzó a aprender el griego.

Juan Hus

Uno de los seguidores de Juan Wycliffe, Juan Hus, continuó el trabajo que Wycliffe había comenzado; él también se opuso a las falsas enseñanzas. La Iglesia Católica estaba decidida a impedir cualquier cambio que no fuera el suyo, amenazando con la ejecución de cualquiera que leyera una Biblia que no fuera latina. La idea de Wycliffe, de que la Biblia debía ser traducida a la propia lengua, serviría. Juan Hus fue quemado en la hoguera en 1415 junto con el manuscrito del Sr. Wycliffe que fue utilizado para encender el fuego. Sus últimas palabras fueron: "¡Dentro de 100 años, Dios suscitará un hombre cuyas llamadas a la reforma no podrán ser suprimidas!". En 1517, su profecía se hizo realidad, cuando Martín Lutero publicó su famosa Tesis de Contención sobre la Iglesia Católica en Wittenberg. En el mismo año, el libro de Fox sobre los mártires, registra que la Iglesia Católica Romana quemó a 7 personas en la hoguera por el crimen de "enseñar a sus hijos a rezar, La oración del Señor en inglés en lugar de latín".

Johannes Guttenberg:

El primer libro que se imprimió en la imprenta fue la Biblia en latín y fue inventado por Johannes Guttenberg en 1440.

Este invento permitió imprimir un gran número de libros en muy poco tiempo. Esto resultaría ser un instrumento vital para impulsar la Reforma Protestante.

Dr. Thomas Linacre:

El Dr. Thomas Linacre, profesor de Oxford, decidió aprender griego en la década de 1490. Leyó y terminó la Biblia en el idioma griego original. Después de terminar sus estudios declaró "O esto no es el Evangelio o no somos cristianos".

Las versiones de la Vulgata Latina católica romana se habían corrompido tanto que la verdad estaba oculta. La Iglesia Católica continuó tratando de imponer su estricta ley de exigir que la gente leyera la Biblia sólo en el idioma latín.

John Colet

En 1496, John Colet, otro profesor de Oxford, comenzó a traducir la Biblia del griego al inglés para sus estudiantes y más tarde para el público en la Catedral de San Pablo de Londres. En seis meses estalló el renacimiento y más de 40.000 personas asistieron a su servicio. Animó a la gente a luchar por Cristo y a no involucrarse en guerras religiosas. Al tener muchos amigos en las altas esferas, se libró de la ejecución.

Desiderius Erasmus, 1466-1536

El Sr. Desiderius Erasmus, un gran erudito, observó los acontecimientos del Sr. Colet y del Sr. Linacre. Se sintió impresionado por volver a convertir la Vulgata latina a la verdad. Lo logró con la ayuda del Sr. J. Froben, que imprimió y publicó el manuscrito en 1516.

El señor Erasmo quería que todos supieran lo corrompida que se había vuelto la Vulgata latina. Les animó a centrarse en la verdad. Subrayó el hecho de que utilizando los manuscritos originales, que estaban en griego y hebreo, se mantendría uno en el camino correcto de continuar en la fidelidad y la libertad.

Una de las citas más famosas y divertidas del célebre erudito y traductor Erasmo fue:

> *"Cuando tengo un poco de dinero, compro libros; y si me queda algo, compro comida y ropa".*

La Iglesia católica continuó atacando a cualquiera que participara en cualquier traducción de la Biblia que no fuera el latín.

Guillermo Tyndale (1494-1536)

El Sr. William Tyndale nació en 1494 y murió a la edad de 42. El Sr. Tyndale no sólo era el capitán del ejército de reformadores, sino que también era conocido como su líder espiritual. Era un gran hombre de integridad y respeto. El Sr. Tyndale asistió a la Universidad de Oxford, donde estudió y creció. Después de recibir su título de maestro a la edad de veintiún años, partió a Londres.

Estaba dotado para hablar muchos idiomas: Hebreo, griego, español, alemán, latín, francés, italiano e inglés. Uno de los asociados del Sr. Tyndale dijo que cuando alguien le oía hablar uno de estos idiomas, creía que estaba hablando en su lengua materna. Utilizó estas lenguas para bendecir a los demás. Tradujo el Nuevo Testamento griego al inglés. Sorprendentemente, fue el primer hombre que imprimió la Biblia en inglés. Sin duda, este don le permitió escapar con éxito de las autoridades, durante sus años de exilio de Inglaterra. Finalmente, el Sr. Tyndale fue atrapado y arrestado por el delito de herejía y traición. En octubre de 1536, tras un juicio injusto y quinientos días en una prisión con condiciones miserables, el Sr. Tyndale fue quemado en la hoguera. Consta que la Tyndale House Publishers es una empresa moderna que lleva el nombre de este increíble héroe.

Martín Lutero:

La Iglesia Católica Romana había gobernado durante demasiado tiempo y Martín Lutero no toleraba la corrupción dentro de la iglesia. Estaba harto de las falsas enseñanzas que se imponían al pueblo. El día de Halloween de 1517, no se lo pensó dos veces, cuando publicó sus 95 Tesis de Contención en la iglesia de Wittenberg. El consejo de la Dieta de Worms, formado por la iglesia, planeó martirizar a Martín Lutero. La iglesia católica temía la eventual pérdida de poder e ingresos. Ya no podrían vender indulgencias por los pecados o la liberación de los seres queridos del "purgatorio", que es una doctrina inventada por la Iglesia Católica.

Martín Lutero se adelantó a Tyndale y en septiembre de 1522 publicó su primera traducción al alemán del Nuevo Testamento grecolatino de Erasmo. Tyndale quería utilizar el mismo texto original. Comenzó el proceso y fue aterrorizado por las autoridades. Abandonó Inglaterra en 1525 para ir a Alemania, donde trabajó al lado de Martín Lutero. Al final del año el Nuevo Testamento estaba traducido al idioma inglés. En 1526, el Nuevo Testamento de Tyndale se convirtió en la primera edición de las Escrituras que se imprimió en lengua inglesa. Esto fue bueno. Si la gente podía tener acceso a la lectura de la Biblia en su propio idioma, la Iglesia Católica ya no tendría un control o dominio sobre ellos. La oscuridad del miedo que controlaba al pueblo ya no era una amenaza. El público llegaría a desafiar a la autoridad eclesiástica por cualquier mentira revelada.

La libertad había llegado por fin; la salvación era gratuita para todos por la fe y no por las obras. Siempre será la Palabra de Dios la verdadera, no la del hombre. La Palabra de Dios es verdadera y la Verdad los hará libres.

El rey Jacobo VI:

En 1603, cuando Jacobo VI se convirtió en rey, había un proyecto pendiente para una nueva traducción de la Biblia. La razón de la nueva traducción era porque la Gran Biblia, la Biblia de Mateo, la Biblia del Obispo, la Biblia de Ginebra y la Biblia de Coverdale, en uso, estaban corrompidas. En la Conferencia de Hampton Court, el rey Jacobo aprobó la traducción de la Biblia. Cuarenta y siete estudiosos de la Biblia, teólogos y lingüistas fueron cuidadosamente elegidos para esta gran obra de traducción. Los traductores se dividieron en seis grupos y trabajaron en las universidades de Westminster, Cambridge y Oxford. Los diferentes libros de la Biblia fueron asignados a estos eruditos hebreos, griegos, latinos e ingleses. Había ciertas pautas que debían seguirse para que esta traducción se llevara a cabo. La traducción de la Santa Biblia desde las lenguas originales se completó en 1611 y se difundió por todo el mundo.

Plan 1: en Egipto Aleandria, Satanás atacó la palabra de Dios

Un solo Dios verdadero fue dividido en tres.

Entonces comenzó el tiempo de las tinieblas

Santiago 2: 19 Satanás sabe que hay un solo dios y que tiembla

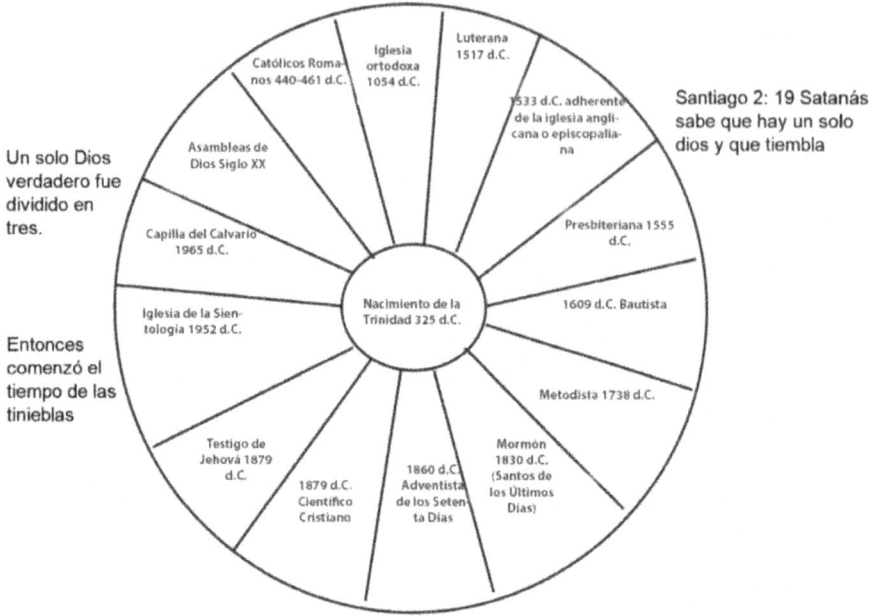

Iglesia ortodoxa 1054 d.C.

Luterana 1517 d.C.

Católicos Romanos 440-461 d.C.

1533 d.C. adherente de la iglesia anglicana o episcopaliana

Asambleas de Dios Siglo XX

Presbiteriana 1555 d.C.

Capilla del Calvario 1965 d.C.

1609 d.C. Bautista

Iglesia de la Sientología 1952 d.C.

Nacimiento de la Trinidad 325 d.C.

Metodista 1738 d.C.

Testigo de Jehová 1879 d.C.

1879 d.C. Científico Cristiano

1860 d.C. Adventista de los Setenta Días

Mormón 1830 d.C. (Santos de los Últimos Días)

COMO RESULTADO TENEMOS MUCHAS DENOMINACIONES.

C. Traducciones De La Biblia De Nuestra Época :

L a verdad sobre las diferentes versiones de La Biblia:

La Palabra de Dios es la Autoridad Final para nuestra vida. En la actualidad, hay muchas traducciones diferentes de la Biblia además de la versión del Rey Jacobo (KJV). Los verdaderos seguidores de Cristo quisieran saber si todas las versiones de la Biblia son correctas o no. Busquemos la verdad en todas estas diferentes versiones de la Biblia. Tenemos la NVI, la NKJV, la Biblia Católica, la Biblia Latina, la Versión Estándar Americana, la Versión Estándar Revisada, la Versión Estándar Inglesa, la Nueva Versión Estándar Americana, la Versión Estándar Internacional, la Biblia Griega y Hebrea, y la Biblia de la Traducción del Nuevo Mundo (Testigos de Jehová), etc. También hay muchas otras Biblias traducidas en diferentes tiempos y épocas por muchos eruditos diferentes. ¿Cómo sabemos que todas estas diferentes versiones son correctas o han sido corrompidas? Si se han corrompido, ¿cómo y cuándo ocurrió?

Empecemos nuestro viaje a través de estas muchas variaciones para encontrar la verdad:

Lo que necesitamos saber es, para poder determinar cuál es la verdadera versión:

El reciente descubrimiento de la Escritura Original de Alejandría tiene una línea, líneas o guiones sobre palabras y escrituras. Esto significaba omitir esas palabras y versos particulares de su traducción. Encontraron estas líneas sobre palabras como: Santo, Cristo, y Espíritu, junto con muchas otras palabras y versos. Los escribas que tenían el trabajo de editar estos manuscritos no creían en el Señor Jesucristo como el Mesías (Salvador). Quienquiera que haya hecho la edición eliminó y cambió muchas palabras y escrituras. Este manuscrito ha sido descubierto recientemente en Alejandría, Egipto.

Esta es una maravillosa prueba de que la Biblia fue cambiada y corrompida en Alejandría por sus corruptos líderes religiosos y políticos.

La versión King James de la Biblia dice:

Toda Escritura es inspirada por Dios, y útil para enseñar, para redargüir, para corregir, para instruir en justicia (2 Tim 3:16)

conociendo primero esto, que ninguna profecía de la Escritura procede de interpretación privada, porque nunca la profecía fue traída por voluntad humana, sino que los santos hombres de Dios hablaron siendo movidos por el Espíritu Santo. (2 Pedro 1: 20-21)

Esta verdadera palabra de Dios escrita por el único Dios.

La Palabra de Dios es eterna:

Porque de cierto les digo que hasta que pasen el cielo y la tierra, ni una jota ni una tilde pasarán de ningún modo de la ley, hasta que todo se haya realizado. (Mateo 5:18)

Pero más fácil es que pasen el cielo y la tierra, que se frustre una tilde de la ley. (Lucas 16: 17)

No añadas ni quites nada a la Palabra de Dios:

La Palabra de Dios no se puede restar, añadir o tergiversar:

Yo testifico a todo aquel que oye las palabras de la profecía de este libro:

Si alguno añade a estas cosas, Dios traerá sobre él las plagas que están escritas en este libro. Y si alguno quita de las palabras del libro de esta profecía, Dios quitará su parte del libro de la vida, y de la santa ciudad y de las cosas que están escritas en este libro. (Revelación 22:18-19)

No añadiréis a la palabra que yo les mando, ni disminuiréis de ella, para que guardéis los mandamientos de Jehová vuestro Dios que yo les ordeno. (Deuteronomio 4:2)

La Palabra de Dios es viva y más afilada que una espada de dos filos:

*Toda palabra de Dios es **pura**; Él es escudo a los que en él esperan (Proverbios 30:5)*

El Salmo 119 nos dice que la Palabra de Dios nos ayuda a mantenernos puros y a crecer en la fe. La Palabra de Dios es la única guía para vivir una vida pura.

*Tu palabra es una **lámpara** para mis pies, y una **luz** para mi camino. (Salmos 119:105)*

*habiendo nacido de nuevo, no de simiente corruptible, sino de incorruptible, por medio **de la palabra de Dios** que vive y permanece para siempre. (1 Pedro 1:23)*

De las muchas versiones inglesas disponibles hoy en día, sólo la versión del Rey Jacobo (1611) sigue sin falta el texto hebreo masorético tradicional superior. Este meticuloso método fue utilizado por los masoritas al hacer copias del Antiguo Testamento. Una prueba fidedigna de la promesa de Dios de preservar su Palabra, nunca ha fallado.

Dios va a preservar su Palabra:

*Las palabras del SEÑOR son **palabras puras** como plata purificada en horno de tierra, siete veces refinada. Tú, oh SEÑOR, **los guardarás**. **Guárdalos para siempre de esta generación**. (Salmos 12:6, 7)*

La tecnología actual ha demostrado la exactitud y veracidad de la Biblia en la versión del rey Jacobo.

El Journal of Royal Statistical Society and Statistical Science es un nuevo organismo de investigación:

Los estudiosos del hebreo, dos matemáticos de Harvard y dos de Yale, tomaron estas dos técnicas científicas estadísticas y se sorprendieron de la exactitud de la Biblia KJV. Hicieron un estudio informativo por ordenador utilizando la secuenciación equidistante de las letras. Introdujeron un nombre de los cinco primeros libros (Torah) de la Biblia KJV y al introducir ese nombre, la prueba de secuenciación de letras equidistantes fue capaz de rellenar automáticamente la fecha de nacimiento y muerte de esa persona y la ciudad en la que nació y murió. Se comprobó que éste era el informe más preciso. Señaló a las personas que vivieron a principios de siglo con facilidad y con resultados exactos. Eran pruebas sencillas, pero los resultados eran muy precisos.

La misma técnica falló cuando pusieron los nombres usados en la NIV, New American Standard Version, The Living Bible y otros idiomas y traducciones de estas versiones. Este método demuestra la inexactitud de las copias corruptas de la Biblia.

Intentaron el mismo análisis matemático para el Pentateuco Samaritano, así como para la Versión Alejandrina y tampoco funcionó.

El Libro de Revelación nos dice que:

y si alguno quita de las palabras del libro de esta profecía, Dios le quitará su parte del árbol de la vida y de la santa ciudad, de los cuales se ha escrito en este libro. (Revelación 22:19)

Con este estudio, llegaron a la conclusión de que la Biblia KJV es la más veraz que tenemos hoy en día.

Un Texto Griego basado en el Texto Masorético y el Textus Receptus: (simplemente significa textos recibidos por todos) que fue escrito originalmente subyace a la Biblia KJV. Más de cinco mil manuscritos coinciden en un 99% con la Biblia KJV.

La Biblia KJV es de dominio público y no necesita permiso para su traducción.

Las versiones modernas de la Biblia no utilizan el texto masorético hebreo. Han utilizado el Manuscrito de Leningrado, editado por la Septuaginta una versión griega corrupta del Antiguo Testamento. Ambos textos hebreos falsos de la Biblia Hebraica ofrecen en sus propias notas a pie de página los cambios sugeridos. Los textos hebreos falsos, BHK o BHS, se utilizan para el Antiguo Testamento en todas las versiones modernas para las traducciones. El texto hebreo masorético tradicional que subyace en la KJV es exactamente igual al manuscrito original. Hoy en día, los arqueólogos han encontrado todos los libros de la Biblia lo que demuestra que la Biblia KJV es la traducción exacta del Libro original.

La Palabra de Dios ha cambiado:

La Biblia dice que la palabra de Dios es nuestra espada y se usa como única arma de ofensa contra el enemigo; sin embargo, en las traducciones modernas, la Palabra de Dios no puede ser usada como una ofensa o espada contra el enemigo. Ha habido tantos cambios en la Palabra de Dios que cuando vemos a la persona que usa las traducciones modernas, son inestables, deprimidos y ansiosos y tienen problemas emocionales.

Por ello, la psicología y la medicina han entrado en la iglesia; las nuevas traducciones son responsables de esta causa.

Veamos algunos cambios y la sutil razón que hay detrás:

Veremos cambios en las siguientes versiones de la Biblia. Estoy mencionando algunas de las versiones pero hay muchas otras versiones y traducciones hechas a partir de esta Biblia de las cuales puedes hacer tu propia investigación también. La Nueva Traducción Viviente, la Versión Estándar Inglesa, la Nueva Biblia Estándar Americana, la Versión Estándar Internacional, la Versión Estándar Americana, la Biblia de los Testigos de Jehová y la Biblia NIV y otras traducciones.

*KJV: Lucas 4:18 El Espíritu del Señor [está] sobre mí, porque me ha ungido para predicar el evangelio a los pobres; me ha enviado a **sanar a los quebrantados de corazón**, a predicar la liberación a los cautivos y la vista a los ciegos, a poner en libertad a los magullados,*

Esta escritura dice que Él sana a los quebrantados de corazón.

En la NVI se lee Lucas 4:18 «El Espíritu del Señor está sobre mí, por cuanto me ha ungido para anunciar buenas nuevas a los pobres. Me ha enviado a proclamar libertad a los cautivos dar vista a los ciegos, a poner en libertad a los oprimidos,

(Sanar los quebrantados de corazones se omite en la NVI y en otras versiones también. Las traducciones modernas no pueden sanar el corazón roto).

*KJV: Marcos 3:15: Y tener **poder para sanar enfermedades** y expulsar demonios:*

NVI: Marcos 3:15: y ejercer autoridad para expulsar demonios.

("Y tener poder para sanar enfermedades" se omite en la NVI y otras traducciones. No tiene poder para sanar a los enfermos).

*KJV: Hechos 3:11 Y como el **cojo que había sido curado** tenía a Pedro y a Juan, todo el pueblo corrió hacia ellos en el pórtico que se llama de Salomón, maravillándose mucho*

NVI: Hechos 3:11: Mientras el hombre seguía aferrado a Pedro y a Juan, toda la gente, que no salía de su asombro, corrió hacia ellos al lugar conocido como Pórtico de Salomón.

La Biblia NVI ha eliminado: "**Hombre cojo que fue curado**" que es el verso clave.

Además de esto, la NVI ha eliminado "Asiento de Misericordia" cincuenta y tres veces. La Misericordia de Dios es omitida. La palabra Sangre ha sido omitida cuarenta y una veces.

Efesios 6:4 habla de nutrir a la iglesia... La palabra Nutrir deriva de la palabra Cuidar. Al igual que al sostener y cuidar a un bebé, Dios nos nutre y nos humilla, pero algunas versiones modernas dicen "disciplina" y "castigo".

> *La KJV Daniel 3:25b dice: y la forma del cuarto es como el **Hijo de Dios**.*

> *NIV Daniel 3:25b: ha cambiado las palabras; "y el cuarto tiene la **apariencia hijo de los dioses**! ".*

Hijo de Dios no es hijo de "unos" dioses sino de "el" dios único ... esto apoyará el politeísmo.

Cambiando "dios "por "dioses" se apoyarán otras religiones. Ejemplo: Un evangelio, un hijo, un salvador ¿¡ JESÚS NO ES EL ÚNICO SALVADOR!?

La Biblia dice:

> *Jesús le dijo: Yo soy el camino, la verdad y la vida. le contestó Jesús. Nadie llega al Padre sino por mí. (KJV Juan 14:6)*

> *KJV Mateo 25:31: Cuando el Hijo del Hombre venga en su gloria, y todos los **sagrados ángeles** con él, se sentará en el trono de su gloria:*

> *NVI: Mateo 25:31: Cuando el Hijo del hombre venga en su gloria, con todos **sus ángeles**, se sentará en su trono glorioso;*

(La NVI ha eliminado la palabra "Santos". Sabemos que la Biblia también habla de ángeles malvados e impíos)

Dios es Santo:

La NIV también ha eliminado el Espíritu Santo de algunos lugares. Estos son sólo algunos ejemplos de los muchos cambios de la NIV, NKJV, la Biblia Católica, la Biblia Latina, la Versión Estándar Americana, la Versión Estándar Revisada, la Biblia Griega y Hebrea y también otras versiones de la Biblia, que fueron traducidas de la antigua y corrupta Escritura Alejandrina y la NIV.

Lo siguiente demuestra que la Biblia NVI es anticristo:

Muchas palabras como Jesucristo o Cristo, Mesías, Señor, etc. han sido eliminadas de la NVI y otras traducciones de la Biblia.La Biblia dice quién es el Anticristo.

Anticristo:

¿Quién es un mentiroso sino el que niega que Jesús es el Cristo? El que niega al Padre y al Hijo es el anticristo. (KJV 1 Juan 2:22)

La gracia de nuestro Señor Jesucristo [sea] con todos ustedes. Amén. (KJV: Revelación 22:21)

*Que la gracia del **Señor Jesús** sea con todos. Amén. (NVI: Revelación 22:21 ha quitado a **Cristo**).*

KJV Juan 4:29 Vengan a ver a un hombre que me ha dicho todo lo que he hecho. ¿No será este el Cristo?

La NVI dice Juan 4:29 "Venid, ved a un hombre que me ha dicho todo lo que he hecho. ¿Será éste el Cristo?"

(Se cuestiona la deidad de Cristo) Al quitar las palabras, se cambia el significado.

El Anticristo niega al Padre y al Hijo. . .

*KJV: Juan 9:35 "crees en el **Hijo de Dios**".*

*NVI: Cambiado a "¿Crees en el **Hijo del Hombre**?".*

KJV Hechos 8:37 "Y Felipe dijo: Si crees de todo corazón, puedes. Y él, respondiendo, dijo: Creo que Jesucristo es el Hijo de Dios".

Hechos 8:37; el versículo completo se ha eliminado de la NVI

*KJV: Gálatas 4:7 por lo cual ya no eres siervo, sino hijo; y si hijo, también heredero de **Dios por medio de Cristo***

NVI: Gálatas 4:7 Así que ya no eres esclavo, sino hijo; y, como eres hijo, Dios te ha hecho también heredero.

NVI ha omitido "heredero de Dios por medio de Cristo."

*KJV: Efesios 3:9 Y para hacer ver a todos [los hombres] cuál es la comunión del misterio, que desde el principio del mundo ha estado oculto en Dios, quien creó todas las cosas por medio **de Jesucristo**:*

NVI: Efesios 3:9 y de hacer entender a todos la realización del plan de Dios, el misterio que desde los tiempos eternos se mantuvo oculto en Dios, creador de todas las cosas.

La NVI ha eliminado "Por medio de Jesucristo". Jesús es el Creador de todas las cosas.

Jesucristo viene en carne y hueso:

*1 Juan 4:3 KJV. . . Y todo espíritu que no confiesa que **Jesucristo ha venido en carne**, no es de Dios.*

La NVI dice: todo profeta que no reconoce a Jesús no es de Dios, sino del anticristo.

("Jesucristo ha venido en carne" ha sido eliminado)

Libro de Hechos 3:13, 26 KJV dice que Él es Hijo de Dios. NKJV quitó Hijo de Dios y puso siervo de Dios.

Las nuevas versiones de la Biblia no quieren que Jesús sea "Hijo de Dios". Hijo de Dios significa Dios en carne.

*Juan 5:17-18 KJV Pero Jesús les respondió: **Mi Padre** trabaja hasta ahora, y yo trabajo. Por eso los judíos procuraban más matarle, porque*

*no sólo había quebrantado el sábado, sino que también decía que **Dios era su Padre**, haciéndose **igual a Dios***

La Biblia KJV define Jesús o Jesucristo o El Señor Jesús. Pero una nueva traducción moderna dice "él" en su lugar.

*KJV: Y cantan el cántico de Moisés, siervo de Dios, y el cántico del Cordero, diciendo: Grandes y maravillosas son tus obras, Señor Dios Todopoderoso; justos y verdaderos son tus caminos, tú, **Rey de los santos**. (Revelación 15:3)*

*NVI: y cantaban el himno de Moisés, siervo de Dios, y el himno del Cordero: «Grandes y maravillosas son tus obras, Señor Dios Todopoderoso. Justos y verdaderos son tus caminos, **Rey de siglos**. (Revelación 15:3)*

(Él es el Rey de los santos, que han nacido de nuevo. Que son bautizados en el nombre de Jesús y reciben su Espíritu).

*KJV: Y **Dios** enjugará toda lágrima de sus ojos;(Revelación 21:4)*

*NVI: **Él les** enjugará toda lágrima de los ojos. (Revelación 21:4)*

"Dios" se cambia por "Él". ¿Quién es "Él"? (Esto apoyará a otras religiones).

*KJV: Y miré, y he aquí que un Cordero estaba de pie en el monte Sión, y con él ciento cuarenta [y] cuatro mil, que tenían el **nombre de su Padre** escrito en la frente. (Revelación 14:1)*

*NVI: Luego miré, y apareció el Cordero. Estaba de pie sobre el monte Sión, en compañía de ciento cuarenta y cuatro mil personas que llevaban escrito en la frente **el nombre del Cordero y de su Padre**. (Revelación 14: 1)*

La NVI ha añadido "el nombre del cordero" con "el nombre de su Padre", ahora dos nombres.

Juan 5:43b: He venido en nombre de mi Padre.

Así que el nombre del Padre es Jesús. Jesús en el idioma hebreo significa Jehová Salvador

*Zacarías 14:9 Y el SEÑOR será rey sobre toda la tierra; en aquel día habrá un solo SEÑOR, y su **nombre uno***

KJV Isaías 44:5: Uno dirá: "Yo soy del señor", y otro se llamará con el nombre de Jacob, y otro suscribirá con su mano a el Señor, y se apellidará con el nombre de Israel.

NVI: Isaías 44:5 Uno dirá: 'Pertenezco al Señor'; otro llevará el nombre de Jacob, y otro escribirá en su mano: 'Yo soy del Señor', y tomará para sí el nombre de Israel"

(Se ha eliminado la palabra apellidará)

Ahora escuchamos que el libro del "Pastor de Hermas" va a ser introducido en la versión moderna de la Biblia. El libro de Hermas dice: "Toma el nombre, entrega a la bestia, forma un gobierno mundial, y mata a los que no reciben El Nombre. (Jesús no es el nombre al que se refieren aquí)

KJV Revelación 13:17: Y que nadie pudiera comprar o vender, sino el que tuviera la marca, o el nombre de la bestia, o el número de su nombre.

Y no se sorprenda si el Libro del Revelación desaparece de la Biblia. Ahora bien, el Libro del Revelación es donde se registra el pasado, el presente y las cosas por venir. El Pastor de Hermas está en el Manuscrito Sinaítico, en el que se basa la Biblia NVI.

Símbolos:

¿Cuál es el significado de símbolo y quién lo utiliza? Un símbolo es algo como una marca particular que representa alguna información Por ejemplo; un octágono rojo puede ser un símbolo de "STOP". En un mapa, el dibujo de una tienda de campaña puede representar un camping.

$$666 = \text{⟨symbol⟩} = \text{⟨symbol⟩}$$

El libro de la profecía dice:

Aquí hay sabiduría: El que tiene entendimiento calcule el número de la bestia, porque es número de un hombre; y su número es seiscientos sesenta y seis. (Revelación 13:18)

Este símbolo o logotipo de un 666 entrelazado (antiguo símbolo de la trinidad) es utilizado por las personas que creen en la doctrina trinitaria.

Dios no es la trinidad o tres personas diferentes. Un Dios Jehová vino en la carne y ahora Su Espíritu está trabajando en la Iglesia. Dios es Uno, siempre será Uno.

Pero Hechos 17:29 dice: Por lo tanto, ya que somos la descendencia de Dios, no debemos pensar que la Divinidad es como el oro, la plata o la piedra, esculpida por el arte y el dispositivo del hombre.

(Hacer un símbolo para representar a la Divinidad va en contra de la Palabra de Dios)

Los de la Nueva Era admiten que tres seises entrelazados o "666" es una marca de la Bestia.

La Biblia nos advierte que Satanás es falso:

"Y no es de extrañar, porque el mismo Satanás se ha transformado en un ángel de luz. Por lo tanto, no es gran cosa si sus ministros también se transforman como los ministros de la justicia;" (2 Corintios 11:14-15)

Satanás es, en última instancia, una falsificación:

Subiré sobre las alturas de las nubes y seré semejante al Altísimo'. (Isaías 14: 14)

Seré como el Dios Altísimo. Es obvio que Satanás ha tratado de quitar la identidad de Jesucristo cambiando La Palabra de Dios. Recuerda que Satanás es sutil y su ataque es a "La Palabra de Dios".

Nueva Versión del Rey Jacobo:

Veamos esta versión de la Biblia llamada NKJV. La Nueva Versión del Rey Jacobo no es una Versión del Rey Jacobo. La Versión del Rey Jacobo de la Biblia fue traducida por 54 teólogos hebreos, griegos y latinos, en 1611.

La **Nueva** Versión del Rey Jacobo fue publicada por primera vez en 1979. Al estudiar la Nueva KJV encontraremos que esta Versión no solo es la más mortífera, sino que es muy engañosa para el cuerpo de Cristo.

¿¿¿¿¿¿¿¿Por qué??????

El editor de la NKJV dice:

. . . . Que es una Biblia del Rey Jacobo lo cual no es cierto. La KJV no tiene derecho de copia; se puede traducir en cualquier idioma sin obtener permiso. La NKJV tiene un derecho de copia propiedad de la editorial Thomas Nelson.

. . . . Que se basa en el Textus Receptus, que es sólo una verdad parcial. Este es otro ataque sutil. Tenga cuidado con esta Nueva KJV. Descubrirás en un minuto el por qué.

La Nueva Biblia del Rey Jacobo pretende ser mejor que la Biblia del Rey Jacobo. La "NKJV", ha omitido y alterado muchos versos.

Veintidós veces se cambia "Infierno" por "Hades" y "Sheol". El movimiento satánico de la Nueva Era dice que el "Hades" es un estado intermedio de purificación.

Los griegos creen que el "Hades" y el "Seol" es una morada subterránea de los muertos.

Hay muchas supresiones de las siguientes palabras: arrepentirse, Dios, Señor, cielo y sangre. Las palabras Jehová, demonios, y condenación, y Nuevo Testamento se eliminan de la NKJV.

Malentendidos sobre la salvación:

KJV	NKJV
1ª Corintios 1:18	
"Se salvan "	son salvados.
Hebreo 10:14	
"Son santificados "	Están siendo santificados.
II Corintios 10:5	
"Derribando imaginaciones"	**Derribando argumentos.**
Mateo 7:14	
"Camino estrecho"	Camino difícil
II Corintios 2:15	
"Son salvados "	están siendo salvados

"Sodomitas" se cambia, por "personas pervertidas". La NKJV es una versión tergiversada por el anticristo

El mayor ataque de Satanás es contra Jesús como Dios.

NVI: Isaías 14:12 es un ataque sutil contra el Señor Jesús que es conocido como Estrella de **la Mañana**.

¡Cómo has caído del cielo, oh Estrella de la Mañana, hijo de la aurora! Has sido arrojado a la tierra, tú que una vez abatiste a las naciones.

(La NVI tiene Notas al pie para esta escritura 2 Pedro 1:19

"Y tenemos la palabra de los profetas más segura, y haréis bien en prestarle atención, como a una luz que brilla en un lugar oscuro, hasta que amanezca y salga la Estrella de la Mañana en vuestros corazones.

" Al añadir Estrella de **la Mañana** y dar otra referencia en el Revelación 2:28 engañan al lector, que Jesús es la Estrella de la Mañana, que ha caído).

Pero en Isaías 14:12 se lee: "¡Cómo has caído del cielo, oh Lucifer, hijo de la mañana! [Cómo has sido cortado a la tierra, que debilitabas a las naciones".

(La biblia NVI ha eliminado el nombre de Lucifer y ha sustituido "hijo de la mañana" por "Estrella de **la mañana**". En el libro de Revelación se refiere a Jesús como "La Estrella de la Mañana".

Yo, Jesús, he enviado a mi ángel para que les dé testimonio de estas cosas en las iglesias. Yo soy la raíz y el vástago de David, y la estrella resplandeciente de la mañana (KJV 22:16).

Por lo tanto, la versión NVI de Isaías 14:12 malinterpreta el significado bíblico al afirmar que Jesús ha caído del cielo y ha humillado a las naciones). La Biblia KJV dice que Jesús es la estrella resplandeciente de la mañana.

*"Yo, Jesús, he enviado a mi ángel para que les dé testimonio de estas cosas en las Iglesias. Yo soy la raíz y el vástago de David, y la estrella **resplandeciente de la mañana**". (Revelación 22:16 KJV)*

KJV:

También tenemos una palabra profética más segura, a la que hacéis bien en prestar atención, como a una luz que brilla en un lugar oscuro, hasta que amanezca el día y surja la estrella de la mañana en sus corazones: (KJV 2 Pedro 1:19)

*Y los regirá con vara de hierro; como los vasos de un alfarero serán quebrados, así como yo recibí de mi Padre. Y le daré la estrella de **la mañana**. (KJV Rev. 2:27-28)*

Las traducciones modernas se acomodan a todas las religiones usando "él" en lugar de Jesús, Cristo o Mesías, y eliminando muchas palabras y versículos sobre Jesús. Estas traducciones demuestran que el Señor Jesús no es el Creador, el Salvador o el Dios en la Carne; lo convierten en un mito más.

Estos hombres apóstatas produjeron un manuscrito para una Biblia más a su gusto. Atacaron la deidad de Jesucristo y otras doctrinas de la Biblia. El camino fue pavimentado para una Biblia de la Nueva Era para dar nacimiento a una religión mundial. La unión de todas las iglesias y todas las religiones, traerá "Una Religión Mundial".

Ahora entiendes qué plan confabulador y sutil ha diseñado Satanás. Incluso se atrevió a cambiar la Palabra de Dios. ¡Satanás desarrolló un plan engañoso para confundir a la gente!

Recuerda lo que dijo Satanás:

Subiré sobre las alturas de las nubes; seré como el Altísimo.
(Isaías 14:14)

D. La Kjv Frente A La Biblia Moderna: Cambios Que Se Han Añadido O Quitado.

TRADUCCIÓN DE LA NVI:

El texto griego de Westcott & Hort proviene de los manuscritos Sinaiticus y Vaticanus. La iglesia primitiva consideró que era un ataque sutil a la Palabra de Dios al omitir y cambiar la verdad de la Biblia. Sinaiticus(Aleph) y Vaticanus(Codex-B) ambos han sido rechazados por la iglesia primitiva y admirados por los falsos maestros. La fuente de la Biblia NVI se basa en las versiones corruptas de Westcott & Hort que encontrará en las notas al pie de la NVI. No tenemos forma de saber cómo y dónde se originó este texto griego de Westcott & Hort, sin una extensa investigación. Cuando vemos referencias dadas de Westcott y Hort, normalmente las creemos sin duda, simplemente porque están impresas en una Biblia.

La Biblia NVI es admirada porque la gente cree que es más fácil de entender ya que el inglés antiguo ha sido cambiado por palabras modernas. De hecho, la Biblia KJV tiene el lenguaje más fácil que puede ser entendido por cualquier edad. El vocabulario de la KJV es más sencillo que el de la NIV.

Sólo cambiando palabras como vos, os, vuestro, vosotros a tú y ustedes, la gente piensa que es más fácil de leer. Como sabes, la Palabra de Dios sólo se explica por el Espíritu Santo, que está escrito por Dios. El Espíritu de Dios está en la KJV que nos ayuda a captar Su entendimiento. No se necesitan cambios en la Palabra de Dios; sin embargo, la verdadera Palabra necesita cambiar nuestra forma de pensar.

Muchas iglesias aceptan ahora la versión NVI en lugar de la KJV. Hacer pequeños cambios a lo largo del tiempo condiciona nuestro pensamiento y se convierte en una forma sutil de lavado de cerebro. Los cambios que la Biblia NVI ha hecho a su versión, está diluyendo sutilmente el Evangelio. Estos cambios son en su mayoría en contra del Señorío de el Señor Jesucristo. Una vez logrado esto, muchas religiones encuentran más fácil aceptar la Biblia NVI porque entonces apoya sus doctrinas. Esto, a su vez, se convierte en "interconfesionalidad", el objetivo de la religión mundial única de la que se habla en el Revelación.

La KJV se basó en la familia bizantina de manuscritos que comúnmente se llamaban los manuscritos del Textus Receptus. La NKJV (Nueva Versión del Rey Jacobo o por sus siglas en inglés New King James Version) es la peor traducción. Difiere de la KJV 1200 veces. La Nueva Versión del Rey Jacobo definitivamente no es la misma que la Versión del Rey Jacobo. La MKJV tampoco es la KJV. La mayoría de las traducciones de la Biblia no son otra versión sino una perversión, y están desviadas de la verdad.

Los siguientes versículos no están en la **NVI** ni **en otras traducciones modernas**. La siguiente es una lista de "omisiones" en la NVI.

Isaías 14:12

> *KJV: Isa.14:12: ¡Cómo has caído del cielo, **oh Lucifer**, **hijo de la mañana**! ¡Cómo has sido cortado a la tierra, que debilitabas a las naciones!*

> *NIV Isa.14:12 ¡Cómo has caído del cielo, **Estrella de la Mañana**!, Tú que sometías a las naciones has caído por tierra.*

(La Biblia NVI ha sacado a Lucifer y ha sustituido "hijo de la mañana" por "estrella de la mañana". Esto es engañar a creer que, "JESÚS" que es la "estrella de la mañana"; ha caído del cielo.

*Yo Jesús he enviado a mi ángel para que les dé testimonio de estas cosas en las iglesias. Yo soy la raíz y el linaje de David, y la estrella resplandeciente **de la mañana.** (KJV Revelación 22: 16)*

(Jesús es la estrella de la mañana)

Isaías 14:12 (NVI), es una escritura muy confusa. La gente piensa que Jesús está caído del cielo y cortado.

La NVI hace que Lucifer (Satanás) sea igual a Jesucristo; esto es una blasfemia del más alto nivel. Es por esto que algunas personas no creen en Jesucristo ya que lo ven igual a Satanás.

Daniel 3:25

*KJV: Dan.3:25 Respondió y dijo: He aquí que veo cuatro hombres sueltos, que andan en medio del fuego, y no tienen ningún daño; y la forma del cuarto es semejante **al hijo de los dios**.*

*NVI: Dan. 3:25 Dijo: ¡Pues miren! —exclamó—. Allí en el fuego veo a cuatro hombres, sin ataduras y sin daño alguno, ¡y el cuarto tiene la apariencia **hijo de los dioses!**".*

(Cambiar **Hijo de Dios** a Hijo de los dioses acomodará la creencia del politeísmo, y esto apoyará a otras religiones).

Mateo 5:22

*KJV Mt.5:22 Pero yo les digo que cualquiera que **se enoje con su hermano sin causa**, correrá peligro de juicio; y cualquiera que diga a su hermano: Raca, correrá peligro de consejo; pero cualquiera que diga: Necio, correrá peligro del fuego del infierno.*

*NVI Mt.5:22 pero yo les digo que todo el que **se enoje** con su hermano quedará sujeto al juicio del tribunal. Es más, cualquiera que insulte a su* *hermano quedará sujeto al juicio del Consejo. Y cualquiera que lo maldiga quedará sujeto al fuego del infierno.*

(La Biblia KJV dice, **enojado sin causa** NIV dice simplemente **enojado**.

La verdad de la Palabra es que podemos enfadarnos si hay causa, pero no dejaremos que se ponga el sol).

Mateo 5:44

*KJV Mt.5:44 Pero yo les digo: Amad a vuestros enemigos, **bendigan a los que los maldicen**, hagan el bien a los que los odian **y oren por los que los ultrajan** y los persiguen;*

NIV Mt.5:44 Pero yo les digo: Amen a sus enemigos y oren por quienes los persiguen,

(la parte subrayada en la KJV se elimina de la Biblia NIV)

Mateo 6:13

*Mt. 6:13 Y no nos dejes caer en la tentación, sino líbranos del mal: **Porque tuyo es el reino, el poder y la gloria por siempre. Amén.***

*NIV Mt. 6:13 Y no nos dejes caer en la tentación, sino líbranos **del mal**.*

(El Mal no mal uno. **Porque tuyo es el reino, el poder y la gloria para siempre. Amén:** eliminado de la NVI)

Mateo 6:33

*KJV Mt 6:33 Pero buscad primero **el reino de Dios** y su justicia, y todas estas cosas les serán añadidas.*

*NVI Mt 6:33 Pero buscad primero su reino y **su** justicia, y todas estas cosas se les darán también.*

(**el reino de Dios** se sustituye por "su" reino. . . La NVI sustituye Dios por su. ¿Quién es "su"?)

Mateo 8:29

*KJV Mt.8:29 Y he aquí que gritaron, diciendo: ¿Qué tenemos que ver contigo, **Jesús**, Hijo de Dios? ¿has venido aquí para atormentarnos antes de tiempo? (Específico)*

*NIV Mt.8:29 "¿Qué quieres de nosotros, **Hijo de Dios**?", gritaron. "¿Has venido a torturarnos antes de la hora señalada?".*

(**Jesús** está fuera de la Biblia NVI y sólo mantuvieron Hijo de Dios. Jesús es el Hijo de Dios. Hijo de Dios significa el Dios Todopoderoso caminando en carne).

Mateo 9:13b

*KJV Mt.9:13b porque no he venido a llamar a los justos, sino a los pecadores al **arrepentimiento**.*

NIV Mt.9:13b Porque no he venido a llamar a los justos, sino a los pecadores.

(**El arrepentimiento** está fuera. El arrepentimiento es el primer paso; te estás apartando del pecado y de un estilo de vida pecaminoso al darte cuenta y confesar que estabas equivocado).

Mateo 9:18

*KJV: Mt 9:18 Mientras les hablubu de estas cosas, he aquí que vino un gobernante y **le adoró**, diciendo: Mi hija está ya muerta; pero ven y pon tu mano sobre ella, y vivirá.*

(Adora a Jesús)

*NVI Mt 9:18 Mientras decía esto, se acercó un gobernante, se **arrodilló ante él** y le dijo: "Mi hija acaba de morir. Pero ven y pon tu mano sobre ella, y vivirá".*

(La adoración se **cambia por arrodillarse**. La adoración hace a Jesús como Dios).

205

Mateo 13:51

KJV Mt 13:51 Jesús les dice: ¿Habéis entendido todo esto? Ellos le dicen:
Sí, Señor.

NVI Mt 13:51 "¿Habéis entendido todo esto?" preguntó Jesús.

(JESÚS ES EL SEÑOR. La NVI sacó **sí, Señor**; Dejando de lado el señorío de Jesucristo)

Mateo 16:20

*KJV Mt 16:20 Entonces mandó a sus discípulos que no dijeran a nadie que era **Jesús** el Cristo.*

(El nombre "JESÚS" se elimina de varios versículos de la Biblia NVI).

NVI Mt 16:20 Entonces advirtió a sus discípulos que no dijeran a nadie que él era el Cristo.

(¿Quién es "él"? ¿Por qué no Jesús, el Cristo? "Cristo" significa Mesías, el Salvador de este mundo: Juan 4:42).

Mateo 17:21

KJV: Mt 17:21: Pero este tipo no sale sino con oración y ayuno.

(La oración y el ayuno derribarán la fortaleza del Diablo. El ayuno mata nuestra carne).

La NVI eliminó la escritura por completo. También se elimina de la "Biblia" de los Testigos de Jehová. El ayuno en la actualidad se cambia por la dieta de Daniels. Esta es otra mentira. (El ayuno es sin comida y sin agua. Comer no es ayunar y ayunar no es comer ni beber)

Algunos ejemplos de ayuno bíblico en la Biblia

KJV Esther 4:16:

*Id, reunid a todos los judíos presentes en Susa, y **ayunad** por mí, y **no comáis ni bebáis durante tres** días, ni de noche ni de día: Yo también y mis doncellas ayunaremos igualmente, y así entraré al rey, lo cual no es conforme a la ley; y si perezco, perezco*

*Jonás 3:5, 7 KJV El pueblo de Nínive creyó a Dios, **y proclamó un ayuno**, y se vistió de cilicio, desde el mayor hasta el menor de ellos. 7Y lo hizo proclamar y publicar por Nínive, por decreto del rey y de sus nobles, diciendo: Que ni hombres ni animales, ni rebaños, **prueben nada; que no se alimenten ni beban agua**:*

Mateo 18:11

*KJV Mt 18:11: **Porque el Hijo del Hombre ha venido a salvar lo que se había perdido.***

(Este versículo está suprimido en la NVI y en muchas otras versiones de la Biblia. Jesús no debe ser el único Salvador. Mason enseña que podemos salvarnos a nosotros mismos y que no necesitas a Jesús).

Mateo 19:9

*KJV: Mt 19:9: Y yo les digo que el que repudia a su mujer, si no es por fornicación, y se casa con otra, comete adulterio; **y el que se casa así con la repudiada, comete adulterio**.*

NVI: Mt 19:9 Les digo que el que se divorcia de su mujer, salvo por infidelidad conyugal, y se casa con otra mujer, comete adulterio".

("quien se casa así con la repudiada comete adulterio;" se omite)

Mateo 19:16,17

*KJV Mt 19:16: Y he aquí que se acercó uno y le dijo: **Profesor,** ¿qué debo hacer para tener la vida eterna?*

17 El le dijo: ¿Por qué me llamas bueno? Ninguno hay bueno sino uno: Dios. Mas si quieres entrar en la vida, guarda los mandamientos.

NVI Mt 19:16: Un hombre se acercó a Jesús y le preguntó: "Maestro, ¿qué debo hacer de bueno para obtener la vida eterna?"

17 —¿Por qué me preguntas sobre lo que es bueno? —respondió Jesús—. Solamente hay uno que es bueno. Si quieres entrar en la vida, obedece los mandamientos.

(Jesús le respondió: "¿Por qué me llamas bueno?". Sólo Dios es bueno y si Jesús es bueno entonces debe ser Dios. Profesor es cambiado a "Maestro" en la NVI y el significado se pierde. También algunas religiones apoyan la creencia de la auto-salvación).

Mateo 20:16

KJV Mt 20:16: Así los últimos serán los primeros, y los primeros los últimos; **_porque muchos son los llamados, pero pocos los escogidos_**.

(Es importante lo que elegimos. Podrías perderte si no eliges correctamente)

NVI Y RSV

NVI Mt. 20:16: "Así, los últimos serán los primeros, y los primeros serán los últimos".

(no me importa elegir)

Mateo 20:20

KJV Mt 20:20: Entonces vino a él la madre de los hijos de Zebedees con sus hijos, **_adorándole_** *y deseando una cosa de él.*

NVI Mt 20,20: Entonces la madre de los hijos de Zebedeo se acercó a Jesús con sus hijos y, **_arrodillándose_**, *le pidió un favor.*

(**¿Adorar o arrodillarse...?** : Dejando de lado el señorío de Jesucristo, los judíos sólo adoran a un Dios)

Mateo 20:22, 23

*KJV Mt 20:22, 23: Pero Jesús respondió y dijo: No sabéis lo que pedís. ¿Podéis beber del cáliz que yo voy a beber, y ser **bautizados con el bautismo con que yo soy bautizado?** Ellos le dijeron: "Podemos".*

*23 Y les dijo: "Ciertamente beberéis de mi copa y seréis **bautizados con el bautismo con el que yo soy bautizado;** pero sentarme a mi derecha y a mi izquierda no me corresponde a mí, sino que se les dará a aquellos para quienes está preparado por mi Padre.*

(¿Podrías pasar por el sufrimiento que yo pasé?)

NVI Mt 20:22, 23: "No sabéis lo que pedís", les dijo Jesús. "¿Podéis beber el cáliz que yo ¿Vamos a beber?" "Podemos", respondieron. 23 Jesús les dijo: "Beberán de mi copa, pero que se sienten a mi derecha o a mi izquierda no me corresponde a mí. Estos lugares pertenecen a aquellos para quienes han sido preparados por mi Padre".

(Todas las frases resaltadas y subrayadas en la KJV han sido eliminadas de la NVI)

Mateo 21:44

*KJV Mt 21:44: Y el que caiga sobre esta piedra, será quebrantado; pero sobre el que caiga, **lo hará polvo***

*NVI Mt 21,44: El que caiga sobre esta piedra se hará **pedazos**, pero aquel sobre el que caiga será aplastado".*

(Se ha eliminado la opción de molerlo en polvo)

Mateo 23:10

*KJV Mt 23:10: Ni se llamen a ustedes mismos **maestros**, porque uno es vuestro **Maestro, Cristo**.*

NVI Mt 23:10: Tampoco ustedes deben ser llamados "maestros", porque 'tienen un solo Maestro, el Cristo.

(Hay que bajar a Dios al nivel de los místicos para que Jesús se convierta en otro místico. La verdad es que Cristo lo satisface todo).

Mateo 23:14

> *KJV: Mt 23:14: ¡Ay de ustedes, escribas y fariseos, hipócritas! Porque devoran las casas de las viudas, y por pretexto hacéis largas oraciones; por eso recibirán la mayor condenación.*

(NIV, New L T, Versión estándar inglesa Nueva Biblia estándar americana y Nuevas traducciones mundiales tienen este verso eliminado. Compruébalo tú mismo en tu Biblia).

Mateo 24:36

> *KJV: Mt 24:36: Pero de ese día y de esa hora nadie sabe, ni siquiera los ángeles del cielo, sino sólo mi Padre.*

> *NVI: Mt 24,36: "Nadie sabe de ese día ni de esa hora, ni siquiera los ángeles del cielo, **ni el Hijo**, sino sólo el Padre.*

("ni el hijo" se añade en la Biblia NVI. Juan 10: 30 **Yo y mi Padre somos uno.** Así que Jesús conoce su tiempo de llegada. Esto implica que Jesús no está en la Divinidad. Pero en aquellos días, después de la tribulación, el sol se oscurecerá, y la luna no dará su luz, Marcos 13: 24. Será difícil saber la hora).

Mateo 25:13

> *KJV: Mt 25:13 Velad, pues, porque no sabéis ni el día ni la hora en **que vendrá el Hijo del Hombre**.*

> *NVI: Mt 25:13 "Velad, pues, porque no sabéis el día ni la hora".*

("**Donde viene el Hijo del Hombre**". ¿Dejando de lado quién viene?)

Mateo 25:31

KJV: Mt 25:31Cuando el Hijo del Hombre venga en su gloria, y todos los **santos ángeles** *con él, se sentará en el trono de su gloria*

NVI: Mt 25:31 "Cuando el Hijo del Hombre venga en su gloria, y todos los **ángeles** *con él, se sentará en su trono en la gloria celestial."*

(La KJV dice todos los ángeles "santos". La NVI dice sólo "los ángeles". Esto implica que los ángeles caídos o impíos vienen con Jesús. ¿No es así? Hay una herejía por ahí que dice que no importa lo que hagas bueno o malo, todavía vas al cielo. Los espíritus de nuestros seres queridos muertos que nunca creyeron en Jesús, se supone que regresan para decirles a sus seres queridos que están bien en el cielo, y que no tienes que hacer nada para entrar al cielo. Esta es una doctrina del diablo).

Mateo 27:35

KJV 27:35: Y le crucificaron, y repartieron sus vestidos, echando suertes; **para que se cumpliese lo dicho por el profeta: repartieron mis vestidos entre ellos, y sobre mi vestimenta echaron suertes.**

NVI MT 27:35: Cuando lo crucificaron, se repartieron sus vestidos echando suertes.

("para que se cumpliera lo dicho por el profeta, repartieron mis vestidos entre ellos, y sobre mi ropa echaron suertes". Tomado completamente de la Biblia NVI)

Marcos 1:14

MARCOS 1:14: Después de que Juan fue encarcelado, Jesús vino a Galilea **predicando el evangelio del reino de Dios**

NVI MARCOS 1:14: Después de que Juan fue encarcelado, Jesús fue a Galilea, **anunciando la buena noticia de Dios**.

(El Evangelio del Reino de Dios queda fuera de la NVI)

Marcos 2:17

*KJV Marcos 2:17: Al oírlo Jesús, les dijo: Los sanos no tienen necesidad de médico, sino los enfermos: No he venido a llamar a los justos, sino a los pecadores al **arrepentimiento**.*

NVI Marcos 2:17: Al oír esto, Jesús les dijo: "No son los sanos los que necesitan médico, sino los enfermos. No he venido a llamar a los justos, sino a los pecadores".

(Mientras creas que está bien, puedes hacer lo que sea, y está bien. Cambiando ligeramente la escritura El pecado es bienvenido).

Marcos 5:6

*KJV Marcos 5:6: Pero cuando vio a Jesús de lejos, corrió y **lo adoró**,*

(reconoce que Jesús es el Señor Dios.)

*NVI Marcos 5:6: Cuando vio a Jesús de lejos, corrió **y cayó de rodillas ante él.***

(Muestra respeto como hombre, pero no lo reconoce como Señor Dios).

Marcos 6:11

*KJV: Marcos 6:11 "Y a cualquiera que no los reciba, ni los oiga, cuando se vayan de allí, sacudan el polvo bajo sus pies en testimonio contra ellos. **En verdad les digo que será más tolerable para Sodoma y Gomorra en el día del juicio, que para esa ciudad.***

NIV Marcos 6:11 "Y si en algún lugar no los acogen ni los escuchan, sacudan el polvo de sus pies al salir, como testimonio contra ellos".

(La NVI ha quitado, "En verdad les digo que será más tolerable para Sodoma y Gomorra en el día del juicio, que para esa ciudad." El juicio se ha eliminado ya que no creen en él y no importa la elección que se haga. Todos los malos dichos y hechos serán corregidos en el purgatorio o reencarnación).

212

Marcos 7:16

> *KJV Marcos 7:16: Si alguno tiene oídos para oír, que oiga*

(La NVI, la Biblia de los Testigos de Jehová y las traducciones modernas han eliminado esta escritura. WOW!)

Marcos 9:24

> *KJV Marcos 9:24: Y en seguida el padre del niño gritó, y dijo con lágrimas: **Señor**, yo creo; ayuda mi incredulidad.*

> *NVI Marcos 9:24: Inmediatamente, el padre del niño exclamó: "¡Yo sí creo; ayúdame a vencer mi incredulidad!".*

(El Señor no aparece en la NVI, ya que se omite el señorío de Jesucristo)

Marcos 9:29

> *KJV Marcos 9:29: Y les dijo: los de este tipo no puede salir por nada, sino por la oración y el **ayuno**.*

> *NIV Marcos 9:29: Él respondió: "los de este tipo sólo puede salir con la oración".*

(El ayuno es eliminado. Por medio del ayuno derribamos los fuertes asideros de Satanás. Buscar el rostro de Dios mediante el ayuno y la oración trae la unción especial y el poder).

Marcos 9:44

> *KJV Marcos 9:44: Donde su gusano no muere, y el fuego no se apaga.*

(La escritura se elimina de la NVI, la transición moderna y la Biblia de los Testigos de Jehová. Ellos no creen en el castigo en el infierno).

Marcos 9:46

> *KJV: Marcos 9:46: Donde su gusano no muere, y el fuego no se apaga.*

(La Escritura es eliminada de la NVI, la traducción moderna y la Biblia de los Testigos de Jehová. De nuevo, ellos no creen en el juicio).

Marcos 10:21

*KJV Marcos 10:21: Entonces Jesús, viéndolo, lo amó y le dijo: Una cosa te falta: vete, vende todo lo que tienes y dalo a los pobres, y tendrás un tesoro en el cielo; y ven, **toma la cruz** y sígueme.*

(El cristiano tiene una cruz que llevar. Hay un cambio en su vida).

NVI Marcos 10:21: Jesús lo miró y lo amó. "Una cosa te falta", le dijo. "Vete, vende todo lo que tienes y dáselo a los pobres, y tendrás un tesoro en el cielo. Luego, ven y sígueme".

(La NVI ha eliminado "tomar la cruz" no hay necesidad de sufrir por la verdad. Vive como quieres vivir. La cruz es muy importante para el caminar cristiano).

Marcos 10:24

*KJV Marcos 10:24: Y los discípulos se asombraron de sus palabras. Pero Jesús, respondiendo de nuevo, les dijo: Hijos, ¡qué difícil es entrar en el reino de Dios para los **que confían en las riquezas**!*

NVI Marcos 10:24: Los discípulos se asombraron de sus palabras. Pero Jesús volvió a decir: "Hijos, ¡qué difícil es entrar en el reino de Dios!

("**que confían en las riquezas**" se elimina; no hay necesidad de estas palabras en la Biblia NVI ya que quieren limosnas. Eso también hace sentir que es difícil entrar en el Reino de Dios y te desanima).

Marcos 11:10

*KJV Marcos 11:10: Bendito sea el reino de nuestro padre David, **que viene en el nombre del Señor**: Hosanna en las alturas.*

*NIV Marcos 11:10: "¡Bendito sea el **reino venidero** de nuestro padre David!" "¡Hosanna en las alturas! "*

(NVI: se elimina "que viene en el nombre del Señor")

Marcos 11:26

KJV: Marcos 11:26 Pero si no perdonan, tampoco su Padre que está en los cielos los perdonará sus ofensas.

(Esta Escritura está completamente eliminada de la NVI, La Biblia de los Testigos de Jehová, (llamada la traducción del Nuevo Mundo) y muchas otras traducciones modernas. El perdón es muy importante, si quieres ser perdonado).

Marcos 13:14

*KJV Marcos 13:14: Pero cuando veas la abominación de la desolación, **de la que habló el profeta Daniel**, que está donde no debe estar, (que el lector comprenda,), entonces los que estén en Judea huyan a los montes:*

NVI Marcos 13:14: "Cuando veas la abominación que causa desolación en pie donde no debe estar -entiéndalo el lector, que los que estén en Judea huyan a las montañas.

(La información sobre el Libro de Daniel se ha eliminado de la NVI. Estudiamos el tiempo del fin en el Libro de Daniel y Revelación. BIENAVENTURADOS SON LOS QUE LEEN LAS PALABRAS DE ESTE LIBRO. Bienaventurado el que lee, y los que oyen las palabras de esta **profecía**, y guardan las cosas en ella escritas; porque el tiempo está cerca. (Revelación 1:3) Al quitar el nombre de Daniel, te deja confundido)

Marcos 15:28

KJV: Marcos 15:28: Y se cumplió la Escritura que dice: Y fue contado con los transgresores.

(Eliminado de la NVI, la Biblia de los Testigos de Jehová y las traducciones modernas)

Lucas 2:14

*KJV: Lucas 2:14 Gloria a Dios en las alturas, y en la tierra paz y **buena voluntad para con los hombres**.*

NVI Lucas 2:14: "Gloria a Dios en las alturas, y en la tierra paz a los hombres sobre los que recae su favor".

(Cambio sutil. En lugar de "buena voluntad hacia los hombres", la Biblia NVI dice paz sólo para ciertas personas a las que Dios favorece. Esto también va en contra del principio de Dios).

Lucas 2:33

*KJV Lucas 2:33: Y **José** y su madre*

NVI Lucas 2:33: El padre y la madre del niño.

(**José** es removido)

Lucas 4:4

*KJV Lucas 4:4 Y Jesús le respondió, diciendo: Está escrito que no sólo de pan vivirá el hombre, **sino de toda palabra de Dios**.*

NVI Lucas 4:4 Jesús respondió: "Está escrito: No sólo de pan vive el hombre.

El ataque de Satanás es contra la **PALABRA DE DIOS** En Génesis 3: Satanás atacó la PALABRA DE DIOS. El tiene un ataque sutil "**Pero por toda palabra de Dios**" es removido de NVI

La NVI y la traducción moderna de la Biblia no cuidan la Palabra de Dios. Ellos cambian la redacción para que se ajuste a su doctrina, en su parcialidad en cuanto a lo que ellos piensan que debe decir. La palabra de Dios es viva y trae convicción a uno mismo. Cuando Dios te convence de pecado, trae arrepentimiento. Si la palabra de Dios ha sido alterada, no puede traer verdadera convicción; por lo tanto no se buscará el arrepentimiento. Al hacer esto, la NVI indica que toda religión está bien, lo cual sabemos que no es cierto.

Lucas 4:8

*Respondiendo Jesús, le dijo: **Ponte detras de mí, Satanás**; porque escrito está: Al Señor tu Dios adorarás, y a él sólo servirás.*

(Jesús reprendió a Satanás. Tú y yo podemos reprender a Satanás en el nombre de Jesús).

NVI Lucas 4:8 Jesús respondió: "Está escrito: 'Adora al Señor tu Dios y sírvele sólo a él

("**Ponte detrás de mi, Satanás**" fue removido de la NVI).

Lucas 4:18

*KJV Lucas 4:18: El Espíritu del Señor está sobre mí, porque me ha ungido para predicar el evangelio a los pobres; me ha enviado **a sanar a los quebrantados de corazón**, a predicar la liberación a los cautivos y la vista a los ciegos, a poner en libertad a los magullados,*

NVI Lucas 4:18 "El Espíritu del Señor está sobre mí, porque me ha ungido para anunciar la buena noticia a los pobres. Me ha enviado a proclamar la libertad de los presos y la recuperación de la vista de los ciegos, a liberar a los oprimidos."

("**para sanar a los quebrantados de corazón**" se elimina de la NVI: Cambiar la Palabra de Dios quita el poder de la Palabra. La verdad te hará libre, así que eliminaron la verdad de la Biblia moderna).

Lucas 4:41

*KJV Lucas 4:41: Y salían también demonios de muchos, gritando y diciendo: **Tú eres el Cristo, el Hijo de Dios**. Y él, reprendiéndolos, no les permitía hablar, porque sabían que era el Cristo.*

(¿Confiesan los hombres "Tú eres Cristo el Hijo de Dios"? No, sólo si es revelado por Su Espíritu).

> *NVI Lucas 4:41: Además, los demonios salían de muchas personas, gritando: "¡**Tú eres el Hijo de Dios!** "Pero él los reprendía y no les permitía hablar, porque sabían que él era el Cristo.*

(Al quitar "**Cristo**", el demonio no confesó a Cristo como el Hijo de Dios. Satanás no quiere que la gente acepte a Jesús como Jehová Salvador, así que cambia la Palabra de Dios con una intención más profunda. El demonio sabía que Jesús es Dios en la carne).

Lucas 8:48

> *KJV Lucas 8:48: Y le dijo: Hija, **consuélate**; tu fe te ha salvado; vete en paz.*

> *NVI Lucas 8:48: Entonces le dijo: "Hija, tu fe te ha curado. Ve en paz".*

("Consuélate", se omite en la NVI. Así que el consuelo ha desaparecido, no puedes ser consolado leyendo la Biblia NVI)

Lucas 9:55

> *KJV Lucas 9:55: Pero él, volviéndose, los reprendió, diciendo: **No sabes de qué espíritu eres**.*

> *NVI Lucas 9:55: Pero Jesús se volvió y los reprendió.*

(La NVI ha eliminado estas palabras: "**No sabes de qué espíritu eres**. ")

Lucas 9:56

> *KJV: Lucas 9:56: Porque **el Hijo del hombre no ha venido a destruir la vida de los hombres**, sino a salvarlos. Y se fueron a otra aldea.*

> *NVI Lucas 9:56 y se fueron a otra aldea.*

(NVI QUITADO: **el Hijo del hombre no ha venido a destruir la vida de los hombres**, sino a salvarlos. La razón de la venida de Jesús se destruye al eliminar esta parte de la escritura).

Lucas 11:2-4

KJV Lucas 11:2-4: Y les dijo: **_Cuando oréis, decid: Padre nuestro que estás en el cielo_**, *santificado sea tu nombre. Venga tu reino.* **_Hágase tu voluntad, como en el cielo, así en la tierra_**. *Danos cada día nuestro pan de cada día. Y perdona nuestros pecados, porque nosotros también perdonamos a todos los que nos deben. Y no nos dejes caer en la tentación,* **_sino líbranos del mal_**.

NVI Lucas 11:2-4: Les dijo: "Cuando oréis, decid: "Padre, santificado sea tu nombre, venga tu reino. Danos cada día el pan de cada día. Perdona nuestros pecados, porque nosotros también perdonamos a todos los que pecan contra nosotros; y no nos dejes caer en la tentación".

(La NVI no es específica. Todo lo resaltado de la KJV queda fuera de la NIV y de otras versiones modernas de la Biblia)

Lucas 17:36

KJV Lucas 17:36 Dos hombres estarán en el campo; el uno será tomado, y el otro será dejado.

(La NVI, la versión moderna y la Biblia de los Testigos de Jehová han eliminado la escritura completa)

Lucas 23:17

Lucas 23:17: (Porque por necesidad debía soltar a uno en la fiesta).

(La NVI, la Biblia de los Testigos de Jehová y muchas versiones modernas de la Biblia han eliminado la escritura por completo).

Lucas 23:38

KJV Lucas 23:38: Y también estaba escrita sobre él una inscripción **_en letras griegas, latinas y hebreas_**: *ESTE ES EL REY DE LOS JUDÍOS.*

NVI Lucas 23:38: Había un aviso escrito encima de él, que decía ESTE ES EL REY DE LOS JUDÍOS.

(La NVI y otras traducciones modernas han eliminado: "**en letras de griego, y de latín, y de hebreo**", elimina la evidencia de las lenguas que se hablaban en esa época).

Lucas 23:42

*KJV Lucas 23:42: Y dijo a Jesús: **<u>Señor</u>**, acuérdate de mí cuando vengas a tu reino. (El ladrón se dio cuenta de que Jesús es el Señor)*

NVI Lucas 23:42: Entonces dijo: "Jesús, acuérdate de mí cuando vengas a tu reino"

(No quieren reconocer el señorío de Jesús)

Lucas 24:42

*KJV Lucas 24:42: Y le dieron un trozo de pescado asado y un **<u>panal de miel</u>**.*

NVI Lucas 24:42: Le dieron un trozo de pescado asado.

(Las Biblias modernas dan la mitad de la información. "Panal" falta en la NVI y otras versiones de la Biblia)

Juan 5:3

*KJV Juan 5:3: En ellos yacía una gran multitud de impotentes, de ciegos, paralizados, marchitos, **<u>que esperaban el movimiento de las aguas</u>***

NVI Juan 5:3: Aquí solía yacer un gran número de discapacitados: ciegos, cojos y paralíticos.

(Quitaron la información de que en ese lugar se estaba produciendo un milagro "esperando el movimiento de las aguas").

Juan 5:4

KJV: Juan 5:4: Porque un ángel descendió a cierta hora al estanque, y agitó el agua; y el que primero entró después de agitar el agua, quedó sano de cualquier enfermedad que tuviera.

(La NVI y las traducciones modernas junto con la Biblia de los Testigos de Jehová han eliminado la escritura por completo).

Juan 6:47

*KJV: Juan 6:47: En verdad, en verdad les digo que el que El que **cree en mí** tiene vida eterna.*

NVI: Juan 6:47: Les aseguro que el que cree tiene vida eterna.

(**Creer en mí** ha sido cambiado, en la versión inglesa. ¿Creer en quién? La palabra Believeth en inglés tiene "eth" al final que significa que la palabra es continua. Cualquier palabra que tiene "eth" al final, significa que es continua, no sólo una vez).

Juan 8:9a

*KJV Juan 8:9a: Y los que lo oyeron, **condenados por su propia conciencia**, salieron.*

NIV Juan 8:9a: los que oyeron empezaron a marcharse

(NIV ha quitado "**siendo condenados por su propia conciencia**" no creen en tener conciencia.)

Juan 9:4a

*KJV Juan 9:4a: **Es** necesario que yo haga las obras del que me envió.*

NVI Juan 9:4a: Debemos hacer la obra del que me envió.

(Jesús dijo "yo" la NVI y algunas otras versiones, cambiaron "**yo**" por "**nosotros**")

Juan 10:30

> *KJV: Juan 10:30: Yo y **mi** Padre somos uno.*

> *NVI: Juan 10:30: "Yo y el Padre somos uno".*

(Yo y mi padre somos **uno**, no dos. "Mi padre" hace que Jesús sea el Hijo de Dios. Eso significa Dios en la carne. La NVI ha quitado "mi" y ha cambiado el significado completo de la escritura).

Juan 16:16

> *KJV: Juan 16:16: Un poco de tiempo, y no me veréis; y otra vez, un poco de tiempo, y me veréis, **porque voy al Padre**.*

> *NVI: Juan 16:16: "Dentro de un rato ya no me veréis, y después de un rato me veréis".*

(La NVI eliminó "porque voy al Padre". Muchas religiones creen que Jesús fue al Himalaya o a otro lugar y no murió).

Hechos 2:30

> *KJV: Hechos 2:30: Por lo tanto, siendo profeta, y sabiendo que Dios le había jurado que del fruto de sus lomos, según la carne, **levantaría a Cristo para que se sentara en su trono***

> *NVI: Hechos 2:30: Pero él era profeta y sabía que Dios le había prometido bajo juramento que pondría a uno de sus descendientes en su trono.*

(**La NVI ha eliminado "él levantaría a Cristo para sentarse en su trono**" la profecía sobre la venida de Jesús en carne se borra).

Hechos 3:11

> *Hechos 3:11: Y como **el cojo que había sido sanado sostenía** a Pedro y a Juan, todo el pueblo corría hacia ellos en el pórtico que se llama de Salomón, muy maravillado.*

NVI: Hechos3:11: Mientras el mendigo se aferraba a Pedro y a Juan, toda la gente se asombraba y venía corriendo hacia ellos en el lugar llamado la columnata de Salomón.

("**el cojo que fue curado**" es la parte clave de esta escritura, la NVI ha eliminado esto)

Hechos 4:24

*KJV: Hechos 4:24: Al oír esto, alzaron la voz a Dios unánimemente, y dijeron: Señor, **tú eres Dios**, que hiciste el cielo, la tierra y el mar, y todo lo que en ellos hay:*

NVI: Hechos 4:24: Al oír esto, elevaron juntos su voz en oración a Dios. "Señor soberano", dijeron, "tú hiciste el cielo y la tierra y el mar, y todo lo que hay en ellos

(La NVI y las traducciones modernas eliminaron "tú eres Dios". No se confiesa el único Dios verdadero que hizo un milagro).

Hechos 8:37

KJV: Hechos 8:37: Y Felipe dijo: Si crees de todo corazón, puedes. Respondiendo él, dijo: Creo que Jesucristo es el Hijo de Dios.

(La NVI y las versiones modernas de las Biblias han eliminado la escritura por completo)

La palabra "profesor" de la KJV ha sido eliminada en las versiones modernas de la Biblia y cambiada por "maestro" poniendo a Jesús en la misma clase que todos los otros maestros de diferentes religiones. La razón de este cambio se debe principalmente al movimiento ecuménico que afirma que no se puede poner a Jesús como el único camino a la salvación porque rebaja a todas las otras religiones que no creen que Jesús es nuestro único y verdadero Salvador, ejemplo, los hindúes y la mayoría de las otras religiones orientales.

Hechos 9:5

KJV Hechos 9:5: Y dijo: ¿Quién eres tú, Señor? Y el Señor dijo: Yo soy Jesús, a quien tú persigues; **duro es para ti dar coces contra el aguijón.**

NVI: Hechos 9:5: ¿Quién eres tú, Señor?" preguntó Saulo. "Yo soy Jesús, a quien tú persigues", respondió.

(La NVI y las traducciones modernas han quitado el **"te es difícil patear contra los aguijones.** " Eso significa que al quitar toda esta escritura no prevalecerán).

Hechos 15:34

KJV: Hechos 15:34: Sin embargo, a Silas le pareció bien quedarse allí todavía.

(La Biblia NVI y otras traducciones modernas de la Biblia quitaron la escritura).

Hechos 18:7

KJV Hechos 18:7: Y saliendo de allí, entró en casa de un hombre llamado Justo, que adoraba a Dios, **cuya casa estaba muy cerca de la sinagoga.**

NVI: Hechos 18:7: Entonces Pablo salió de la sinagoga y se dirigió a la casa de Ticio Justo, un adorador de Dios.

("**Cuya casa se unió con fuerza a la sinagoga**" se elimina)

Hechos 23:9b

*KJV . . . **No luchemos contra Dios***

(La NVI, la Biblia moderna y la Biblia de los Testigos de Jehová han eliminado el "**No luchemos contra Dios**" La razón es obvia, hay gente que se atreve a luchar contra Dios).

Hechos 24:7

KJV: Hechos 24:7: Pero el jefe de los capitanes Lisias vino a nosotros, y con gran violencia lo arrebató de nuestras manos,

(La NVI y las versiones modernas de las Biblias han eliminado esta escritura por completo).

Hechos 28:29

KJV: HECHOS: 28:29: Y cuando dijo estas palabras, los judíos se marcharon, y tuvieron grandes discusiones entre ellos

(La NVI y otras versiones de la Biblia han eliminado la escritura por completo. Ves que había un conflicto allí. El razonamiento era sobre quién era Jesús. Por lo tanto, es un deber eliminar esta escritura).

Romanos 1:16

*KJV: Romanos1:16: Porque no me avergüenzo del evangelio **de Cristo**, pues es poder de Dios para salvación de todo aquel que cree; del judío primero, y también del griego.*

NVI: Romanos1:16: No me avergüenzo del evangelio, porque es poder de Dios para la salvación de todo el que cree: primero para el judío, luego para el gentil.

(La NVI ha eliminado el Evangelio de "Cristo" y ha mantenido sólo "Evangelio". La mayoría de los ataques son a Jesús como Cristo. El Evangelio es la muerte, sepultura y resurrección de Jesucristo. No hay necesidad de esta escritura).

Romanos 8:1

*KJV: Romanos 8:1: Ahora, pues, ninguna condenación hay para los que están en Cristo Jesús, los que no andan conforme a la carne, **<u>sino conforme al Espíritu.</u>***

NVI: Romanos 8:1: Por lo tanto, ya no hay condenación para los que están en Cristo Jesús ("**que no andan según la carne, sino según el Espíritu**", se elimina de la NVI, para que puedas vivir como quieras).

Romanos 11:6

KJV: Romanos 11:6 Y si es por gracia, ya no es por obras; de lo

*contrario, la gracia ya no es gracia. **Pero si es por obras, ya no es gracia; de lo contrario, la obra ya no es obra**.*

NVI: Romanos 11:6 Y si es por gracia, ya no es por obras; si lo fuera, la gracia ya no sería gracia.

("Pero si es por obras, ya no es gracia; de lo contrario, la obra ya no es obra". Parte de la escritura es eliminada de la NVI y otras versiones).

Romanos13:9b

KJV: Romanos13:9b: No darás falso testimonio

(La NVI ha eliminado estas palabras de la Escritura. La Biblia dice: "No agregues, no quites")

Romanos 16:24

KJV: Romanos 16:24: La gracia de nuestro Señor Jesucristo esté con todos ustedes. Amén.

NVI: Romanos 16:24: (La NVI y otras Biblias modernas han eliminado la escritura por completo).

1 Corintios 6:20

*KJV: 1Corintios 6:20: Porque habéis sido comprados por precio; glorificad, pues, a Dios en vuestro cuerpo y en vuestro espíritu, **que son de Dios.***

NVI: 1Corintios 6:20: Habéis sido comprados por un precio. Por eso, honrad a Dios con vuestros cuerpos.

(La Biblia moderna y la NVI han eliminado "y en tu espíritu, que son de Dios". Nuestro cuerpo y espíritu pertenecen al Señor).

1 Corintios 7:5

*KJV: 1 Corintios 7:5: No se defrauden los unos a los otros, si no es de común acuerdo por un tiempo, para que se dediquen al **ayuno y a la oración**; y vuelvan a juntarse, para que Satanás no los tiente por su incontinencia.*

*NVI: 1 Corintios 7:5: No se priven unos a otros si no es de mutuo acuerdo y por un tiempo, para que se dediquen a la **oración**. Luego vuelvan a juntarse para que Satanás no los tiente por su falta de dominio propio.*

(La NVI y las versiones modernas de la Biblia han eliminado el "ayuno" ya que es para derribar las fortalezas de Satanás. El ayuno también mata la carne).

2 Corintios 6:5

*KJV: 2 Corintios 6:5: En azotes, en cárceles, en tumultos, en trabajos, en vigilias, en **ayunos**;*

*NVI:2 Corintios 6:5: en las palizas, los encarcelamientos y los disturbios; en el trabajo duro, las noches sin dormir y el **hambre**;*

(**El ayuno no es hambre**, cambiando la Palabra de la Verdad. El Diablo no quiere que tengas una relación más cercana, poderosa y profunda con Dios. Recuerda, la Reina Esther y los judíos ayunaron, y Dios devolvió el plan de Satanás al enemigo)

2 Corintios 11:27

*KJV: 2Corintios 11:27: En fatigas y dolores, en vigilias muchas veces, en hambre y sed, **en ayunos muchas veces**, en frío y desnudez.*

NVI: 2Corintios 11:27: He trabajado y me he afanado, y muchas veces he estado sin dormir; he conocido el hambre y la sed, y muchas veces he estado sin comer; he pasado frío y he estado desnudo.

(De nuevo, el ayuno está fuera de la NVI y de las versiones modernas de la Biblia).

Efesios 3:9

*KJV Efesios 3:9: Y para hacer ver a todos los hombres cuál es la participación del misterio, que desde el principio del mundo ha estado oculto en Dios, quien creó todas **las cosas por medio de Jesucristo**:*

NVI Efesios 3:9: y para aclarar a todo el mundo la administración de este misterio, que desde hace mucho tiempo se mantuvo oculto en Dios, quien creó todas las cosas.

(La NVI y otras versiones de la Biblia han eliminado "**todas las cosas por Jesucristo**". Jesús es Dios y es el Creador de todo)

Efesios 3:14

*KJV: Efesios 3:14: Por eso doblo mis rodillas ante el Padre **de nuestro Señor Jesucristo**,*

NVI: Efesios 3:14: Por esta razón me arrodillo ante el Padre,

("**De nuestro Señor Jesucristo**", se elimina de la NVI y otras versiones. Esta es la prueba de que Jesús es el Hijo de Dios. El "Hijo de Dios" es un Dios Poderoso en carne que vino a derramar la sangre por ti y por mí. Recuerda que Satanás cree que hay un solo Dios y tiembla. Santiago 2:19)

Efesios 5:30

*KJV: Efesios 5:30: Porque somos miembros de su cuerpo, de su carne y **de sus huesos**.*

NVI: Efesios 5:30: porque somos miembros de su cuerpo.

("**De carne y hueso**". Parte de la Escritura se elimina de la NVI y de muchas otras versiones de la Biblia).

Colosenses 1:14

*KJV: Colosenses 1:14: En quien tenemos redención **por su sangre**, aún por el perdón de los pecados:*

NVI: Colosenses 1:14: en quien tenemos la redención, aún por el perdón de los pecados.

("**por su sangre**", Jesús es llamado El Cordero de Dios que vino a quitar los pecados de este mundo. La redención es **sólo** a través de la sangre. Sin el derramamiento de sangre no hay remisión de los pecados Hebreo 9:22. Por eso bautizamos en el nombre de Jesús, para aplicar su sangre sobre nuestros pecados).

1 Timoteo 3:16b

*KJV: 1Timoteo 3:16b: **Dios se** manifestó en la carne NVI:*

1Timoteo 3:16b: Apareció en un cuerpo.

(¿No aparecemos todos en un cuerpo? La NVI y la mayoría de las versiones modernas dicen que "él" apareció en un cuerpo. Bueno, yo también aparezco en un cuerpo. ¿" Él" quién? En el verso anterior están cambiando de nuevo la redacción para dar a entender que "Él" es otro dios. Pero en la KJV, podemos ver claramente "Y sin controversia grande es el misterio de la piedad: "**Dios** se manifestó en carne". Solo hay un Dios. Por eso Jesús dijo que si me habéis visto a mí, habéis visto al Padre. El Padre es un espíritu, no se puede ver el espíritu. Pero el espíritu se revistió de carne y lo pudisteis ver).

*Hechos 20:28b dice: Para alimentar a la **iglesia de Dios**, que él ha comprado con su **propia sangre**.*

Dios es un espíritu, y para derramar sangre, necesita un cuerpo de carne y hueso. **Un Dios** que se vistió de carne.

Un ejemplo sencillo: El hielo, el agua y el vapor, la misma cosa pero una manifestación diferente.

*KJV 1 Juan 5: 7: "Porque tres son los que dan testimonio en el cielo: el Padre, el Verbo y el Espíritu Santo; y estos **tres son uno**".*

Dios, Jesús (el Verbo hecho carne) y el Espíritu Santo son uno, no tres. (1 Juan 5:7 está completamente eliminado de la NVI y otras traducciones actuales).

2 Timoteo 3:16

*KJV: 2 Timoteo 3:16: **Toda** la Escritura es inspirada por Dios y es útil para enseñar, para reprender, para corregir y para instruir en la justicia:*

*ASV: 2 Timoteo 3:16: **Toda** escritura inspirada por Dios es también útil para la enseñanza.*

(Aquí decidirán cuál es y cuál no. La herejía será condenada a muerte).

1 Tesalonicenses 1:1

*KJV: 1 Tesalonicenses 1:1: Pablo, Silvano y Timoteo, a la iglesia de los tesalonicenses que está en Dios Padre y en el Señor Jesucristo: Gracia y paz a ustedes, **de Dios nuestro Padre y del Señor Jesucristo**.*

NVI: 1 Tesalonicenses 1:1: Pablo, Silas y Timoteo, A la iglesia de los tesalonicenses en Dios Padre y en el Señor Jesucristo: Gracia y paz a ustedes.

("de Dios, nuestro Padre, y del Señor Jesucristo" se elimina de las traducciones modernas y de la NVI).

Hebreos 7:21

*KJV: Hebreos 7:21: (**Porque aquellos sacerdotes fueron hechos sin juramento**; pero éste con juramento por el que le dijo: El Señor juró y no se arrepentirá: Tú eres sacerdote para siempre **según el orden de Melquisedec**):*

*NVI: Hebreos 7:21: pero se convirtió en sacerdote **con juramento** cuando Dios le dijo: "El Señor ha jurado y no cambiará de opinión: 'Tú eres sacerdote para siempre'".*

(La NVI ha eliminado "Porque esos sacerdotes fueron hechos sin juramento" y "según el orden de Melquisedec").

Santiago 5:16

*KJV: Santiago 5:16: Confesaos vuestras **faltas** unos a otros, y orad unos por otros, para que seáis sanados. La oración ferviente y eficaz del justo alcanza mucho.*

*NVI: Santiago 5:16: Por lo tanto, confesaos los **pecados** unos a otros y orad unos por otros para que podáis sanar. La oración de un hombre justo es poderosa y eficaz.*

(**Faltas vs. Pecados**: Pecados que se confiesan a Dios ya que sólo Él puede perdonar. Cambiar la palabra "faltas por pecados" ayuda a apoyar la visión católica de confesar los "pecados" a un sacerdote).

1 Pedro 1:22

*KJV: 1 Pedro 1:22: Habiendo purificado vuestras almas en la obediencia a la **verdad por medio del Espíritu**, para un amor no fingido a los hermanos, procurad amaros unos a otros con **fervor de corazón puro**:*

NVI: 1 Pedro 1:22: Ahora que se han purificado obedeciendo a la verdad, de modo que tienen un amor sincero por sus hermanos, ámense unos a otros profundamente, de corazón.

("**a través del Espíritu hacia**" y "**corazón puro fervientemente**" se elimina de la NVI y otras versiones modernas).

1 Pedro 4:14

*KJV: 1 Pedro 4:14: Si son vituperados por el nombre de Cristo, felices son, porque el espíritu de gloria y de Dios reposa sobre ustedes; **por parte de ellos se habla mal de él, pero por vuestra parte es glorificado.**Si*

NVI: 1 Pedro 4:14: Si son insultados a causa del nombre de Cristo, son bienaventurados, porque el espíritu de gloria y de Dios reposa sobre ustedes.

("**por parte de ellos se habla mal de él, pero por parte de ustedes es glorificado**", se elimina de la NVI y de otras versiones modernas).

1 Juan 4:3a

> *KJV: 1 Juan 4:3a: Y todo espíritu que no confiesa que **Jesucristo ha venido en carne**, no es de Dios.*

> *NVI: 1 Juan 4:3a: Pero todo espíritu que no reconoce a Jesús no es de Dios.*

("**Cristo ha venido en carne**" Al eliminar estas palabras, la NVI y otras versiones demuestran que son anticristos).

1 Juan 5:7-8

> *KJV: 1 Juan 5:7:**Porque tres son los que dan testimonio en el cielo: el Padre, el Verbo y el Espíritu Santo; y estos tres son uno.***

(Eliminado de la NVI)

> *KJV: 1 Juan 5:8: Y tres son los que dan testimonio en la tierra: el Espíritu, el agua y la sangre; y estos tres concuerdan en uno.*

> *NVI: 1 Juan 5:7, 8: **Porque tres son los que dan testimonio** 8 el Espíritu, el agua y la sangre; y los tres están de acuerdo*

(Este es uno de los mayores versos que testifican de la Divinidad. un Dios, no tres dioses. La **Trinidad** no es bíblica. La palabra **Trinidad** no está en la Biblia. Por eso la NVI, las versiones modernas de la Biblia y los Testigos de Jehová la han omitido de este versículo. Ellos no creen en la Divinidad y no creen que, en Jesús, habita toda la plenitud de la Divinidad corporalmente. No hay ninguna raíz o evidencia en la Biblia para la aceptación de la **Trinidad**. ¿Por qué la NVI lo omite? ? Se han escrito libros enteros sobre la evidencia manuscrita que apoya la inclusión de este versículo en la Biblia. ¿Crees en la Divinidad? Si es así, entonces esta eliminación debería ofenderle. La Trinidad nunca fue enseñada por Jesús y nunca fue mencionada por Él. Satanás dividió un solo Dios para poder dividir a la gente y gobernar).

1Juan 5:13

*KJV: 1Juan 5:13:Estas cosas les he escrito a ustedes que creen en el nombre del Hijo de Dios, para que sepan que tienen vida eterna, **y para que crean en el nombre del Hijo de Dios.***

NVI: 1Juan 5:13: Les escribo estas cosas a ustedes que creen en el nombre del Hijo de Dios, para que sepan que tienen vida eterna.

(**"y que creáis en el nombre del Hijo de Dios"**. Se elimina de la NVI y de otras traducciones modernas)

Revelación 1:8

*KJV: Revelación 1:8: Yo soy el Alfa y Omega, **el principio y el fin**, dice el Señor, el que es, el que era y el que ha de venir, el Todopoderoso*

NVI: Revelación 1:8: "Yo soy el Alfa y Omega", dice el Señor Dios, "el que es, el que era y el que ha de venir, el Todopoderoso".

(La NVI eliminó **el principio y el final**)

Revelación 1:11

*KJV: Revelación 1:11: **Diciendo: Yo soy el Alfa y la Omega, el primero y el último; y lo que veas, escríbelo en un libro y envíalo a las siete iglesias que están en Asia**: a Éfeso, a Esmirna, a Pérgamo, a Tiatira, a Sardis, a Filadelfia y a Laodicea.*

NVI: Revelación 1:11: que dice: "Escribe en un pergamino lo que ves y envíalo a las siete iglesias: a Éfeso, Esmirna, Pérgamo, Tiatira, Sardis, Filadelfia y Laodicea".

(Alfa y Omega, principio y fin y primero y último; estos títulos se le dan a Jehová Dios en el Antiguo Testamento y en Revelación también se le dan a Jesús. Pero la NVI y otras versiones modernas, han eliminado esto del Revelación para demostrar que Jesús no es Jehová Dios).

Revelación 5:14

*KJV: Revelación 5:14: Y las **cuatro bestias** dijeron: Amén. Y los **veinticuatro** ancianos se postraron y adoraron al **que vive por los siglos de los siglos.***

NVI: Revelación 5:14: Los cuatro seres vivos dijeron: "Amén", y los ancianos se postraron y adoraron.

(La NVI y otras versiones sólo proporcionan la mitad de la información. "**cuatro bestias**", cambiado por cuatro criaturas". "**veinticuatro**", se elimina "**que vive por los siglos de los siglos**").

Revelación 20:9b

*KJV: Revelación 20:9b: El fuego descendió **de Dios** del cielo.*

NVI: Revelación 20:9b: El fuego bajó del cielo

(La NVI y otras versiones han eliminado "**de Dios**").

Revelación 21:24a

*KJV: Revelación 21:24a: Y las naciones **de los que se salvan** caminarán a la luz de ella.*

NVI: Revelación 21:24a: Las naciones caminarán a su luz.

("**de los que se salvan**" se elimina de la NVI y de las versiones modernas de la Biblia. Todos no van al cielo sino los que se salvan).

2 Samuel 21:19

*KJV: 2 Samuel 21:19: Hubo de nuevo una batalla en Gob con los filisteos, en la que Elhanan, hijo de Jaareoregim, betlemita, mató al **hermano de Goliat**, el gitita, el asta de cuya lanza era como una viga de tejedor.*

*NVI: 2 Samuel 21:19: En otra batalla contra los filisteos en Gob, Elhanan hijo de Jaare-Oregim, el betlemita, **mató a Goliat**, el getita, que tenía una lanza con un asta como una vara de tejedor.*

(Aquí se mató al hermano de Goliat, no a Goliat. "David mató a Goliat". La NVI tergiversa la información).

Oseas 11:12

*KJV: Oseas 11:12: Efraín me rodea con mentiras, y la casa de Israel con engaños; **pero Judá sigue gobernando con Dios, y es fiel con los santos.***

*NVI: Oseas 11:12: Efraín me ha rodeado de mentiras, la casa de Israel de engaños. Y Judá es **rebelde contra** Dios, incluso **contra** el fiel Santo.*

(La NVI tergiversa esta escritura torciendo el significado de la palabra).

La palabra "Jehová" se menciona cuatro veces en la Biblia KJV. La NVI las eliminó todas. Con los sutiles CAMBIOS que se hicieron en la Biblia NVI, la misión de Satanás se vuelve clara. De las escrituras anteriores, puedes ver, que el ataque es a Jesús. Los títulos Dios, Mesías, Hijo de Dios y Creador hacen de Jesús, Dios. Al quitar estos títulos, la confusión hace que se pierda el interés y no se confíe en la Palabra de Dios. (I Corintios 14:33 Porque Dios no es el autor de la confusión, sino de la paz).

La Biblia de los Testigos de Jehová (la Traducción del Nuevo Mundo) tiene las mismas supresiones que la NVI. La única diferencia entre las supresiones de la NVI y la Traducción del Nuevo Mundo es que la Biblia de los Testigos de Jehová no incluye ninguna nota a pie de página. Estos métodos lo están insensibilizando a los cambios sutiles que se hacen gradual y continuamente a la Palabra de Dios.

La generación ocupada y perezosa de hoy en día ha influenciado a muchos cristianos profesantes que han abrazado los caminos de un espíritu perezoso. Es un trabajo duro, tomar el tiempo para estudiar y asegurarse de que la información que se nos da, es verdadera. Nos hemos vuelto demasiado ocupados con la vida diaria que está llena de eventos y cosas sin importancia. Nuestras prioridades para lo que es realmente importante para la vida eterna ha sido diluida y confusa. Estamos aceptando la mayor parte de la información que se nos da, sin cuestionarla; ya sea del gobierno, médica, científica, del contenido de nuestros alimentos, y la lista continúa. Muchas de nuestras versiones modernas de la Biblia han sido escritas por hombres que te dicen su interpretación y su doctrina en lugar de lo que realmente dicen los manuscritos. Por ejemplo, la "inclusión de género" no estaba en los manuscritos originales. Es un concepto feminista moderno nacido de la REBELIÓN. Te animo a que consigas una Biblia de la versión del Rey Jacobo. Si lee una Biblia moderna, tómese el tiempo para comparar las escrituras; desee tomar la decisión correcta. Seremos responsables de nuestras decisiones. ¡La diferencia de ir al Cielo o al Infierno es razón suficiente para asegurarse de que está eligiendo Su Palabra!

Recuerde que la Nueva Versión Internacional suprime muchas palabras como: Divinidad, regeneración, remisión, inmutable, Jehová, Calvario, propiciatorio, Espíritu Santo, Consolador, Mesías, vivificado, omnipotente, infalible, etc. La mayoría de las Biblias modernas se alinean con la NVI; junto con la Biblia de la Traducción del Nuevo Mundo (la Biblia de los Testigos de Jehová).

Esta es la obra del Anticristo.(Siguiendo las Escrituras están tomadas de la KJV y traducidas al español)

*Hijitos, es el último tiempo; y como habéis oído que ha de venir el **anticristo**, también ahora hay muchos **anticristos**; por lo cual sabemos que es el último tiempo. (1 Juan 2:18)*

*¿Quién es mentiroso sino el que niega que Jesús es el Cristo? Este es el **anticristo**: el que niega al Padre y al Hijo. (1 Juan 2:22)*

*Y todo espíritu que no confiesa que Jesucristo es venido en carne, no es de Dios: y éste es el espíritu del **anticristo**, del cual vosotros habéis oído que ha de venir, y que ahora ya está en el mundo. (1 Juan 4:3)*

*Porque muchos engañadores han salido al mundo, quienes no confiesan que Jesucristo ha venido en la carne. Tal persona es el engañador y el **anticristo**. (2 Juan 1:7)*

Esto nos recuerda la "PARÁBOLA DE LA SEMILLA" QUE ES LA

"PALABRA DE DIOS" en la Biblia

Otra parábola les expuso, diciendo: El reino de los cielos es semejante a un hombre que sembró buena semilla en su campo: Pero mientras los hombres dormían, vino su enemigo y sembró cizaña entre el trigo, y se fue. Pero cuando la hierba brotó y dio fruto, entonces apareció también la cizaña. Entonces se acercaron los criados del dueño de casa y le dijeron: Señor, ¿no sembraste buena semilla en tu campo? ¿de dónde, pues, ha salido cizaña? Él les dijo: Un enemigo ha hecho esto. Los criados le dijeron: ¿Quieres, pues, que vayamos a recogerla? Pero él dijo: No; no sea que mientras recogéis la cizaña, arranquéis también el trigo con ella. Dejad que ambas cosas crezcan juntas hasta la siega; y en el tiempo de la siega diré a los segadores: Recoged primero la cizaña, y atadla en manojos para quemarla; pero recoged el trigo en mi granero.
(Mateo 13:24-30)

¡Amen!

www.ingramcontent.com/pod-product-compliance
Lightning Source LLC
Chambersburg PA
CBHW071418090426
42737CB00011B/1500